한미
동맹
갈등사

KSI 한국학술정보㈜

한미동맹 갈등사

황수현 지음

70년대를 중심으로

KSI 한국학술정보㈜

  1970년대는 한미동맹사에 있어 최악의 시기였다. 한미 양국은 동맹의 형성에 있어 근간이 되는 공동의 위협에 대해 인식을 달리하였고, 안보현안에 대한 협의 과정에서 미국 정부는 한국 정부를 무시하는 일방적인 외교행태를 취함으로써 동맹은 점차 약화되어 갔다. 특히 데탕트라는 국제조류 속에 공산진영과의 직접적 대결구도가 조성된 한반도에서의 지역적 특수성은 한국 정부의 희망과는 달리 쉽사리 무시됨으로써 한미 양국의 갈등은 점차 증폭되어 갔다.

  1975년 4월, 베트남이 공산화됨으로써 아시아에서 자유진영과 공산진영이 직접적으로 맞닿은 한반도는 더욱더 국제사회의 관심을 받는 지역으로 부상하였다. 그러나 지정학적 중요성이 더욱 부각됨에도 불구하고, 동맹 당사자인 미국 정부는 이를 심각하게 고려하지 않았다. 오히려 1977년에 등장한 카터 정부는 인권을 제1의 가치로 내세우며, 박정희 정부의 인권 탄압을 맹렬하게 비난하고, 주한 미 지상군을 임기 내에 전원 철수할 것을 추진하였다. 이로 인해 동맹 간 갈등은 극단으로 치달았다. 동맹 갈등이 심화될수록 한미 정부 간의 신뢰도는 약화되었고, 박정희 정부의 독자적인 자주국방 노력은 가속화되었다. 특히 1970년대 박정희 정부가 '한강의 기적'을 만들어 가는 과정에서 동맹의 비대칭성에 대한 양국의 인식과 접근방식의 차이는 동맹을 해체위기까지 몰고 갔다.

1970년대는 이러한 시기였다. 필자는 한미동맹사에서 최악의 시기였던 1970년대를 다시 한 번 조명함으로써 한미동맹의 새로운 발전을 위한 화두를 던지고자 한다. 특히 2015년 12월, 전작권이 한국군으로 이양됨에 따라 한미동맹은 필연적으로 새롭게 변화될 수밖에 없다. 미래 한미동맹이 나아가야 할 방향을 이 글에서 제시하는 것은 아니지만, 적어도 1970년대 한미 간에 나타난 동맹 갈등의 모습은 우리에게 21세기 한미동맹의 발전을 위한 역사적 교훈을 얻을 수는 있을 것이다.

미국의 저명한 역사학자인 폴 케네디(Paul Kennedy)는 "역사가 반드시 똑같이 반복되는 것은 아니다. 그러나 역사는 역사를 완전히 무시하는 사람들에게 종종 쓴맛을 보여 주었다"며 역사에 대한 인식과 통찰력의 필요성을 강조하였다. 1970년대의 한미동맹과 40여 년이 지난 현재의 한미동맹을 직접적으로 비교하는 것이 무리일 수도 있지만, 그의 말을 빌리자면 과거 한미동맹의 갈등이 오늘날 우리에게 던지는 역사적 교훈과 시사점은 분명히 있을 것이다. 그것이 무엇이든 그 판단은 독자의 몫일 것이다.

이 글을 완성하는 데에는 참으로 오랜 시간이 걸렸다. 개인적으로 고민도 많이 했다. 졸렬한 필자의 지식이 독자를 오도하는 것은 아닌지, 또한 잘못된 서술을 통해 역사적 사실을 왜곡한 것은 아닌지 등 많은 고민을 하였다. 그러나 부족하고 부분적으로 왜곡된다 할지라도, 이 책이 1970년대 한미동맹을 연구하는 이들에게 조금은 의미를 줄 수 있을 것이라는 판단 아래 책을 출간하기로 결심하였다. 하나의 글을 탈고하는 과정은 언제나 그렇듯이 인고의 결실이다.

이 책이 나오기까지 많은 가족들의 후원이 있었다. 늘 기도하시며 후원해주신 양가 부모님과 동생, 처형, 처제, 처남에게 이 지면을 빌려 감사함을 표한다. 그리고 가장 고마운 사람은 퇴근 이후와 주말에 책상에만 앉아 있는 가장을 이해해준 아내 재윤과 딸 민지이다. 책과 씨름하는 남편과 아빠를 이해해주고, 때로는 원고를 읽고 보다 좋은 표현으로 지적해준 그들이 아니었으면 이 책은 적어도 지금보다는 더 졸렬한 작품이 되었을 것이다. 가족은 그 누구보다도 가장 큰 조력자이자, 후원자이다. 무엇보다도 이 책을 출간함에 있어 언제나 나의 삶의 중심인 하나님께 진심으로 모든 영광을 돌린다.

2011년 6월
봉화산 기슭에서
황수현

차례

제1장

동맹의 개념과 역사적 사례

1. 동맹의 개념과 유형

국제질서는 모든 개별 국가가 냉철하게 자국의 이익만을 추구하는 무정부적 상태라고 할 수 있다. 이러한 국제정치의 현실아래 개별 국가는 안정된 국제질서 하에서 자국의 생존을 확보하기 위해 독자적으로 자국의 세력을 강화하거나 타국과의 동맹을 형성해 자국의 영향력 강화를 추구한다. 특히 개별 국가들은 경제적 요인으로 인해 통상 독자적인 자국의 세력 강화보다는 동맹을 통한 안보의 보장을 선호한다. 통상 약소국일수록 이러한 경향은 더욱 강해진다. 이로 인해 국가의 안보전략 또는 정책 수립에 있어 동맹은 주요 국제정치개념의 하나이다.[1] 이렇듯 국제정치에서 중요한 개

---

[1] 리스카(George Liska)는 동맹에 대해 "동맹에 대한 언급 없이 국제관계를 말한다는 것은 불가능하다. 동맹과 국제관계 2가지는 명칭을 제외한 모든 것이 일치한다"고 하여 국제정치 그 자체와 동의어로 보았으며, 동맹은 특정의 환경에서 적대적 국가의 위협에 대항하여 군사력의 사용 또는 불사용

념 중 하나인 동맹의 사전적 의미를 살펴보면 동맹이란 "둘 이상의 개인이나 단체, 또는 국가가 서로의 이익이나 목적을 위하여 동일하게 행동하기로 맺은 약속이나 조직체 또는 그런 관계를 맺음"을 의미한다.[2] 그러나 국제정치학에서 동맹은 일반적으로 국가 간의 관계를 나타내는 개념으로 사용되었고, 동맹의 개념에 대해 많은 학자들은 자신들만의 다양한 견해를 제시하였다.

동맹의 개념에 대해 동맹을 국가들 간의 안보증진을 위한 상호협력이라는 넓은 의미에서 본 학자들로 부스(Ken Booth)는 동맹을 "공개적인 조약이나 비밀조약으로 관계를 맺은 정식절차 및 군사 문제에 초점을 둔 상호 노력"이라고 정의[3]하였으며, 홀스티(Ole R. Holsti)는 동맹을 "2개 이상의 국가들 사이에 국가안보문제에 대해 협력하기로 하는 공식적인 합의"로 규정하였다.[4] 또한 부잔(Barry Buzan)은 "동맹은 국가안보전략을 함께 묶어서 힘의 분포를 개편하려는 것으로 국가차원에서 국제차원으로의 일보전진을 의미한다"라고 하며 동맹을 국가안보와 국제안보 간의 연계된 전략으로 인식하였다.[5] 그러나 부스나 홀스티의 주장은 공식적인 협정 없이 동맹 이상의 관계를 유지하고 있는 국가들 간의 관계를 설명하는 데에는 한계가 있다. 따라서 국제정치학에서 대표적인 현실주의자인

을 위한 국가들의 공식적인 연합이라고 하여 국가들이 동맹을 의도적으로 특정 상대의 위협에 대항하기 위해 유지하는 것으로 간주하였다. George Liska, *Nations in Alliance: The Limitation of Interdependence* (Baltimore: The Jones Hopkins University Press, 1962), p.3.

2) 국립국어연구원, 『표준국어대사전』(서울: 두산동아, 1999), p.1639.

3) John Baylis, Ken Booth, John Garnett, and Phil Williams, *Contemporary Strategy: Theories and Political* (London: Croom Helm, 1975), p.175.

4) Ole R. Holsti, P. Terrence Hopmann, and John D. Sullivan, *Unity and Disintegration in International Alliance: Comparative Studies* (New York: John and Sons, 1973), p.4.

5) Barry Buzan 저, 김태현 역, 『세계화 시대의 국가안보』(서울: 나남, 1995), p.376.

월트(Stephen M. Walt)는 동맹에 대해 "2개 이상의 국가들 간의 인지된 상호 안보이슈들에 대해 서로 협력하기로 하는 공식적 또는 비공식적 안보협력관계"로 정의하였다.[6]

동맹을 전쟁에 대비하기 위하여 군사력을 증대시키는 수단으로 보는 협의의 차원에서 동맹의 개념을 정의한 학자들도 있다. 이러한 주장을 하고 있는 대표학자 중 하나인 스나이더(Glenn Snyder)는 동맹을 "군사적인 데에 초점을 맞추고 있으며 특정 환경에서, 외부의 국가에 대항하여 군사력을 사용할 것인가의 여부에 관한 국가 간의 공식 연합"이라고 정의하였고,[7] 울퍼스(Arnold Wolfers)는 동맹을 "상호 군사지원에 대한 약속으로, 핵심은 비상사태 발생 시 집합적인 군사행동, 즉 집단적 방위를 의미한다"라고 정의하였다. 즉 동맹은 2개 이상의 국가들 간의 어떤 특정한 상황에서 적대적 대외행위자에 대항하여 상호 군사지원을 위한 공약을 특징으로 하고, 동맹국 이외의 외부국가들로부터의 위협에 대응하기 위한 군사적 공동행동을 명시적으로 설정한 관계로서, 동맹은 궁극적으로 전쟁을 예방하거나 전쟁 발발 시 전쟁에서의 승리를 확보하기 위한 것이다. 이에 대해 오스굿(Robert E. Osgood)은 동맹을 "동맹 참여 국가들이 외부위협에 대처하는 공동의 이익과 목표를 추구하기 위하여 모든 수단과 자원을 투입하는 협력적 노력을 기반으로 한 잠재적 전쟁공동체"로 규정하였다.[8]

앞에서 언급된 학자들의 견해를 종합해 볼 때, 동맹이란 외부의

---

6) Stephen M. Walt, *The Origins of Alliance* (Ithaca: The Cornell University Press, 1987), p.82.

7) Glenn Snyder, *Alliance Politics* (Ithaca: The Cornell University Press, 1997), p.4.

8) Robert E. Osgood, *Alliance and American Foreign Policy* (Baltimore: The Jones Hopkins University Press, 1968), p.19.

위협에 대한 자국의 안전보장을 목표로 형성된 국가 간의 공식 또
는 필요시 비공식적 연합으로서 이는 철저히 계산된 국가이익과
국가목표에 기초한 효용관계라고 할 수 있다. 이러한 정의에 따라
국제사회에서 국가 간의 동맹은 동맹 형성시기의 환경이 변하거나,
상호 공동의 위협 또는 이익, 목표가 사라질 경우 변화될 가능성이
있다. 즉 동맹 당사국 중 어느 한 국가라도 동맹에 대한 인식이 변
화할 경우 동맹은 심각한 갈등을 유발할 수 있고, 결국 동맹은 변
화의 길을 모색할 수밖에 없다.

군사동맹의 유형은 크게 세 가지로 나누어진다. 첫째는 방위조약
(defense pact)으로, 이는 조약에 서명한 국가들 중 어느 한 국가가
적대국에게 침략을 당했을 경우, 다른 모든 서명국들이 공동방어를
위해 전쟁에 참전하기를 약속하는 동맹관계를 말한다. 이러한 방위
조약의 대표적인 사례로는 1953년 10월, 북한을 비롯한 공산진영의
침략 위협을 저지하기 위해 한미 간에 체결된 한미상호방위조약과
1949년 4월, 소련을 비롯한 공산진영의 위협으로부터 서유럽을 보
호하기 위해 북미대륙의 미국, 캐나다와 서유럽의 주요 국가들 간에
체결된 NATO 등이 있다. 또한 1951년 8월, 미국과 필리핀 간에 체
결된 상호방위조약도 공동의 위협에 상호 대응을 같이 하기로 규정
함으로써 이러한 범주의 방위조약에 포함된다고 할 수 있다.

둘째는 중립조약(neutrality pact) 또는 불가침조약(nonaggression
pact) 으로, 이는 서명국들 중 어느 한쪽이 제3국으로부터 공격을 받았
을 때, 서명국들이 서로 간에 전쟁을 선포하지 않고 중립을 지킬 것을
약속하는 동맹관계이다. 이러한 중립조약의 대표적인 사례에는 1941
년 4월, 일본이 태평양전쟁 개전 이전에 대륙과 해양 양쪽으로부터의

양면전쟁을 회피하고, 배후의 잠재적 위협 제거를 위해 소련과 체결한 일소중립조약(Soviet-Japanese Neutrality Pact)이 있다. 또한 불가침조약의 대표적인 사례로는 1939년 8월, 독일과 소련이 폴란드를 침공하기 전에 체결한 독소불가침조약(German-Soviet Nonaggression Pact)이 있다.

셋째는 협상(entente)으로, 이는 서명국들 중 어느 한 국가가 제3국으로부터 침략을 당했을 경우, 서명국들 간에 서로 공조체제를 유지할 것인지 등에 관한 차후대책을 서로 협의할 것에 동의하는 관계이다. 이러한 협상에 관한 대표적인 사례는 제1차 세계대전 직전인 1882년 5월에 독일의 주도 아래 오스트리아, 이탈리아 간에 체결된 삼국동맹(The Tripple Alliance)과 1907년 8월, 삼국동맹에 대응하기 위헤 영국, 프랑스, 러시아가 체결한 삼국협상(The Tripple Entente) 등이 있다.9)

세 가지 유형의 군사동맹 간에는 서명국들이 전쟁이나 위기상황 발생 시, 자국의 군사정책을 결정하는 데 있어서 독자성 또는 자율성을 가질 수 있는 정도의 차이가 있다. 여기에서 자율성이 가장 높은 것은 협상이며, 자율성이 가장 낮은 것은 방위조약이다. 방위조약은 조약에 따라 시기와 규모의 차이는 있을 수 있지만, 동맹국이 침략을 받을 경우, 어떠한 형태로든 동맹국을 지원하기 위해 전쟁에 참여해야 한다. 이에 반하여 협상의 경우에는 서명국들 간에 대책을 논의하여 동맹형태를 방위조약이나 중립조약으로 승격시킬 수도 있고, 동맹관계를 완전히 청산할 수도 있다.10) 실제 제1차 세

---

9) Bruce Bueno de Mesquita, *The War Trap* (New Haven: The Yale University Press, 1981), pp.114~115.

계대전 당시 이탈리아는 독일 및 오스트리아와 협상의 일종인 삼국동맹을 유지했으나, 오스트리아와의 국경선 문제로 이견이 발생하자 제1차 세계대전이 발발한 지 채 1년도 안 되어, 삼국동맹의 반대진영인 삼국협상 측의 일원으로 전쟁에 참전하기도 하였다.

동맹은 형성목적에 따라 국력집합적 동맹(capability aggression alliance)과 자주-안보교환 동맹(autonomy-security alliance)으로 구분할 수 있다. 먼저 국력집합적 동맹은 동맹국들이 서로의 국력을 모아서 적의 위협에 공동으로 대처하거나 전쟁억지를 추진한다. 그리고 동맹국들의 지원은 자국이 오랜 시간 내부적으로 축적해야 하는 국력을 쉽게 대체할 수 있기 때문에 중요한 국력증대 수단으로 이용된다. 이러한 국력집합적 동맹은 국력이 비슷한 국가들 간에 주로 이루어지기 때문에 대칭적 동맹(symmetric alliance)이라고도 한다. 그러나 오늘날 국제사회에서 대등한 국력을 보유한 국가들은 협력보다는 위계질서 선정을 위한 갈등관계로 전환하는 경우가 많기 때문에 현실국제정치에서 대칭적 동맹은 그리 많지 않다.

반면 자주-안보교환 동맹은 대칭적 동맹과는 달리 국력이 상대적으로 차이가 나는 국가들 간에 주로 맺어지는 동맹이다. 이는 주로 강대국과 약소국 간에 맺어지는 비대칭 동맹(asymmetric alliance)의 성격을 가지는데, 동맹을 추구하는 강대국과 약소국은 대개 서로의 동맹 목적이 다르다. 통상 약소국의 경우는 강대국 동맹으로부터 군사적 지원을 확보하여 자국의 안보를 확고히 하는 데 그 목적이 있다. 그러나 강대국의 경우는 약소국과 다르다. 강대국은 약소국과 동맹관계를 맺는 것이 안보적인 측면에서는 유리하지가 못

---

10) 김우상, 『신한국책략: 동북아시아 국제관계』(서울: 나남출판, 1998), p.33.

한 경우가 대부분이다. 그러나 이러한 손실에도 불구하고, 강대국이 약소국과 동맹을 맺는 것은 강대국이 약소국의 안보를 지원하는 대가로 약소국의 정책결정과정에 영향력을 행사할 수 있기 때문이다. 오늘날 대부분의 국가들이 추구하는 동맹은 이러한 비대칭동맹이라고 할 수 있다. 그리고 이 글에서 필자가 주로 다루고자 하는 한미동맹은 바로 이러한 자주-안보교환 동맹, 즉 비대칭동맹의 전형적인 형태라 할 수 있다.

한편 월트는 동맹의 형성목적에 따라 동맹을 균형(balancing)동맹과 우세한 세력 쪽으로의 편승(bandwagoning)동맹으로 구분하였다. 첫째, 균형동맹은 힘이 우세한 위협세력에 대항하는 동맹을 형성함으로써 위협세력과의 세력균형을 유지하기 위한 것이고, 둘째 편승동맹은 우세한 세력이나 급부상하는 세력과 동맹을 맺음으로써 우세한 세력으로부터의 잠재적 위협을 피해보려는 유화정책의 일환이다.11) 하지만 이는 앞에서 언급한 국력집합적 동맹과 자주-안보교환 동맹의 유사한 개념이라고 할 수 있다.

월트에 따르면 일반적으로 약소국일수록 균형동맹보다는 편승동맹을 선호하는 경향이 있다. 이는 약소국이 균형동맹에 참여할 경우, 약소국은 동맹세력 증대에 미치는 영향은 미미한 반면, 적대국가의 원한을 사기가 쉽기 때문이다. 강대국의 경우는 열세에 놓인 동맹에 참여하여 전세를 역전시킬 수도 있지만, 약소국의 경우는 그렇지 못하다. 또한 약소국의 경우 위협세력에 대항하기 위한 적당한 동맹국을 쉽게 구하지 못할 경우, 대부분 편승동맹을 취하게 된다. 특히 인접 강대국을 위협세력으로 둔 약소국일 경우 균형동맹보다

---

11) Stephen M. Walt, *op. cit.*, pp.18~31.

는 편승동맹을 추구하는 경향이 있다. 강대국과 인접한 약소국은 균형동맹을 원한다고 하더라도 인접 강대국의 위협에 대항하여 자국의 동맹국들로부터 지원을 받을 때까지 자력으로 자국을 지킬 수 있는 능력이 충분하지 않을 경우 결국 편승동맹을 추구하게 된다.[12]

동맹의 형성목적에 따른 또 다른 유형 구분은 공격동맹과 방어동맹의 구분이다. 현실주의적 시각에서 볼 때, 공격동맹은 세력균형에 의해서 평화와 공존이 유지되는 국제 정치적 현상을 타파하려는 동맹이고, 방어동맹은 기존의 국제질서체제, 즉 세력균형을 유지하려는 동맹이다. 공격동맹의 대표적인 사례는 제2차 세계대전 당시인 1940년 9월, 독일, 이탈리아, 일본이 결성한 삼국동맹(The Tripartite Pact)이다. 그러나 제2차 세계대전 이후 UN이 창설되면서 국제법 및 인도주의에 기반한 보편적 규범의 발달로 인해 국제사회가 무력을 통한 국제질서체제의 변화를 거부함으로써 공격동맹은 점차 감소되어 가는 추세이다. 하지만 이와는 반대로 공동의 위협에 대처하기 위한 방어동맹은 무기체계의 고비용화 및 정확도 향상과 전쟁의 정치적 목적까지 소멸시키는 파괴력의 급증으로 인해 점차 증가하는 추세이다.

2. 동맹의 형성과 갈등

오늘날 대다수의 현대국가들은 국가이익을 보호하고, 주변국의

---

12) 김우상, 앞의 책(2004), p.5.

위협을 회피하며, 국내의 정치적 안정을 도모하기 위하여 동맹을 형성해왔다. 또한 동맹은 군사안보적 차원의 협력을 제도화시키는 형태이기도 하지만, 비군사적 차원의 외교적 연합수단의 하나로 간주되기도 하였다. 때때로 동맹은 패권국가의 국제적 지배수단의 하나로 간주되기도 하고, 어떤 경우에는 국제사회에서 세력균형의 중요한 수단이 되기도 하였다.[13]

동맹의 형성에 있어 가장 근본적인 문제는 국가가 자력에 의한 안보정책을 추구하지 않고 동맹을 통한 방위력 향상을 추구하는가이다. 일단 자력에 의한 방위력 향상을 추구하게 되면 군사력 증강으로 인한 군사비 지출이 증가함에 따라, 불가피하게 국민의 세금부담이 증가하고, 이는 의회와 여론의 반대에 직면할 수 있다. 또한 경제력과 기술력이 부족한 국가의 경우, 최첨단 기술과 고도의 비용이 집약된 방위산업의 특성상, 자체능력으로는 군사력 증강이 어려울 수 있다. 하지만 자력에 의한 방위력 증강을 추구할 경우, 국가는 군사비 지출 증대로 국내고용을 증진시키고 실업률을 감소시킬 수 있는 이점도 가지고 있다.[14]

자력에 의한 군사력 증강 못지않게 동맹 체결에 의한 방위력 향상의 경우, 장점으로는 군사강대국의 도움으로 억지력과 방위력을 동시에 추구할 수 있으며, 동맹 당사국이 잠재적 적국과 동맹을 통한 연합이 형성되는 것을 방지할 수 있다. 또한 동맹을 맺은 국가로부터 공격을 받을 위험이 감소하고, 경우에 따라서는 동맹국에

---

13) 김흥길, 『탈냉전기 한미동맹의 변화: 동맹조정의 양면게임적 접근』(전남대학교 대학원 박사학위논문, 2004), p.12.

14) James D. Morrow, "Arms Versus Allies: Trade-offs in the Search for Security", *International Organization* (1993), p.33.

대한 통제력과 영향력을 얻을 수도 있다. 반면 동맹 상대국의 이해관계에 따라 동맹 상대국의 적국이 동맹 당사국의 적국으로 전환될 수 있고, 동맹의 결성이 적국을 자극하여 대항동맹을 결성하여 동맹체결 경쟁으로 치달을 수도 있다. 또한 자국의 안보정책에 대한 독자적인 결정이 제한되며, 약소국의 경우 불가피하게 동맹 상대국의 영향을 받음으로써 정치적 자율성이 제한될 수도 있다.[15]

개별 국가는 결국 독자적인 군비증강과 동맹 사이에 선택을 해야 할 상황에 직면하게 되는데, 각각의 개별 국가는 자국의 안보상황에 따른 '비용 대 효과'를 고려한 정책을 선택한다. 통상 오늘날 대부분의 국가들은 독자적인 군비증강에 막대한 비용이 소모되는 것과 자국의 위협대상을 고려하여 동맹을 형성함으로써 자국의 안보를 보장하려는 정책을 주로 선택한다. 하지만 동맹 유지비용이 동맹 선택비용보다 많을 경우 국가는 동맹 해체를 고려하게 되는데, 이는 현실주의자들이 주장하는 논리와 일치한다.

동맹은 다양한 이해관계를 가진 국가 간에 공통의 이익을 실현하기 위한 제도적인 합의체로 간주된다. 따라서 동맹은 발생하는 형태나 구성되는 형식에 있어 매우 다양한 특성을 가지고 있는 만큼 형성과 변화 과정에서의 갈등을 설명하기가 매우 어렵다. 홀스티(Kalevi J. Holsti)는 동맹이 형성되는 요인을 위협의 상황이나 동기, 안보 공약의 이행 의무, 효과적인 연합지휘체계 획득 및 군사적 결속력, 동맹의 지리적 확대에 따른 안보 공약과 책임부담의 필요성 등 4가지로 설명하였다.[16] 한편 대표적인 현실주의자인 모겐소

---

15) Glenn H. Snyder, "The Security Dilemma in Alliance Politics", *World Politics*, Vol. 36, No. 4(1984), pp.7~11.

(Hans J. Morgenthau)는 동맹이 작동되는 5가지 원칙을 동맹의 성격으로서 동맹의 목표, 동맹이익과 세력배분, 동맹의 이익범위, 동맹의 시간적 지속성, 동맹국가의 공통된 정책과 행동에 미치는 영향 등으로 접근하였다.[17]

일반적으로 동맹이 공식적으로 형성되려면 동맹에 참여하려는 2개 이상의 국가들이 상호 공통된 이해관계를 가지고 있어야 한다. 그중에서 가장 일반적이고 대표적인 이해관계는 바로 위협세력에 대한 인식의 공유이다. 그리고 국가가 처하는 위협의 정도는 적대세력과의 이익의 충돌 정도, 적대세력이 이익의 충돌을 군사적 수단으로 해결할 가능성 여부, 자국과 적대세력 간의 군사적 능력에 대한 비교로 나눌 수 있다. 이 3가지가 복합적으로 발생할 때 가장 위협의 정도가 크다고 할 수 있다. 이러한 위협이 발생할 경우 국가는 동맹 이전에 군사적 방어태세의 확립, 적대세력에 대한 유화정책, 직접적 군사행위를 한다. 그러나 위협의 정도가 높아질 경우 국가는 결국 동맹을 찾아 나서고 동맹을 이루고 난 뒤 동맹에 대한 의존도를 높이게 된다.[18]

라이더(Julian Lider)는 동맹의 형성에 영향을 미치는 2가지 요인으로 외부적 요인과 내부적 요인을 들었다. 그는 외부적 요인으로는 외부의 위협과 그 형태, 대치되는 동맹의 정책과 전략, 국제상황의 전개 등을 포함시켰고, 내부적 요인은 또다시 내부정책요인과

---

16) Kalevi J. Holsti, *International Politics: A Framework for Analyst* (Englewood Cliff, New Jersey: Prentice-Hall, 1977), p.121.

17) Hans J. Morgenthau, *Politics Among Nations: The Struggle for Power and Peace* (New York: Alfred A. Knopf, 1973), pp.183~186.

18) 김계동, "한미동맹관계의 재조명: 동맹이론을 분석틀로", 『국제정치논총』, 제41집 2호 (2001), p.9.

내부조직요인으로 구분하였다. 그리고 그는 내부정책요인에는 이념적 동질성 정도, 패권적 구조 대 동맹 구성국의 동등성, 응집력, 이익·부담·영향력의 배분에 기반을 둔 구조 등을 포함시켰고, 내부조직요인에는 동맹의 규모, 의사결정과정 구조와 군사조직 등을 포함시켰다.[19] 이와 같이 여러 학자의 논의에 근거해 볼 때, 동맹의 형성과 지속에 공통으로 적용될 수 있는 6가지 요인을 도출할 수 있는데, 이는 동맹국의 공통된 위협인식, 이념적 동질성, 동등의 이익, 동맹국 간 공식적인 조약 또는 협약, 동맹국의 군사적 협력체계, 안보 공약의 이행 등이라고 할 수 있다.[20]

동맹의 형성요인은 역설적으로 이러한 요인이 사라질 때, 동맹이 변화하는 요소로 작용할 수 있다. 동맹의 형성이 무정부적인 국제체제 속에서 개별 국가가 생존하기 위한 불가피한 선택이었다면, 안보환경의 변화는 개별 국가에게 또 다른 선택권을 부여할 수 있다. 월트는 국제사회가 동맹을 체결하는 원인을 제도를 창출할 수 있는 능력이 아니라 위협의 조건에서 접근하였다. 그는 동맹이나 세력균형은 국가 간의 힘이 아니라 위협의 정도와 영향력에 달려 있다고 주장하였다. 그래서 그는 동맹이 변화하는 요인을 위협의 수준, 갈등의 수준, 내부적 결속정도, 이념적 동질화 정도, 동맹의 신뢰성 수준, 이익의 변화 등 6가지로 요약하였다.[21]

홀스티는 현대에 들어와서 전통적인 동맹의 운영방식에 변화가 발생하고 있음을 지적하면서 안보상황의 변화에 따라 동맹관계는

---

19) Julian Lider, *Military Theory* (England: Gower Publish Company, 1983), p.56.

20) 허세만, 『한·미 동맹의 변화요인에 관한 연구: 미국의 클린턴·부시행정부 시기를 중심으로』(중앙대학교 대학원 박사학위논문, 2006), p.20.

21) Stephen M. Walt, *op. cit.*, pp.158~170.

약화될 수 있다고 주장하였다. 그는 동맹관계가 약화되는 경우를 동맹국 간의 동맹목적이 멀어지기 시작할 경우, 집단적 동맹관계에서 한 국가만이 위협을 감지하고 기타 국가들은 동일한 위협에 무감각할 경우, 동맹국 간의 사회적, 정치적 가치가 불일치되는 경우, 핵무기 발달 등의 안보상황이 발생할 경우 등 4가지로 정리하였다. 특히 핵이 동맹관계에 미치는 영향과 관련해서 홀스티는 동맹관계에서 약소국은 핵우산이 작동하지 않을 경우를 대비해 독자적인 수단을 강구할 것이나, 핵우산을 제공하는 강대국이 약소 동맹국의 핵 보유를 반대한다면 이는 필연적으로 동맹관계를 약화시킬 것이라고 설명하였다.[22]

리즈(Brett A. Leeds)는 역사적으로 동맹공약들 중 75% 정도는 성실히 준수되었으나 준수되지 않은 25%를 연구하여 동맹 갈등을 설명하였다. 그는 특정동맹이 체결된 이후, 조약국 중 체제의 변화가 일어날 수 있는데, 권위주의 국가에서 민주주의 국가로 변한다든지, 민주국가에 독재자가 등장하는 체제의 변화가 발생하는 경우, 동맹공약은 지켜지지 않고 동맹관계는 갈등관계로 변화할 수 있다고 주장하였다. 또한 동맹을 체결한 지 오랜 시간이 지난 경우, 그동안 국가의 국력이 증대되거나 약해질 수가 있는데, 그런 경우 국력의 변동을 겪은 국가들은 동맹공약을 더 이상 준수하지 않는 경향이 있다고 리즈는 설명하고 있다.[23]

---

22) Kalevi J. Holsti, *op. cit.*, pp.116~120.

23) Brett A. Leeds, "Alliance Reliability in Times of War: Explaining State Decisions to Violate Treaties", *International Organization*, Vol. 57, No. 4 (November 2003), pp.801~827.

3. 동맹의 역사적 사례

대다수의 주권국가들은 효율적인 안전보장을 위해 동맹을 형성
해왔다. 그리고 약소국일수록 동맹에 대한 열망은 상대적으로 더
강했다. 따라서 대부분의 동맹은 대칭동맹보다는 강대국과 약소국
간의 비대칭동맹이 주류를 이루고 있다. 특히 이 책의 주된 연구대
상인 한미동맹도 이에 예외는 아니다. 따라서 필자는 독자들의 이
해를 돕기 위해 미국이 국제사회의 패권을 장악하기 시작한 20세
기 이후에 강대국인 미국과 기타 약소국과 형성한 대표적인 3가지
의 대표적인 비대칭 동맹이 어떻게 형성되고, 어떠한 과정을 거쳐
해체되었는지 살펴보고자 한다.

역사적 사례로 제시한 3가지의 비대칭동맹은 미국-남베트남 동
맹, 미국-프랑스 동맹, 미국-필리핀 동맹이다. 이 중 미국-프랑
스 동맹은 다른 2가지 동맹과는 달리 대칭동맹으로 바라보는 시각
도 존재하지만, 20세기에 들어서면서 미국은 여러 면에서 이미 프
랑스의 국력을 압도적으로 추월하고 있었다.[24] 또한 제2차 세계대

---

24) 미국과 프랑스의 상대적 국력을 단편적으로 보여주는 제1차 세계대전을 전후한 주요 국가들의 산업잠
재력 상호대비는 다음과 같다.

(1900년 영국 = 100)

구분	1880	1900	1913	1928	1938
영국	73.3	[100]	127.2	135	181
미국	46.9	127.8	298.1	533	528
독일	27.4	71.2	137.7	158	214
프랑스	25.1	36.8	57.3	82	74
미국/프랑스	1.87	3.47	5.20	6.50	7.14

출처: Paul Kennedy 저, 이왈수 외 역, 『강대국의 흥망』(서울: 한국경제신문, 2004), p.281.

전 이후 미국이 소련과 더불어 양대 진영의 맹주가 되면서 프랑스
는 어쩔 수 없이 자국의 현실적 국익을 고려하여, 국제사회에서의
미국의 우월적 지위를 인정하였다. 따라서 필자는 미국 - 프랑스 동
맹을 비대칭동맹에 포함하여 역사적 사례로서 제시하였다.

1) 미국 - 남베트남 동맹(1954~1975)

1857년 11월, 베트남의 뜨득(Tu Duc, 재위: 1847~1883) 황제가
스페인의 선교사 2명을 처형하자, 이에 대한 보복으로 1858년 9월
1일, 게노윌리(Charles R. de Genouilly, 1807~1873) 제독 지휘 아래
프랑스 - 스페인 연합함대가 다낭(Da Nang)을 5개월간 점령함으로
써 프랑스의 인도차이나 반도 식민지배의 역사는 시작되었다. 이후
태평양전쟁 말기인 1945년 3월 9일, 프랑스 식민정부가 비시(Vichy)
정부가 아닌 프랑스 망명정부를 지지하는 것으로 정책노선을 변경
하자, 독일과 동맹관계였던 일본은 미군이 상륙할 경우 프랑스 식
민정부가 일본에 위협이 될 것을 우려, 6만여 명의 병력으로 인도
차이나 반도에 주둔하던 5만여 명의 프랑스군을 격퇴하고, 인도차
이나 반도를 장악하였다.[25]

태평양전쟁에서 일본이 패전하자, 포츠담회담(Potsdam Conference)
의 결과에 따라 중국군과 영국군이 베트남에 진주하였다. 북부지역
에서는 윈난(雲南)성의 군벌인 루한(盧漢, 1896~1974) 장군이 지
휘하는 18만 명의 중국군이 1945년 9월 9일, 하노이(Hanoi)에 도착

---

25) 유제현, 『월남전쟁』(서울: 한원, 1992), pp.38~51.

하였으며, 남부지역에는 그레이시(Douglas D. Gracey, 1894~1964) 장군이 지휘하는 7천5백 명의 영국군이 진주하였다. 당시 남부지역에 진주한 그레이시 영국군 사령관은 영국 정부의 뜻을 받들어 "프랑스의 인도차이나 점령은 당연한 것이며, 영국 주둔군은 프랑스가 베트남을 통제할 수 있을 때까지만 계속된다"며 노골적으로 프랑스 편을 들었다. 그리고 영국군의 지원 아래 프랑스 정부는 점차 베트남에 프랑스군을 증강시켜 베트남의 주요 시설을 접수해나갔다. 또한 베트남 북부지역에 주둔하고 있는 중국군과도 협상을 통해 일부 이권을 제공하는 조건으로 중국군의 철수를 약속받았다. 결국 중국군은 1946년 2월 23일, 북베트남에서 철수하기로 합의하였고, 영국군도 3월 4일, 철수를 발표함으로써 베트남은 온전히 프랑스의 식민지가 되었다.

베트남 민족진영의 지도자였던 호찌민(Ho Chi Minh, 1890~1969)은 중국군과 영국군의 철수가 발표된 직후인 1946년 3월 6일부터 프랑스 정부와 협상에 들어갔다. 그러나 호찌민의 의도와는 달리 프랑스 정부는 인도차이나 반도 전체를 양보할 생각이 없었다. 프랑스 정부는 베트남 남부지역인 코친차이나(Cochinchina) 지역만큼은 프랑스의 직할 식민지로서 양보하지 않았다. 결국 양측의 회담은 결렬되었고, 마지막 협상장에서 호찌민 측 대표였던 팜반동(Pham Van Dong, 1906~2000)은 "이 협상은 앞으로 협상할 필요가 없다는 것을 증명한 협상이었다"라고 말하였다. 이제 양측에게 남은 갈등 해결방법은 오로지 전쟁뿐이었다.

프랑스와 호찌민 측과의 전쟁은 1946년 11월 20일, 베트남 북부 하이퐁(Hai Phong)항에서 프랑스 초계정이 중국 밀수선에 발포한 것이 계기가 되어 양측 간에 전면전으로 확대되었다. 그러나 프랑스군은 이미 전면전에 대비하여 6만 3천여 명의 병력을 전개시켜 놓은 상태였고, 훈련과 무장이 미흡한 호찌민군은 위기에 직면하자 게릴라전으로 전환하여 북부 산악지역으로 철수하였다. 호찌민군은 내륙 산악지역에서 게릴라전을 수행하면서 근근이 저항을 계속하였다. 그런데 1949년 10월 1일, 중국이 공산화되면서 상황은 바뀌기 시작하였다. 중국 정부는 1950년 1월 18일, 호찌민의 북베트남을 승인함과 북베트남을 본격적으로 지원하기 시작하였다. 그러자 소련도 동년 1월 30일, 북베트남을 승인하고 대규모 원조를 실시하였다.

미국의 트루먼(Harry S. Truman, 1884~1972)과 아이젠하워(Dwight D. Eisenhower, 1890~1969) 대통령은 처음에는 인도차이나 반도에 큰 관심을 가지지 않았다.[26] 미국 정부는 프랑스가 제2차 세계대전 이전부터 이미 인도차이나 반도를 식민통치하고 있었기 때문에 동유럽, 중동, 중국 등이 우선적인 관심지역이었을 뿐, 동남아 지역은 미국의 관심 밖의 일이었다. 그러나 1949년 10월, 중국이 공산화되자 상황은 달라지기 시작하였다. 곧이어 발발한 6·25전쟁은 미국으로 하여금 아시아의 상황에 더욱 민감하게 만들었으며, 아시아 전 지역에서 공산폭동이 빈번하게 발생하자, 미국 정부 내에서 반공주의 분위기가 확산되었다. 특히 공산진영의 북베트남 원조가 증가하자, 인도차이나 반도에서의 공산세력을 봉쇄하기 위해 미국은 1950년 6월 30일, 미 공군의 C-47 수송기 8대에 군수물자를 싣고 사이공(Saigon)에 도착하였다. 그리고 동년 10월 10일에는 준장을

---

26) 유인선, 『새로 쓴 베트남의 역사』(서울: 이산, 2002), p.366.

단장으로 하는 군사원조고문단(MAAG: Military Assistance Advisory Group)이 구성됨과 동시에 남베트남에 대한 군사원조가 급증하였다. 1946년부터 시작된 미국의 원조는 1950년부터 급격히 증가해 1954년까지 총 36억 달러에 달하였다. 그 결과 프랑스가 베트남에서 지출한 전쟁비용의 60%를 미국의 원조가 차지함으로써 미국은 본격적으로 베트남에 개입하기 시작하였다.[27] 즉 아시아 지역에서의 공산진영의 확대를 봉쇄하기 위해 미국 정부는 베트남에 본격적으로 개입하기로 결정하고, 남베트남 정부와 실질적인 동맹관계를 형성하게 된 것이다. 그리고 미국 정부는 남베트남과의 동맹관계를 통해 인도차이나 반도의 공산화를 저지하는 것인 궁극적으로 미국의 국익에도 도움이 될 것이라고 판단하였다.

1953년 6월, 인도차이나 지역의 프랑스군 사령관으로 새롭게 부임한 나바르(Henri E. Navarre, 1898~1983) 장군은 점진적으로 증강되고 있는 북베트남군을 격파하기 위해 이제까지의 수세전략을 포기하고, 보다 적극적인 공세전략을 채택하기로 결정하였다. 이를 위해 그는 하노이로부터 서쪽으로 300km, 라오스 국경으로부터 16km 이격된 조그만 촌락인 디엔비엔푸(Dien Bien Phu)에 거점을 확보해, 하노이 삼각주와 서북부를 연결하는 축을 마련하고자 하였다. 그래서 그는 1953년 11월 20일, 디엔비엔푸에 비행장 건설을 시작으로 1만 6천2백여 명의 병력이 주둔한 강력한 요새를 구축하였다. 하지만 북베트남의 국장부장관이던 보응웬지압(Vo Nguyen Giap, 1911~) 장군은 프랑스군의 지원거리가 먼 산악지역의 거점인 디엔비엔푸에서의 전투에는 승산이 있다고 판단하고 결전을 하

---

27) 최용호, 『베트남전쟁과 한국군』(서울: 국방부 군사편찬연구소, 2004), pp.47~56.

기로 결심하였다. 이에 1953년 11월부터 3개 보병사단과 1개 포병 사단을 디엔비엔푸로 이동시킨 후, 1954년 3월 13일 야간부터 총 공격을 개시하였다. 결국 3단계에 걸친 북베트남의 공격으로 5월 7 일, 디엔비엔푸가 함락되자, 프랑스는 더 이상 베트남에 대한 식민 지배에 대한 의욕을 상실하고, 1954년 7월 21일, 제네바협정(Geneva Conference)을 통해 전쟁을 종결하였다. 협정결과 베트남을 북위 17 도선을 따라 남북으로 분할해 북쪽은 호찌민 정부가 통치하고, 남 쪽은 프랑스가 세운 바오다이(Bao Dai, 1913~1997) 정부를 유지하 되, 1956년 7월까지 남북총선거를 실시해 통일정부를 수립하기로 하였다. 이에 따라 프랑스군은 1954년 10월 9일, 북베트남에 대한 작전통제권을 호찌민 정부에 이양하고 하이퐁항을 통해 철수하였 고, 남베트남에서는 1956년 4월, 인도차이나사령부를 폐쇄하고 동 년 9월, 사이공항을 통해 철수함으로써 베트남에 대한 프랑스의 식 민지배는 완전히 종식되었다.

베트남에서 프랑스가 철수함과 동시에 이를 대신할 세력으로 등 장한 것은 바로 미국이었다. 미국은 베트남의 공산화를 방지하기 위해 바오다이 정부에 압력28)을 넣어 미국에 체류하던 친미세력인 응오딘지엠(Ngo Dinh Diem, 1901~1963)이 1954년 7월 7일, 제네 바협정이 체결되기 직전에 수상으로 임명되어 새로운 내각을 구성 하도록 하였다. 미국의 적극적인 지지를 확인한 응오딘지엠은 바오 다이를 축출하기로 결심하고, 1955년 10월 23일, 국민투표를 실시

---

28) 아이젠하워 대통령은 공개적인 자리에서 응오딘지엠에 대한 지지를 표명했을 뿐 아니라, 아이젠하워 대통령의 특명대사로 남베트남에 부임한 콜린스(Joseph L. Collins, 1896~1987) 장군은 모든 공식 접촉은 응오딘지엠을 통해서만 실시하겠다고 말함으로써 바오다이 정부는 그를 수상으로 임명할 수밖 에 없었다.

해 98.2%에 달하는 압도적인 지지로 기존의 군주제를 철폐하고 공화제로 전환하였다. 선거결과를 토대로 응오딘지엠은 1955년 10월 26일, 사이공을 수도로 하는 '베트남공화국'을 수립하고 자신이 초대대통령으로 취임하였다.

응오딘지엠은 강력한 지도력을 발휘해 군과 경찰을 장악하고, 무력집단인 토착종교를 무력화시키는 등 반대세력을 차례로 제압하면서 강력한 지위를 구축하였다. 그러나 응오딘지엠은 미국의 강력한 지원으로 정권을 장악한 까닭에 국민들로부터는 정권의 정통성을 제대로 인정받지 못하였다. 더군다나 그는 과거 프랑스 식민정부의 관료로 근무한 경력과 그가 임명한 남베트남 정부의 주요 관료들 역시 프랑스 식민정부에서 근무했던 인사들을 중용함으로써 국민들로부터 전폭적인 지지를 받지는 못하였다. 또한 모든 국가정책결정과정에서 응오딘지엠의 가족들은 결정적인 영향력을 행사하였는데, 응오딘지엠의 동생인 응오딘뉴(Ngo Dinh Nhu, 1910~1963)는 비밀경찰을 장악하고, 자신이 조직한 당을 통해 응오딘지엠에 버금가는 권력을 행사하였다. 또한 그의 부인은 독신이었던 응오딘지엠 대통령의 공식적인 영부인으로 행세하며, 권력을 남용하였다.

미국은 1950년 10월, 준장 급으로 파견했던 군사고문단을 1954년 2월, 중장 급의 단장으로 증강시킴과 동시에 군사고문단 규모도 70여 명으로 늘렸다. 미국은 응오딘지엠 정부가 족벌독재체제를 구축하고, 강압적인 권력을 행사하고 있었지만, 민주화를 촉구하는 정도의 미온적인 조치만 취했다. 또한 남베트남인들에게 응오딘지엠 정부는 미 제국주의의 앞잡이로 인식되고 있었지만, 미국은 응오딘지엠 정부에 대한 지지를 철회하지 않았다. 이는 1961년 1월,

새롭게 등장한 케네디(John F. Kennedy, 1917~1963) 정부에서도 적용되었다. 케네디 대통령은 "반공국가인 남베트남을 유지하는 것이 미국의 목적이다"라는 사실을 공개적으로 수차례나 밝히기도 하였다.

케네디 정부가 들어서면서 남베트남에 대한 미국의 군사적 개입은 급물살을 타게 되었다. 1961년 12월 11일, CH-21 수송기 33대와 4백여 명의 조종사 및 정비사를 포함하는 2개 항공중대가 남베트남에 파병되었다. 이때부터 미군의 공식적인 건제부대가 파병되기 시작하였으며, 1961년 말까지 남베트남에 파병된 미군 병력은 3천2백 명으로 증가하였다. 그리고 남베트남에 파병되는 미군이 급속히 증가하자, 미국 정부는 1962년 2월 8일, 남베트남에 군사원조사령부(MACV: Military Assistance Command Vietnam)를 설치하고, 하긴스(Paul D. Harkins, 1904~1984) 대장을 사령관으로 임명하였다. 이때부터 남베트남에 파병된 미군의 역할은 남베트남군을 돕는 것이 아니라 주도적으로 작전을 수행하는 작전사령부 역할을 수행하게 되었다. 또한 미국의 원조로 매년 4억 달러 정도가 남베트남 정부에 제공되었고, 이 자금이 응오딘지엠 정부 재정의 2/3를 점유함으로써 사실상 미국이 남베트남을 끌어가고 있었다. 미국은 1956년부터 1963년까지 70억 달러를 원조하였으며 그중 2/3는 군사예산에 쓰였다. 따라서 이 시기부터 이미 미국과 남베트남 양국은 실질적인 동맹관계가 형성되었다고 볼 수 있다.[29]

응오딘지엠 대통령의 폭정은 1963년에 절정을 달하고 있었다. 그 결과 1963년 6월 11일에는 불교계의 지도자였던 틱꽝득(Thich

---

29) 최용호, 앞의 책, p.82.

Quang Duc, 1897~1963) 스님이 사이공 중심가에서 분신자살을 시도하는 사건이 발생하고 말았다. 그리고 초연히 불타는 그의 모습의 사진이 전 세계로 전파되면서 국제여론은 응오딘지엠 정부를 공개적으로 비난하기 시작하였다. 국제적인 비난이 급물살치자, 케네디 정부도 더 이상 일방적으로 응오딘지엠 정부를 지지할 수는 없었다. 자유진영의 중심국가인 미국의 입장에서 케네디 정부는 자국민의 인권을 유린하고, 부정부패로 물들은 응오딘지엠 정부와 계속적인 우호관계를 유지하는 것은 어려웠다. 결국 케네디 정부는 응오딘지엠 정부에 대한 더 이상의 옹호는 무의미하다는 판단을 내리고, 응오딘지엠 대통령에게 불교도의 탄압 중지와 민주화 조치를 취하고 국민들로부터 비난의 표적이 되고 있는 동생 응오딘뉴 부부를 정권에서 배제하도록 강력히 요구하였다. 그러나 응오딘지엠 대통령은 케네디 정부의 요구를 거부하고, 오히려 북베트남과 남베트남 내 핵심공산주의자 모임인 '남베트남민족해방전선(NLF: Nation Liberation Front)'과 접촉해 남베트남의 중립화 방안을 모색하였다. 응오딘지엠 대통령의 이 같은 시도는 미국의 입장에서는 결코 간과할 수 없는 일이었다. 이에 케네디 정부는 1963년 9월, 처음으로 응오딘지엠 대통령을 비난하는 공식성명을 발표하고, 동년 10월 초에는 상품수입 보조금의 지불을 중단하고, 응오딘뉴의 특수부대에 대한 재정적 지원도 삭감하는 등 응오딘지엠 정부에 대한 전방위적인 제재조치를 취하였다.[30]

응오딘지엠을 지지하던 미국의 정책에 변화[31]가 감지되자, 군부

---

30) 유인선, 앞의 책, p.408.

31) 맥나마라(Robert McNamara, 1916~2009) 미 국방부장관은 회고록에서 '불교도와 인권을 탄압하

에서도 쿠데타 징후가 나타나기 시작하였고, 미국이 쿠데타를 반대
하지 않을 것으로 인식한 군부는 1963년 11월 1일, 쿠데타를 감행
해 응오딘지엠 정부를 전복시켰다. 그리고 응오딘지엠과 응오딘뉴
는 국외추방을 원했던 미국의 의도와는 달리 이튿날 아침 살해되
었다. 이후 4년 동안 10번의 정권교체를 거친 후에 1967년 9월, 응
웬반티에우(Nguyen Van Thieu, 1923~2001)가 대통령에 취임하면
서 남베트남은 비로소 안정을 되찾았다.

1963년 12월, 북베트남 정부는 노동당 중앙위원회에서 남부의
전쟁에 보다 적극적으로 개입할 시기가 도래했다고 판단하고, 북베
트남 정부군의 남베트남 침투와 미군에 대한 직접공격을 결정하였
다. 이에 1964년 2월 3일, 베트콩(Viet Cong)[32]이 중부지방 꼰뚬
(Kon Tum)의 미 군사고문단 숙수를 습격한 사건을 시작으로 미군
과 미군시설에 대한 공격이 가속화되었다. 한편 케네디 대통령의
급서에 인해 갑작스럽게 대통령에 취임하게 된 존슨(Lyndon B.
Johnson, 1908~1973) 대통령은 북베트남의 남베트남정책 변화와
동시에 미 군사고문단의 수를 대폭 증가시키면서 미군이 베트남문
제를 직접 떠맡기로 하였다. 이어서 1964년 1월에는 북베트남에 대
한 정찰비행과 남베트남특공대의 북부 해안지역 기습공격 등과 같
은 비밀작전을 승인하였다. 그리고 동년 5월 9일에는 한국을 비롯
한 자유우방 25개국에 서한을 보내 남베트남 지원을 요청하기도

는 남베트남의 민족적 지도자를 제거해야 베트콩에 대해서도 승리할 수 있다고 주장하는 미 국무부의
해리먼(William A. Harriman, 1891~1986) 차관보는 케네디 대통령의 우유부단한 태도를 활용하여
라지(Henry C. Lodge, Jr., 1902~1985) 주남베트남 미 대사에게 응오딘지엠을 뒤엎을 군사 쿠데
타를 조직하라고 지시'한 내용을 담고 있다. 월간조선 편집부, "베트남전쟁의 비극과 교훈", 『월간조선』,
5월호(1995), p.322.

32) 일반적인 의미로는 베트남공산주의자이나, 보다 구체적으로 이는 1960년 12월 20일, 결성된 남베트
남민족해방전선의 무장세력을 의미한다.

하였다.

베트남 상황이 계속 악화되던 1964년 4월 25일, 웨스트모어랜드(William C. Westmoreland, 1914~2005) 장군이 하긴스 대장의 뒤를 이어 주남베트남 미군사령관으로 취임하자, 미군은 베트남에서의 공격적인 역할을 보다 확대할 것을 주장하였다. 이때, 8월 2일, 동낀(Ton Kin)만 사건[33]이 발생하였다. 이를 계기로 존슨 대통령은 8월 7일, 미 의회에 베트남에서의 군사행동에 관한 백지위임을 요청하였고, 미 의회는 이를 만장일치로 가결함으로써 존슨 정부는 본격적으로 베트남전쟁에 개입할 수 있는 법적 제약을 해결하였다.

1964년 11월, 대선에서 재선이 확정된 존슨 대통령은 베트남문제를 원점에서 검토한 결과 단계적 확전론[34]을 결정하고 동년 12월 1일, 베트남에 대한 1단계 작전시행을 승인하였다. 북베트남에 대한 공격과 북베트남의 보복 수위가 증가하는 가운데 존슨 대통령은 1965년 3월 2일, 2단계 작전을 시행하였다. 그러나 북폭에서도 만족할 만한 결과를 얻지 못하자, 마침내 존슨 대통령은 지상군 파병을 결정하고, 1965년 3월 8일, 해병 2개 대대를 다낭에 상륙시키는 것을 시작으로 본격적인 지상군 투입을 개시하였다.

1965년 7월, 존슨 대통령은 '베트남전쟁의 미국화'를 공식 결정하고, 웨스트모어랜드 주남베트남 미군사령관의 5만 명 증파요청

---

33) 이 사건은 미국 정부가 1964년 8월 2일, 3척의 북베트남 어뢰정이 베트남 동낀만에서 작전 중이던 미 해군 구축함 매독스(Maddox)호를 향해 어뢰와 기관총으로 선제공격을 가했다고 주장한 사건이다. 미국 정부는 매독스 호가 즉각 반격했고, 주변에 있던 항공모함 타이콘데로가(Ticonderoga) 호와 구축함 터너조이(Turner Joy) 호도 반격에 가담하여 어뢰정 1척을 격침시키고 2척에 손상을 입혔다고 주장했다. 하지만 후일 이 사건은 뉴욕타임스 신문에 의해 미국이 베트남전쟁 도발을 정당화하기 위해 조작한 사건이라는 사실이 밝혀졌다.

34) 단계적 확전론은 2단계로 구성되는데, 1단계는 라오스의 호찌민 통로에 대한 공중공격과 북베트남에 대한 비밀작전을 강화하는 것이며, 2단계는 일명 '롤링썬더(Rolling Thunder) 작전'으로 북베트남에 대한 공중폭격을 강화하는 작전이었다.

을 승인하는 동시에 앞으로도 요청이 있으면 받아들이겠다고 발표하였다. 또한 존슨 대통령은 베트남 파병에 대한 국내의 이해와 지지를 구하는 한편, 남베트남 정부에 대한 국제적 지지를 확대하는 데에도 집중하였다. 미국의 이 같은 노력으로 1965년 말까지 2만여 명의 한국군과 오스트레일리아 및 뉴질랜드군이 파병되었으며, 1966년에는 태국, 필리핀, 대만, 스페인 등의 파병이 이어졌다. 한편 미군의 증원도 지속되어, 1965년 말까지 18만 4천3백 명이었던 미군은 1966년 말에는 38만 명을 넘었고, 1968년에는 54만 8천 명에 달하였다.

1968년 1월 30일, 북베트남과 베트콩의 구정대공세로 미군이 남베트남에서 고전하고 있다는 사실이 TV를 통해 전 세계에 생생히 방송되자, 미 국민들은 존슨 정부에 등을 돌리고, 반전시위에 가담하기 시작하였다. 이에 존슨 대통령은 베트남정책을 전환할 수밖에 없었고, 급기야 동년 3월 31일, 북폭을 중지하고 1968년 대선에 출마하지 않겠다는 발표를 하고 말았다. 그리고 존슨 대통령은 북베트남 정부에 대해 평화협상을 제의하였다.

미국의 평화협상 제안에 대해 북베트남 정부는 1968년 4월 3일, 미국의 제안을 수락한다고 발표함에 따라 1968년 5월 10일, 파리에서의 예비접촉을 시작으로 베트남전쟁은 기나긴 협상국면으로 전환하였다. 1969년 6월 8일, 존슨 대통령의 뒤를 이어 취임한 닉슨(Richard M. Nixon, 1913~1994) 대통령은 태평양 상의 미드웨이(Midway) 섬에서 남베트남의 응웬반티에우 대통령과 정상회담을 갖고, 점진적으로 미군을 남베트남에서 철수시킬 것임을 분명히 하였다. 결국 미국은 이제까지 추구했던 '베트남전쟁의 미국화'를 '베트남전쟁의 베트남화'로 선회한 것이다. 닉슨 대통령의 정책에 따라 1968년 말 54만 8천 명에 달하던 미군 병력은 1969년에 48만 명, 1970년에 34만 명, 1971년에 15만 6천 명, 1972년 말에는 3만 여 명으로 대폭 감소되었다.

1968년 4월부터 시작한 미국과 북베트남과의 평화협상에 있어 양측의 견해에는 많은 차이가 있었다. 북베트남 정부는 남베트남에서 북베트남군을 제외한 모든 외국군이 철수해야 하며, 응웬반티에우 정부는 불법단체이므로 이를 해체하고, 남베트남민족해방전선을 포함한 정파들로 남베트남 임시정부를 수립해야 한다고 주장하였다. 하지만 미국은 남베트남에서 남베트남군 외에 모든 외국군 철수와 남베트남 정부에 대한 북베트남 정부의 개입을 중단하고, 남베트남을 독립된 국가로 인정하며, 새로운 총선거를 실시할 것을 주장하였다. 그러나 양측의 견해 차이가 좁혀들지 않자, 북베트남 정부는 협상보다는 무력에 의한 해결을 시도하였다. 이에 1972년 3월, 북베트남 정부는 북베트남군의 15개 사단 중 12개 사단을 투입하는 대공세를 감행하였다. 그러나 북베트남의 예상과 달리 미국은 하노이까지 포함한 북폭으로 대응하였고, 북베트남 정부는 미군 철수가 무엇보다도 중요하다는 사실을 인식하고, 다시 협상테이블로 나올 수밖에 없었다.

1972년 7월, 파리평화회담이 다시 재개되고, 오랜 논란 끝에 북베트남 정부는 마침내 남베트남 정부를 공식적으로 인정하였다. 그리고 동년 10월 21일, 미국과 북베트남 양측의 평화협상 초안이 완성되었다. 그러나 응웬반티에우 대통령은 협상초안에 반발하였다. 그래서 닉슨 대통령은 응웬반티에우 대통령을 달래기 위해 동년

11월, 대량의 무기를 남베트남 정부에 넘겨주고, 휴전 후 재건을 위한 상당한 원조를 약속하였다. 또한 닉슨 대통령은 키신저(Henry A. Kissinger, 1923~) 미 국무부장관을 남베트남에 보내 남베트남에게 유리하다고 생각되는 조항들을 집중적으로 설명하였으며, 미국은 태국에 공군기지를 계속 유지하고 남베트남 연안에 미 7함대를 계속 보유함으로써 공산주의자들의 어떠한 공격도 사전에 억제할 것을 공약하였다.[35] 결국 응웬반티에우 대통령이 존슨 정부의 협상안에 동의함에 따라 1973년 1월 27일, 파리에서 미국의 키신저 미 국무부장관과 북베트남의 레둑토(Le Duc Tho) 북베트남 대표 간에 평화협정이 체결되었다. 그리고 파리평화협정을 통해 미국의 개입으로 10년 가까이 지속되었던 제2차 베트남전쟁도 막을 내리고, 미군은 동년 3월 26일까지 소수 군사고문단을 제외한 모든 전투 병력을 철수하였다.

미군이 남베트남에서 철수하자, 남베트남 경제는 대혼란에 직면하였다. 미군의 철수와 더불어 남베트남 경제를 지탱하던 달러의 유입이 급격히 감소하자, 물가는 순식간에 치솟고 대규모 실업률에 남베트남 경제는 엉망이 되어버렸다. 그리고 미군이 철수하자 미군을 상대로 생계를 유지하던 사람들은 실직자가 되었다. 설상가상으로 오일쇼크로 유가가 4배나 급증하자, 어민들은 고기를 잡아봐야 어선의 기름값도 건지지 못하게 되자 생업을 포기하였고, 미군 철수 시 인수받은 고가의 장비들은 순식간에 고철로 전락하게 되었다. 더군다나 파리평화협정 체결 이후 지속적인 원조를 약속했던

------

35) 한국국방연구원, 『베트남 평화협정과 월남공산화 과정의 연계성 분석』(서울: 한국국방연구원, 1994), pp.22~23.

미국 정부의 지원도 급격히 감소하고 있었다. 남베트남 정부는 스스로의 자생력을 확충하기 이전에 미군이 남베트남을 철수함으로써 심각한 사회적 후유증을 앓고 있었다.

1973년 11월, 미 의회는 미군의 해외파병에 관한 대통령의 권한을 대폭 축소시키는 법안을 통과시켜 미군의 재개입은 사실상 불가능하였다. 또한 1974년 미 의회는 베트남전쟁을 위한 연간지원 한도를 1975년부터 연간 10억 달러로 제한한다고 상한선을 설정하였다. 이는 미군이 전투에 직접 참가하고 있을 때의 연간 30억 달러에 비하면 매우 축소된 규모였다. 설상가상으로 남베트남에 대한 전폭적인 지원을 약속했던 닉슨 대통령이 1974년 8월, 워터게이트 사건으로 물러나면서 응웬반티에우 대통령은 가장 확실한 후견인을 상실[36]하게 되었다.

〈표 1-1〉 파리평화협정 후 미국의 대남베트남 군사원조액

(단위: 억 달러)

회계연도	1973	1974	1975
요청액	29.24	11.85	14.5
의회 승인액	25.62	9.07	7.0
감소액	−3.62	−2.78	−7.5

출처: Douglas Kinnard, *The War Managers* (Maine: The University Press of New England, 1977), p.154.

파리평화협정 체결 이후, 2년 동안 남베트남의 전투수행능력은 60% 정도 위축된 반면, 북베트남은 소련으로부터 엄청난 지원을 받

---

36) 닉슨 대통령은 1973년 1월, 파리평화협정에 반대하는 응웬반티에우 대통령을 달래기 위해 '북베트남의 군사적 개입이 있을 때, 미국은 신속한 보복 조치를 취하겠다'는 약속을 담은 친서를 전달하였으나, 이 약속은 지켜지지 않았다. Michael Maclear 저, 유경찬 역, 『베트남: 10,000일의 전쟁』(서울: 을유문화사, 2002), p.609.

고 있었다. 응웬반티에우 대통령은 이러한 사정을 미국 정부에 이해
시키기 위해 매주 군인, 정치인, 남베트남 국회의원들을 개인이나
정부특사로 미국에 보냈다. 그리고 그는 닉슨과 포드(Gerald Ford,
1913~2006) 대통령에게 편지를 쓰기도 하고, 주남베트남 미 대사
를 찾아가 남베트남이 처한 상황을 여러 번 설명하기도 하였다. 그
러나 그는 어느 누구로부터도 긍정적인 대답은 들을 수가 없었다.
이러한 과정에서 1973년 6월, 주남베트남 미 대사로 부임한 마틴
(Graham A. Martin, 1912~1990)에게 미국 정부로부터 주어진 임무
는 미 군부가 베트남전쟁에 더 이상 참전하지 않을 것이라는 것과
북베트남의 압력은 남베트남 스스로 막아야 된다는 현실을 남베트
남 정부에 확실히 입력시키는 것이었다.[37]

　미국의 남베트남 지원의 급격한 감소로 통일전쟁 분위기가 무르
익었다고 판단한 북베트남 정부는 마침내 1975년 3월 10일, 남베
트남에 대한 전면전을 감행하였다. 북베트남의 전면 공세에 미군의
지원 아래 군사작전에만 익숙한 남베트남군의 단독 작전은 번번이
실패하고, 남베트남군은 급속히 붕괴되기 시작하였다. 남베트남의
급속한 붕괴에 당황한 포드 대통령은 동년 4월 9일, 국가안보회의
를 소집해 남베트남에 대한 7억 2천2백만 달러의 군사원조, 유엔을
통하지 않은 인도적 지원, 민간인들의 철수작전을 위한 예산지원을
의회에 요청하기로 결정하였다. 그러나 미 의회는 미국인들의 철수
작전을 제외한 다른 용도의 예산지원은 거부하였다.[38] 결국 사이공

---

37) Michael Maclear 저, 유경찬 역, 앞의 책, pp.564~565.

38) 김수광, 『닉슨─포드 행정부의 대 한반도 안보정책 연구: 한국방위의 한국화 정책과 한미연합방위체제
　　의 변화』(서울대학교 대학원 박사학위논문, 2008), pp.265~266.

함락이 임박하자 응웬반티에우 대통령은 1975년 4월 21일, 대통령 직을 사임하였고, 몇 차례에 걸친 정권 이양 끝에 온건파인 두옹반민(Duong Van Minh, 1916~2001) 장군이 동년 4월 28일, 대통령에 취임하였으나 이미 전쟁의 승패는 결정 난 상태였다. 결국 1975년 4월 30일, 북베트남군이 남베트남 대통령궁을 접수하고, 두옹반민 대통령을 체포함으로써 남베트남 정부는 북베트남에 항복하고 말았다. 남베트남의 항복으로 남베트남과 북베트남은 다시 베트남이라는 하나의 나라로 통합되었고, 이로써 미국과 남베트남과의 동맹 관계는 공식적으로 종결됨과 동시에 역사 속으로 사라졌다.

2) 미국 - 프랑스 동맹(1917~1966)

프랑스는 역사적으로 미국의 독립과정에서 도움을 준 우호국이었다. 물론 미국에 대한 프랑스의 호의는 신대륙에서의 영국과의 경쟁의 산물이었다. 그래서 전통적으로 미국인들은 프랑스에 우호적인 감정을 가지고 있었고, 그런 차원에서 미국의 상류층에서 프랑스어는 고급사교언어로서 매우 인기가 높았다. 그러나 미국과 프랑스가 결정적으로 동맹을 형성하게된 것은 제1차 세계대전 때문이었다. 미국은 개전 이래 중립을 선포하고 해양의 자유를 주창하며 대서양 동안의 유럽 국가들과 자유무역을 통해 막대한 부를 축적하였다. 그러나 1915년 5월 7일, 영국 국적의 루지타니아(Lusitania) 호가 독일군의 잠수함공격으로 대서양에서 격침되어 130여 명의 미국인이 사망하자, 미국의 여론은 점차 반독감정과 참전여론이 급증

하게 되었다. 이후 미국의 항의에도 불구하고, 독일의 무제한 잠수
함공격으로 미국인의 희생이 계속되었다. 거기에다 결정적으로 짐
머만(Arthur Zimmermann, 1864~1940) 사건[39]이 발생하자, 윌슨
(Thomas W. Wilson, 1856~1924) 대통령은 마침내 참전을 결정하
고, 1917년 4월 6일, 미 의회의 의결을 거쳐 대독선전포고를 실시
함으로써 영국, 프랑스와 함께 연합군을 형성해 제1차 세계대전에
참전하였다.[40] 이를 통해 미국과 프랑스는 현대적 의미의 동맹관계
를 형성하게 되었다. 즉 미국 정부는 자국민 보호와 자국의 실질적
인 이익을 위해 먼로독트린(Monroe Doctrine) 이후 지속돼 온 유럽
대륙에 대한 불간섭정책을 포기하고 프랑스와의 동맹을 통해 유럽
문제에 적극적으로 개입하기 시작한 것이다.

1939년 9월 1일, 폴란드에 대한 독일의 기습공격으로 제2차 세
계대전이 발발하자, 영국과 프랑스를 위시한 서유럽 각국은 독일에
즉각적인 선전포고를 선포함으로써 제2차 세계대전에 참전하였다.
그러나 독일은 한 달 만에 폴란드를 소련과 분할 점령한 후, 프랑
스 동부지역에 대한 공격은 개시하지 않았다. 따라서 한동안 전쟁
상태이면서도 전투는 발발하지 않은 '가짜전쟁(phony war)' 상태가
지속되었다. 이후 1940년 5월 10일, 독일은 프랑스를 포함한 서유
럽 국가에 대한 기습공격을 감행하였다. 독일군의 예상치 못한 전

---

39) 1917년 1월 19일, 독일 외무부장관이던 짐머만은 주멕시코 독일 대사에게 전문을 보내 멕시코 정부
를 종용하여 동맹군 측에 가담시켜 멕시코가 1948년 2월, 미국 – 멕시코(Mexican - American War)
전쟁의 결과 빼앗긴 미국 남부의 뉴멕시코, 텍사스, 애리조나의 3개 주를 다시 병합할 것을 권고하는
전문을 보냈다. 그러나 이 전문이 영국 정부에 의해 암호가 해독되어 1917년 3월 1일, 언론에 노출되
면서 미국 사회에서는 격심한 반독감정이 형성되었고, 결국 오랜 기간 동안 참전을 주저하던 미국 정
부는 제2차 세계대전에 참전하게 되었다. 육군사관학교 군사사학과, 『군사사상사』(서울: 황금알,
2006), p.191.

40) 육군사관학교 전사학과, 『세계전쟁사』(서울: 황금알, 2004), pp.237~239.

술과 공격방향에 당황한 프랑스군은 급속히 붕괴되었고, 전쟁 50여
일 만에 당시 프랑스 비시 정부의 국가수반이던 뻬땡(Philippe Pétain,
1856~1951)은 1940년 6월 18일, 독일에 항복하였다. 당시 국방차
관이던 드골(Charles de Gaulle, 1890~1970)은 저항을 계속하기 위해
영국으로 망명하여 1940년 10월 27일에는 '제국국방위원회(Empire
Defense Council)'를, 1941년 9월 24일에는 '프랑스국가위원회(French
National Committee)'를 창설하였다. 한편 프랑스의 식민지였던 알제리
에서는 1943년 6월 3일, '국가해방위원회(National Liberation Council)'
가 구성되었고, 드골은 동년 11월, 위원장이 되었다. 그리고 국가해
방위원회는 1944년 6월 2일, 프랑스 임시정부로 개편되었다. 그러
나 루즈벨트(Franklin D. Roosevelt, 1882~1945) 대통령은 임시정부
수반으로서 연합국에 순순히 협조하지 않는 드골의 프랑스 임시정
부를 인정하지 않고 있었다. 하지만 헐(Cordell Hull, 1871~1955)
미 국무부장관이 "드골은 자유프랑스의 국가지도자로서 받아들일
근거가 충분하다"며 루즈벨트 대통령에게 프랑스 임시정부를 승인
할 것을 강력히 건의하고, 1944년 6월, 노르망디(Normandy) 상륙
이후 드골에 대한 프랑스 국민들의 전폭적인 지지를 확인하고서야,
비로소 1944년 7월 12일, 루즈벨트 대통령은 마침내 드골의 프랑
스 임시정부를 승인하였다. 제2차 세계대전 기간 동안 드골에 보인
미국 정부의 노골적 반감[41]은 후일 드골의 재집권 이후 미국과 프
랑스 간의 동맹관계에 부정적 영향을 미쳤다.

---

41) 미국 정부는 1940년 7월, 프랑스의 합법적 정권으로 비시 정부를 승인하였을 뿐 아니라, 적어도
1942년 4월까지 비시 정부와 밀접한 관계를 유지하였다. 또한 루즈벨트 대통령은 드골을 '독재자의
도제'로 간주해 1942년 11월, 연합군의 북아프리카 상륙작전과 관련해 드골을 의도적으로 배제하였
을 뿐만 아니라, 북아프리카에서의 드골의 활동을 방해하거나 견제하였다. 문지영, "드골의 대미외교정
책, 1958~1969", 『프랑스사 연구』, 제16호 (2007), p.168.

드골은 미국 정부의 뒤늦은 승인에 불만을 갖고, 앵글로-색슨 계열의 패권에 대항하기 위하여 1944년 12월 10일, 소련을 방문하여 '불소조약(USSR-French Treaty of Alliance and Aid)'을 체결하였다. 그러나 스탈린(Joseph Stalin, 1878~1953)은 드골의 프랑스 지위회복을 위한 적극적인 외교공세에 불만을 갖고 프랑스 임시정부를 지원하는 일에는 소극적이었다. 오히려 드골의 프랑스 지위회복을 도움을 준 나라는 영국이었다. 영국은 지원에 힘입어 프랑스 임시정부는 1944년 11월, 전후 유럽문제를 다룰 유럽고문위원회(European Advisory Council)에 참가하게 되었고, 이후 유엔안보리 상임이사국의 일원으로 강대국의 지위를 유지할 수 있었다. 그러나 영국이 프랑스의 지위회복에 도움을 준 이유는 미국이 전후 고립주의로 회귀하여 유럽에서 손을 떼게 되면 독일문제 해결에 있어 소련에 대항할 대륙국가가 필요했기 때문이었다.

1948년 2월 25일, 체코슬로바키아에서 소련이 지원하는 공산세력의 쿠데타로 체코슬로바키아 정부가 전복되자, 유럽 국가들은 독일의 위협을 방위하기 위한 방위체제가 아니라 세계 공산화를 노리는 소련의 위협에 대응하기 위한 방위체제의 필요성을 절실히 느끼게 되었다. 이로 인해 1948년 3월 17일, 프랑스, 영국, 베네룩스 3국은 가맹국 중 어느 한 국가라도 공격받을 경우, 기타 가입국들이 모든 수단을 다해 원조를 제공하는 것을 골자로 하는 브뤼셀조약(Brussels Treaty)을 체결하였다. 이후 프랑스의 비달(Georges Bidault, 1899~1983) 외무부장관은 마샬(George C. Marshall, 1880~1959) 미 국무부장관에게 브뤼셀조약 가맹국들과 미국 및 기타 유럽국들을 포함하는 공동방위체제구축을 제안하였는데, 이것이 NATO의 기초가 되었다. 이를 계기로 1949년 4월 4일, 워싱턴에서 프랑스, 영국, 베네룩스 3국, 미국, 캐나다, 덴마크, 아이슬란드, 이탈리아, 노르웨이, 포르투갈이 조약에 서명함으로써 NATO는 창설되었고, 이를 통해 미국과 프랑스는 제도적 장치 안에 실질적인 동맹으로서 양국의 동맹관계가 한 단계 격상되었다.

미국은 냉전이 격화됨에 따라 서독의 재무장화를 통한 NATO의 강화를 추진하였다. 그러나 제2차 세계대전을 통해 독일에 점령당한 경험을 가진 프랑스는 이를 결사적으로 반대하였다. 결국 영국의 이든(Anthony Eden, 1898~1977) 수상은 미국의 서독 재무장과 프랑스의 불안을 해결하는 형태로 서유럽동맹(Western Europe Union, 이하 WEU) 창설을 주도하였다. WEU는 기본적으로 브뤼셀조약에 기초하였으며, 브뤼셀조약에 참여한 영국, 프랑스, 베네룩스 3개국에 제2차 세계대전 패전국인 서독과 이탈리아를 포함한 7개국으로 창설되었다. 그러나 WEU는 초국가적인 기구가 아닌 정부 간 협의체에 불과하여 실질적인 동맹으로서의 역할은 미약하였다.[42]

1958년 6월, 프랑스의 정치적 혼란 속에서 드골은 정권 복귀에 성공하였다. 그러나 당시 프랑스의 국가적 위상은 예전에 비해 심히 약화된 상태였다. 프랑스는 제1차 세계대전의 승전국으로 베르사유조약(Treaty of Versailles)을 통해 세계질서의 형성과정에 큰 비중을 차지하였고, 세계대전 중간기 유럽대륙의 질서 형성에 중추적 역할을 하였다. 또한 제2차 세계대전 발발 이전만 하더라도 프랑스는 전 세계에 걸친 식민지를 보유한 강대국이었다. 그러나 제2차 세계대전을 통하여 프랑스는 강대국의 지위를 상실하고, 독일의 피

---

42) 강원택·조홍식, 『하나의 유럽』(서울: 푸른길, 2009), pp.55~57.

점령지로 전락하였으며, 종전 이후에는 미국과 소련이 주도하는 국
제체제 속에서 2류 강대국의 지위로 전락하고 말았다.[43] 이러한 배
경 속에서 드골 대통령은 미국과 소련이 지배하는 전후 냉전체제
속에서 프랑스의 위대함을 회복하기 위한 외교적 구상을 추구하였
다. 드골 대통령이 추구하는 외교목표는 프랑스가 다시 한 번 능동
적이고 독자적인 세계적 역할을 수행할 수 있도록 프랑스의 힘을
회복하는 것이었다. 이를 위해 그는 양극체제보다는 다극체제가 프
랑스와 같은 나라에게 보다 안전하다고 평가하고, 이를 위하여 다
극적 전략체제의 설립을 주장하였다. 드골 대통령은 냉전이 자신의
자주외교와 자신이 대외적으로 활동할 수 있는 능력 자체를 약화
시키고 있었기에 미국과 소련 중심의 냉전체제를 무시하였다.

드골 대통령은 1958년 9월 17일, 아이젠하워 대통령과 맥밀란
(Maurice H. Macmillan, 1894~1986) 영국 수상에게 세계적인 책임
과 이해관계를 갖고 있는 프랑스가 세계의 주요 문제에 대하여 미
국에 의해 소외되는 데에 불만을 갖고, 대서양동맹체제 내에서 프
랑스가 미국 및 영국과 함께 특별한 지위, 즉 삼두체제를 수립하는
것을 골자로 하는 비밀각서를 보냈다. 그러나 아이젠하워 대통령은
동년 10월 20일, 답신을 통해 드골 대통령의 제안을 거절하였다.
미국과 영국으로서는 이미 확보한 세력을 프랑스가 유럽 국가를
대표함으로써 침식하는 것에 우려를 갖고 있었으며, 기타 유럽 국
가들도 프랑스가 미국에 대응하여 민족우선적인 정책을 취하는 것
에 반대하고, 프랑스는 단지 유럽의 일부분으로 남아 있기를 희망

---

43) 전재성, "프랑스 드골 대통령의 자주외교 연구", 『한국정치외교사논총』, 제30집 1호 (2008), pp.6
  6~67.

하였다.

드골 대통령의 외교정책 핵심은 미국, 영국, 프랑스의 삼두체제를 구성해 적어도 자유진영의 국제질서를 유지하는 것이었는데, 무엇보다도 드골 대통령의 핵정책은 미국을 중심으로 한 NATO의 가장 큰 반발을 가져왔다. 드골 대통령은 프랑스의 핵 보유야말로 프랑스의 자존심을 지킬 수 있는 유일한 방안이라고 생각하여 미국의 반대에도 불구하고 독자적인 핵개발을 강행하였다. 그리고 미국은 프랑스 정부의 독자적 핵개발을 포기시키려 하면서도 소련의 위협에 대응하기 위해 프랑스 영토 내에 핵탄두가 장착된 중거리 미사일을 배치해야 했기에 프랑스와 지속적인 외교적 마찰을 벌였다. 드골 대통령은 프랑스 영토에 배치된 미국 핵무기에 대한 통제권을 갖기를 원했으나, 미국 정부는 이를 수용할 수 없었다. 결국 드골 대통령은 1958년 7월, 프랑스를 방문한 덜레스(John F. Dulles, 1888~1959) 미 국무부장관에게 프랑스는 독자적인 핵무기를 제조할 것이라고 선언하였다.[44] 이후 1960년 2월 13일, 사하라사막에서의 원폭실험에 성공함으로써 세계 4번째로 핵보유국[45]이 되었다.

드골 대통령은 기존 대서양동맹체제에 대한 자신의 견해가 받아들여지지 않자, 1961년 4월 11일, 기자회견을 통해 미국 주도의 NATO에 대해서 개선점 3가지를 지적하였다. 그 3가지는 유럽 국가 자신의 고유한 국가적 방위를 가질 의무와 권리, 핵무기를 갖고 있는 국가들의 핵무기 사용조건 공개, 전쟁위협이 유럽 지역뿐만

---

44) Eric Roussel, *De Gaulle* (Paris: Gallimard, 2002), p.31.

45) 프랑스는 1968년 8월, 수소폭탄 실험에 성공한 후, 원폭투하 폭격기 및 핵탄두 장착 미사일대대를 창설하였으며, 핵미사일잠수함 3척을 건조하는 등 급격히 핵전력을 강화해나갔다.

아니라 아시아, 아프리카, 중동 지역으로 확산됨에 따른 NATO의 행동범위 확대였다. 이후에도 드골 대통령은 NATO의 개선을 지속적으로 요구하였다. 그리고 프랑스와 미국의 갈등은 1961년 5월 31일, 케네디 대통령의 프랑스 방문 시 절정에 달하였다. 드골 대통령은 "NATO가 창설된 이후 지난 11년간 상황은 많이 바뀌었으며, 미국은 더 이상 핵 독점국가가 아니다. 하지만 유럽에는 오로지 미국의 지휘권에 통합된 방위만이 있고, 자주는 없다. 프랑스는 NATO를 약화시킬 의도는 없지만, 더 이상 이러한 상황을 수용할 수 없으며, 프랑스의 미래를 위해 다른 형태의 조직을 원한다"고 케네디 대통령에게 말하였다. 즉 드골은 유럽에서 소련의 위협에 대항해 단결해야 하는 동맹체로서 NATO는 인정했지만, 군사조직체로서의 NATO에 대해서는 반대하였고, 미국과 소련의 핵독점에도 반대하였다.[46)]

케네디 대통령은 1961년 8월에 발생한 베를린위기를 계기로 유럽문제에 대한 미국의 특별한 우위를 전제로 한 가운데 유럽문제들에 대해 드골 대통령과 합의를 통한 해결을 모색하고자 하였다. 한편 드골 대통령은 세계문제를 결정하는 데 영향력 있는 목소리와 프랑스에 대한 사활적 이해관계에 거부권을 케네디 대통령에게 요구하였다. 특히 드골 대통령은 케네디 대통령과 협의하는 과정에서 다음 3가지를 얻어내고자 하였다. 첫째는 핵전쟁, 평화, 독일문제, 소련과의 관계와 같은 사활적 문제에 대한 결정에의 참여였고, 둘째는 서유럽과 프랑스의 대아프리카정책에 대한 미국과 영국의 지원이었으며, 셋째는 위의 2가지 요구사항이 인정되지 않을 시 삼

---

46) 문지영, 앞의 글, pp.175~176.

두지도체제의 하나로서 미국과 영국에 동등한 프랑스의 지도력을 인정할 것을 요구하였다. 그러나 케네디 대통령은 전임자들과 마찬가지로 핵무기 및 외교정책에 실질적인 영향력 행사에 있어 영국은 물론 프랑스와 공유할 생각은 기본적으로 갖고 있지 않았기에 케네디 정부와 드골 정부의 합의는 불발로 그치고 말았다.[47]

드골 대통령이 자주외교를 추구함에 따라 미국과 프랑스의 관계는 점점 경색되어 갔다. 드골 대통령은 1962년 6월 21일, 대서양과 영불해협에 주둔하고 있던 프랑스함대를 NATO로부터 철수시켰으며, 동년 8월 5일에는 핵확산을 금지하는 미국 – 영국 – 소련의 3국 협정에의 서명을 거부하였다. 또한 프랑스는 1964년 1월 27일, 미국의 반대에도 불구하고, 자유진영국가 중 최초로 중국을 승인하였다. 경제적으로는 1965년 2월 4일, 드골 대통령이 달러화가 이제는 더 이상 미국의 금융수단 외에는 아무것도 아니라는 것을 확인시키기 위해서 기자회견을 통해 달러화를 공격하기 시작하였다. 드골 대통령은 공격적인 발언에다 상징적인 제스처를 결합시키면서 프랑스 은행의 달러들을 금으로 교환함으로써 기축통화로서의 달러화 하락을 추구하였다.[48]

드골 대통령은 자신의 거듭된 요청에도 미국이 반응하지 않자, 마침내 1966년 3월 7일, 존슨 대통령에게 친서를 보내 NATO 군사기구에서 프랑스가 탈퇴할 것을 밝혔다. 이에 존슨 대통령은 미군 철수에 따르는 시간과 경비면의 어려움과 NATO의 실질적인 탈퇴는 탈퇴선언 2년 이후부터 유효하다는 1958년 12월에 체결된 '불

---

47) 허만, 『드골의 외교정책론』(서울: 집문당, 1997), pp.95~97.

48) Philippe Ratte 저, 윤미연 역, 『드골평전』(서울: 바움, 2002), p.402.

미조약(French-American Treaty)'에 근거해 프랑스의 NATO 군사기구 복귀를 종용하였다. 그러나 결국 드골 대통령이 존슨 대통령의 요청을 거부함에 따라 1966년 12월, 프랑스에 주둔하던 2만 6천여 명의 미군과 파리에 위치한 유럽주둔군연합군최고사령부(Supreme Headquarters Allied Powers Europe)의 이전이 확정되었다. 이에 따라 유럽주둔군연합군최고사령부는 1967년 3월 31일, 프랑스와 인접한 벨기에의 카스토(Casteau)로 이전하였다. 그리고 프랑스는 실질적으로 미국이 주도하는 NATO 군사기구에서 탈퇴함으로써 프랑스와 미국 간의 군사동맹관계는 심각한 손상을 입게 되었다.

3) 미국-필리핀 동맹(1946~1992)

필리핀은 오랜 기간 동안 서구의 지배를 받아왔다. 스페인의 필립 2세(Philip Ⅱ, 1527~1598)는 동방과의 향료무역을 적절히 수행할 수 있는 영구정착지 설립의 목적에서 레가즈피(Miguel L. Legazpi, 1502~1572)를 원정대장으로 하여 필리핀에 파견하였다. 당시 스페인은 필리핀과의 직접무역보다는 이미 스페인의 식민지였던 멕시코를 이용한 중개무역을 통해 막대한 부를 축적하고자 하였던 것이다. 그러한 차원에서 스페인의 필립 2세는 자신의 명예를 높이기 위해 자신의 이름을 딴 필리핀이라는 명칭을 사용하게 되었다. 레가즈피를 대장으로 하는 원정대는 1565년 4월 27일, 세부(Cebu)에 도착함으로써 스페인의 필리핀 식민지배는 시작되었다. 그리고 스페인 원정대는 1571년 마닐라(Manila)를 식민지 수도로 정함으로

써 공식적으로 필리핀은 스페인에 통합되었다.[49]

필리핀은 1565년 이후 스페인의 식민 지배를 받다가 1898년 5월 1일, 마닐라 연안의 해상전투로 촉발된 미국-스페인 전쟁(Spanish-American War)에서 스페인 함대가 미국함대에 의해 궤멸됨으로써 새로운 변화의 기로에 놓이게 되었다. 이후 스페인은 패전을 인정하고, 전후처리를 위해 1898년 12월 10일, 미국과 '파리조약(Treaty of Paris)'[50]을 체결함으로써 필리핀은 미국의 식민지가 되었다.[51] 필리핀 국민들은 처음에 미국을 스페인의 압제에서 자신들을 해방시켜줄 해방자로 인식하였다. 그러나 미국도 스페인과 마찬가지로 필리핀에 대한 종주권을 확보한 이후 제국주의적 야망을 드러내자, 아기날도(Emilio Aguinaldo, 1869~1964)를 주축으로 하는 필리핀 민족주의 진영은 미국에 저항하여 1899년 2월 4일, '산후안교 사건 (The San Juan Bridge Incident)'을 시작으로 필리핀-미국 전쟁 (Philippine-American War)을 일으켰다. 그러나 필리핀 국민들의 저항은 1901년 3월 23일, 아기날도가 미군에 체포됨으로써 점차 약화되었다. 하지만 필리핀 국민들의 격렬한 저항으로 미국 정부도 필리핀에 대한 강압적인 식민정책보다는 점진적인 자율성을 확대시키는 방향으로 식민정책을 선회하였다.[52] 이후 필리핀에 대한 미

---

49) 양승윤 외, 『필리핀』(서울: 한국외국어대학교 출판부, 2003), pp.23~28.

50) 미국은 스페인이 필리핀의 발전에 투자한 대가로 2천만 달러를 스페인에게 보상하였으며, 푸에르토리코와 괌을 미국에 양도하고, 쿠바로부터 철수하기로 합의하였다. 박광섭, "9.11테러사태 이후 필리핀과 미국 간의 관계강화", 『국가전략』, 제10권 2호 (2004), p.45.

51) 맥킨리 대통령(William McKinley, Jr, 1843~1901)은 필리핀을 국제해양통상기지로 활용할 수 있는 강력한 잠재력을 지닌 전략적 국가로 인식하여, 필리핀을 식민지로 삼았다. 또한 미국의 사업가들 역시 필리핀을 아태지역에서 미국인 무역활동의 중심지, 그리고 아시아의 풍부한 시장에 접근할 수 있는 전략적 요충지로 생각하였다. 박광섭, 위의 글, p.45.

52) 권오신, 『미국의 제국주의: 필리핀인들의 시련과 저항』(서울: 문학과지성사, 2000), pp.41~69.

국의 자율확대정책은 지속되었고, 태평양전쟁 종전 이후 1946년 7
월 4일, 필리핀은 미국으로부터 독립하였으나, 독립 이후에도 미국
은 필리핀의 후원국이자, 동맹국으로서 필리핀과 긴밀한 협력관계
를 유지하였다.

　전후 필리핀은 오랜 열망인 독립을 획득하였지만, 신생국가의 다
양한 난제에 봉착해 이를 극복하기 위해서는 미국의 경제·군사적
지원을 요청하지 않을 수 없었다. 그래서 독립 직후 로하스(Mabuel
A. Roxas, 1892~1948) 정부는 친미성향을 띨 수밖에 없었고, 미국
을 상대로 일반관계조약(1946년 7월 4일), 전시자산협정(1946년 9월
11일), 군사기지협정(1947년 3월 14일), 군사원조협정(1947년 3월
21일)을 잇달아 체결하였다. 특히 1947년 3월 14일, 체결한 군사기
지협정을 통해 미국 정부는 필리핀 전역의 23개 기지 및 공공 보류
지를 무상으로 99년간, 즉 2046년 3월까지 사용할 수 있게 되었다.

　필리핀이 독립한 이후 미국과 필리핀 간의 동맹관계를 명문화한
상호방위조약(The American-Philippine Mutual Defense Treaty)은 1951
년 8월 30일, 워싱턴에서 조인되었다. 그러나 상호방위조약은 공동
의 위험에 대해 양국이 자동 개입하는 것이 아니라 법적 절차에 의
해서만 대응하기로 규정함에 따라 양국의 비준과정에서 많은 논란
이 발생하였다. 결국 상호방위조약은 1952년 3월 20일에야 미 상
원의 비준을 받았고, 필리핀 상원에서도 동년 5월 12일에야 통과되
었다.[53] 하지만 필리핀 정부는 필리핀이 외부의 공격을 받을 시 미
국이 자동 개입할 것을 지속적으로 요구하였다. 그래서 1954년 9월
4일, 양국 간의 '상호방위위원회(Mutual Defense Board)' 회의가 마

---

53) 김계순, 『미국의 필리핀 군사기지 설치와 반환』(경남대학교 대학원 박사학위논문, 2003), pp.40~41.

닐라에서 개최되었고, 덜레스 미 국무부장관은 "미국은 상호방위조약의 공약을 중시할 것임을 강조합니다. 필리핀에 대해서는 어떤 특별한 명령이 필요치 않으며, 미군은 자동적으로 대처할 것입니다"라고 공약[54]하며 각서를 필리핀 정부에 전달하였다.

기존의 군사기지협정 조항들을 개정하려는 노력은 필리핀의 펠라에즈(Emmanuel N. Pelaez, 1915~2003) 상원의원과 벤더슨(Karl R. Bendetson, 1907~1989) 미 국방부차관의 협상으로 본격화되었다. 펠라에즈-벤더슨 협상은 1956년 8월 12일, 공식적으로 개최되었는데, 필리핀측은 조약자체의 개정에만 열중한 반면, 미 측은 기지의 현대화 확장만을 논의하고자 하였다. 결국 양측의 논의는 합의를 보지 못하고 동년 12월 5일, 결렬되었다. 그리고 스미스(Horace H. Smith, 1905~1976) 주마닐라 미 공사는 아무런 사전 통보나 필리핀 측 대표들과 협의를 요구하지도 않은 채 회담을 종결지었다.[55]

펠라에즈-벤더슨 협상이 아무런 성과 없이 결렬된 뒤, 1957년 4월, 망글라푸스(Raul S. Manglapus, 1918~1999) 필리핀 외무부장관과 스미스 주마닐라 미 공사는 비공식적 대화를 통해 몇 가지 진전을 가져왔는데, 양측 간에 합의된 사항은 다음과 같다. 첫째, 1957년 5월 4일부터 기지 내에 게양되고 있는 미국기 옆에 필리핀 국기를 함께 게양한다. 둘째, 1958년 1월 27일부터 마닐라공항과 그것에 부가된 모든 장비를 필리핀 정부로 양도한다. 셋째, 미 공군이 사용·점유하고 있는 군사기지들의 일부지역에서의 광산권을 이용하

---

54) Sung Yong Kim, *United States-Philippine Relations 1946~56* (Washington D.C.: Public Affairs Press, 1968), p.50.

55) Enrique Voltair Garcia Ⅱ, *The Faces of Power: Constancy and Change in United States Foreign Policy from Truman to Reagan* (New York: Columbia University Press, 1983), p.83.

기 위한 절차, 원칙, 사용기간 등을 밝히는 가조약을 체결한다. 넷째, 필리핀 정부와 미군기지 당국과의 관계유지를 위하여 중요기지에 필리핀·미국 공동방위위원회와 군사연락장교를 운영한다.[56]

군사기지에 대한 전면적인 진전은 1957년 8월 14일, 세라노 (Felixberto M. Serrano) 필리핀 외무부장관과 볼렌(Charles E. Bohlen, 1904~1974) 주필리핀 미 대사 사이에 합의각서가 체결되면서 이루어졌다. 이 합의각서를 통해 미국은 필리핀 내 17개의 군사기지를 반환하기로 합의하였다. 이후 동년 10월 12일, 미국과 필리핀 양국은 추가 합의각서에 합의하였는데, 이를 통해 미국은 기지사용 연한을 협정의 효력을 발휘하는 공식문서가 조인되는 날로부터 99년에서 25년으로 수정하기로 하였다. 그리고 미군의 기지사용 연한을 규정하는 공식문서는 1966년 9월 16일에 조인됨으로써 미국이 필리핀 내에서 기지를 사용할 수 있는 기한은 1991년 9월 16일로 한정되게 되었다.[57]

세라노-볼렌 협상에서 기지사용연한이 축소되었지만, 필리핀과 미국의 밀월관계는 가르시아(Carlos P. Garcia, 1896~1971) 필리핀 대통령과 아이젠하워 대통령의 정상회담을 통해 지속되었다. 가르시아 필리핀 대통령은 1958년 6월 20일, 미국을 방문하여 아이젠하워 대통령과 정상회담을 갖고, 공동성명간 필리핀에 대한 모든 형태의 무장공격은 미군과 미국 자체에 대한 무장공격으로 간주하여 즉각적으로 격퇴시킬 것이라는 발표를 하였다. 이는 아이젠하워 정부 입장에서 필리핀의 전략적 중요성이 점증하고 있었기 때문이

---

56) *Ibid.*, p.92.
57) 김계순, 앞의 글, pp.36~37.

었다.[58] 더군다나 가르시아 필리핀 대통령의 미국 방문에 대한 화답으로 1960년 6월 14일, 아이젠하워 대통령이 필리핀을 방문하여 다시 한 번 필리핀에 대한 미국의 방위공약을 발표함으로써 필리핀과 미국의 동맹관계는 더욱 밀접한 관계로 발전하게 되었다.

역대 필리핀 대통령들은 필리핀의 국익을 위해 미군기지의 존속을 강력히 주장하였다. 그러나 필리핀 주둔 미군의 빈번한 범죄는 점차 필리핀 국민들의 분노를 폭발시켰고, 마침내 1964년 12월 25일에는 노동자, 농민, 학생, 실업자들로 구성된 2만 명의 시위대가 의사당을 거쳐 대사관 앞까지 행진함으로써 필리핀 내에서 미군기지의 존속에 대한 본격적 논의가 대두되기 시작하였다.[59] 이후 1970년대에 들어와 미군기지에 대한 주권회복요구가 강렬해지자, 필리핀 정부는 미군 기지를 협상카드로 활용하여, 보다 많은 미국의 지원과 보상을 요구하였다. 그러나 1990년대에 들어 냉전체제가 붕괴되자 필리핀의 전략적 가치는 급격히 감소하였고, 필리핀에 주둔하는 미군의 숫자도 줄어들었다. 그러나 필리핀 정부는 필리핀의 전략적 가치를 낮게 보는 미국 정부의 시각을 외면한 채, 보다 많은 보상을 요구함으로써 양측의 입장차는 점점 더 커지게 되었다.

1947년 '필리핀공화국과 미 합중국 간의 군사기지에 관한 협정'을 통해 필리핀 내 미군기지를 무상으로 사용하던 미국은 1979년 체결한 제1기 군사기지사용협정과 1983년에 체결한 제2기 군사기지사용협정을 통해 각각 5억 달러와 9억 달러를 사용료로 필리핀

---

58) Eduardo Z. Romualdez, *American Welcomes President Garcia* (Manila: Manila Press, 1977), p.78.

59) 정종길, 『필리핀 사회와 혁명』(서울: 공동체, 1987), pp.80~81.

정부에 지불하였다. 미국의 입장에서 필리핀 이외의 지역에 새로운 군사기지를 건설하는 것은 시간과 비용 측면에서 불리하였기에, 미국 정부는 그 정도의 비용을 지불하더라도 필리핀 내에 군사기지를 유지하길 희망하였다.[60]

필리핀과 미국의 동맹관계를 결정적으로 악화시킨 것은 1991년 6월 7일, 발발한 필리핀 피나투보(Pinatubo) 화산의 대폭발이었다. 당시 미국 정부는 피나투보 화산 정상으로부터 클라크(Clark) 공군기지가 25km 밖에 이격되어 있지 않은 관계로, 기지 내 많은 미국인들을 대피시킴으로써 막대한 손실이 발생하게 되었다. 그러나 필리핀 정부는 이에는 아랑곳하지 않고, 미국이 전통적인 동맹국으로서 재난에 직면한 필리핀 정부에 보다 많은 지원을 할 것으로 판단하였으나, 미 국민의 대피작전으로 많은 경제적 손실을 입은 미국 정부는 그럴 의사가 없었다. 결국 필리핀 상원은 미국 정부의 태도에 실망하고, 1991년 9월 16일, 군사기지 사용연한 연장을 거부하였다. 그리고 군사기지 사용연한 연장이 좌절됨에 따라 1992년 11월 24일, 수빅만(Subic Bay)에서 마지막 미 해군함 벨리우드(Belleau Wood)호가 출항함에 따라 미국과 필리핀 간의 실질적인 동맹관계는 중단되었다.[61]

미국과 필리핀과의 동맹관계는 독립 직후 필리핀이 자국의 열악한 상황을 극복하기 위해 무조건적으로 미국에 매달리면서 시작되었다. 더군다나 미국 정부의 입장에서도 냉전시기 아시아 지역에서

---

60) Robert A. Manning, "The Philippines in Crisis", *Foreign Affairs*, Vol. 63, No. 2 (Winter 84/85), pp.409~410.

61) 김동엽, "필리핀 민족주의와 미군기지 철수의 조명", 『동아연구』, 제45집(2003), p. 166.

의 공산진영 봉쇄를 위한 해양거점이 필요한 상황 속에서 양국의 이해관계는 딱 맞아떨어졌고, 결국 양국은 전략적 이해관계에 따라 동맹관계를 수립하게 된 것이다. 그러나 1970년대의 데탕트와 1980년대 후반부터 시작된 탈냉전의 국제조류 속에서 미국 정부는 더 이상 필리핀의 전략적 가치를 중시하지 않았고, 필리핀 정부의 입장에서도 공산진영에 대한 안보위협이 급감함으로써 더 이상 사회적 문제만 야기하는 대규모 미군이 자국 내에 주둔하는 것을 원치 않았다. 또한 1980년대 이후 필리핀 자국 내에 민족주의 분위기가 확산되면서 미군의 필리핀 주둔에 따른 여러 가지 사회적 문제가 강조되고, 이러한 움직임은 정치인들에게도 영향을 미쳤다. 결국 양국의 공동위협에 대한 인식의 차이가 커지는 가운데 동맹 당사국의 사회·정치적 가치로 인해 갈등이 야기되고, 동맹을 통해 양국이 얻을 수 있는 실질적인 이익이 급감함으로써 양국의 동맹은 갈등관계를 지나 붕괴되었다.

제2장

한미동맹의 형성과 발전

1. 동맹의 형성(1945~1953)

　1945년 8월, 2차례에 걸친 원자폭탄의 위력에 놀란 일본 정부가 갑자기 항복을 선언하자, 미국 정부는 서둘러 일본 본토와 일본 점령지역에 대한 점령계획을 수립하였다. 그래서 동년 8월 11일, 미국 정부 내 3부정책조정위원회(SWNCC: State-War-Navy Coordinating Committee)[62]는 일반명령 제1호를 작성하면서 북위 38도선을 기준으로 한국을 남북으로 소련과 분할 점령하기로 결정하였고, 트루먼

---

[62] 3부정책조정위원회(SWNCC)는 제2차 세계대전을 수행하면서 전쟁의 승리가 임박하자, 미국 정부 내에서 전쟁을 수행하던 중요 3개 부서인 국무부, 전쟁부, 해군부가 공동으로 전쟁 수행 간 필요한 정치·군사적 문제들을 함께 논의하고, 조정을 통해 통일된 미국 정부의 정책을 수립하기 위하여 1944년 12월에 설치되었다. 3부정책조정위원회는 대통령의 승인을 얻기 위한 포괄적인 정책을 수립하고, 항복의 조건들과 군사적인 명령서들을 작성하는 미 합참에 정책상의 지침을 주는 최고의 정책기구였다. 그러나 3부정책조정위원회는 1947년 7월, 국가안전보장법에 의거 공군부가 설치됨에 따라 국무부, 육군부, 해군부, 공군부의 4부정책조정위원회(SANACC: State-Army-Navy-Air Force Coordinating Committee)로 확대·개편되었다. 차상철, 『해방전후 미국의 한반도정책』(서울: 지식산업사, 1991), pp.50~181.

대통령의 재가와 소련, 영국, 중국의 동의를 얻었다. 이에 맥아더 (Douglas MacArthur, 1880~1964) 원수가 지휘하던 연합군최고사령부는 1945년 8월 27일, 당시 오키나와(沖繩)에 주둔하던 미 24군단을 남한지역에 파견하기로 결정하고, 군단장 하지(John R. Hodge, 1893~1963) 중장을 주한미군점령군사령관으로 임명하였다. 이것이 바로 한미동맹의 실질적 존재로서 현재까지 지속돼온 주한미군의 시발점이 되었다.

미 24군단의 남한 점령은 1945년 9월 8일, 군단 지휘부와 예하미 7사단의 인천(仁川) 상륙으로부터 시작되었다. 상륙 다음 날인 9월 9일, 조선총독부 청사에서는 하지 중장과 미 7함대사령관인 킨케이드(Thomas C. Kinkaid, 1888~1972) 제독을 대표로 하는 미 측과 조선군사령관 고즈키 요시오(上月良夫, 1886~1971) 중장, 야마구치 기사부로(山口儀三郎, 1889~1972) 제독, 아베 노부유키(阿部信行, 1875~1953) 조선 총독을 대표로 하는 일본 측과의 항복조인식이 거행되었다. 항복조인식이 끝나자 남한지역에서 실질적인 미 군정이 시작되었다. 미 24군단 예하 7사단은 서울, 경기, 강원, 충북지역을 점령하였고, 40사단은 경남, 경북을, 96사단은 충남, 전남, 전북을, 24군수지원사령부는 인천을 점령하였다. 미 군정기간 동안 남한 주둔 미군은 최고 77,643명에 달하였다.63)

미 24군단장 하지 중장은 1945년 8월 28일, 주한미군군정청 (USAFIK: Military Government)을 미 24군단 사령부 내에 설치하여 남한에서의 군정임무를 시작하였다. 초대 군정장관에는 미 7사단

---

63) 국방부 군사편찬연구소, 『한미 군사 관계사 1871~2002』(서울: 국방부 군사편찬연구소, 2002), pp.183~188.

장인 아놀드(Archibald V. Arnold, 1889~1973) 소장이 임명되었다.
그러나 주한미군군정청은 남한에 대한 군정을 실시하기 위해 주한
미군 부대병력으로 임시 구성된 조직이었기에, 이는 1946년 1월 4
일, 정식 군정기관인 주한미군정청(USAMGIK: United States Army
Military Government in Korea)으로 대체되었다. 한편 주한미군은
1945년 10월 5일, 김성수(金性洙, 1891~1955)를 비롯한 11명을
군정장관 고문으로 임명하였고, 이를 시작으로 주한미군정청 내에
한국인 기구는 점차 확대되었다. 주한미군은 1947년 5월 17일, 미
군정법령 141호를 통해 미 군정청 내 한국인 기구를 남조선 과도
정부로 호칭하였고, 이는 과도정부로서 1948년 8월 15일, 공식적인
대한민국 정부가 수립되기 이전까지 과도기관 역할을 하였다.

1948년 3월 17일, 미 군정법령 175호에 의거 국회의원선거법이
공포되고 이에 따라 국회의원 선거, 제헌국회 개헌, 헌법 제정, 대
통령 선출 등의 과정을 거쳐 대한민국 정부 수립을 위한 절차가 진
행되었다. 대한민국 정부 수립이 임박하자 1948년 8월 11일, 미 24
군단장 하지 중장은 이승만(李承晩, 1875~1965) 대통령에게 행정
권을 이양하기 위하여 한국 정부와 미국 정부 간에 '대한민국 정부
와 아메리카합중국 간의 대한민국 정부에의 통치 이양 및 미국 군
대의 철수에 관한 협정(Executive Agreement Concerning Interim
Military and Security Matters during the Transitional Period)64)'을 체

---

64) 이 협정의 주요 내용은 다음과 같다. ① 주한미군사령관은 주한미군이 완전 철수할 때까지 계속해서
한국군을 조직·훈련·무장시킨다. ② 주한미군사령관은 대한민국 정부에 한국군의 감독의무를 점진
적으로 이양하고, 미군이 완전 철수할 때까지 한국군에 대한 작전권을 행사할 수 있는 권한을 부여한
다. ③ 주한미군사령관은 중요한 지역과 시설에 대한 통제권과 주한미군사령부의 이원에 대한 치외법
권을 보유한다. Se-Jin Kim, *Documents on Korean-American Relations 1943-1976* (Seoul:
Research Center for Peace and Unification, 1976), pp.55~57.

결하였다. 그리고 1948년 8월 15일, 대한민국 정부가 수립됨에 따라 하지 중장은 미 군정의 폐지를 선언하고, 동년 8월 24일에는 '대한민국 대통령과 주한미군사령관 간에 체결된 과도기에 시행될 잠정적 군사안전에 관한 협정'을 체결함과 동시에 주한미군사령관에서 퇴임하였다. 그의 후임으로는 쿨터(John B .Coulter, 1891~1983) 소장이 임명되었고, 동년 9월 3일부터 13일까지 주한미군정청의 남조선 과도정부의 행정부서가 한국 정부로 이양되었다. 한편 트루먼 대통령은 무초(John J. Muccio, 1900~1989)를 초대 주한 미 대사로 임명하고, 주한미군 철수문제를 협정할 수 있는 권한을 부여하였다. 이에 따라 미국 정부는 1948년 8월 26일, 서울에 정식 대사관을 개설하였다.[65]

미 군정이 폐지됨에 따라 미국 정부는 1948년 8월 24일에 체결된 한미군사잠정행정협정에 따라 주한미임시고문단(PMAG: Provisional Military Advisory Group)을 설치해 한국군의 훈련을 도왔다. 주한미임시고문단은 250명으로 구성되었으며, 한국군 부대창설에 따른 미군의 장비 이양과 미군 철수 업무 및 여순반란사건 당시에는 진압작전에 참여하여 병력 집결 및 작전지원 임무를 수행하였다. 이후 주한임시고문단은 1949년 7월 1일, 주한미군 최종병력의 철수와 동시에 주한미군사고문단(KMAG: Korea Military Advisory Group)으로 전환되었다.[66] 주한미군사고문단은 1950년 1월 26일, 서울에서 한 측 대표로는 신성모(申性模, 1891~1960) 국방부장관과 김도연(金度演, 1894~1967) 재무부장관이, 미 측 대표로는 무초 주한 미

<hr>

65) 국방부 군사편찬연구소, 앞의 책, p.275.

66) 국방부 국방군사연구소, 『국방정책변천사, 1945~1994』(서울: 국방부 국방군사연구소, 1995), pp.52~53.

대사가 참석한 가운데 '대한민국 정부와 미합중국 정부 간의 주한 미국군사고문단 설치에 관한 협정(Agreement for the Establishment of KMAG)'에 서명함으로써 법적 근거를 마련하였다.[67]

한국 정부의 수립이 순조롭게 진행됨에 따라 1947년부터 트루먼 정부 내에서는 주한미군 철수문제를 둘러싼 정책적 검토가 4부정책조정위원회에서 이루어졌다. 당시 트루먼 정부는 전후 처리 및 복구지원을 위한 막대한 대외원조를 추진하고 있었는데, 이를 위해 미 합동참모본부는 1947년 4월, 미국의 안보에 미치는 중요성과 원조의 긴급성을 순위로 매겨 4부정책조정위원회에 제출하였다.[68] 4부정책조정위원회는 이러한 미 합동참모본부의 보고를 토대로 1948년 4월 2일, '한국에 관한 미국의 입장'이라는 보고서를 국가안보회의(NSC: National Security Council, 이하 NSC)에 제출했고, 이는 동년 4월 8일, 트루먼 대통령의 재가를 얻어 NSC-8로 공식화되었다. 이 보고서는 1948년 12월 31일까지 한반도에서 주한미군을 철수시킬 것을 담고 있었으며, 철수의 보완조치로서 한국군의 전신인 국방경비대 5만 명에 대한 조직과 훈련, 장비이양을 규정하고 있었다. 그러나 부정적인 영향을 최소화하는 범위 내에서 가급적 빨리 철수해야 하며, 개전의 빌미를 주지 않기 위해 한국 사태에 너무 깊숙이 개입해서는 안 된다는 경고도 포함되어 있었다.[69]

---

67) 국방부 전사편찬위원회, 『국방조약집, 1945~1980』(서울: 국방부 전사편찬위원회, 1981), pp.58~63.

68) 당시 순위는 다음과 같다. ① 영국, ② 프랑스, ③ 독일, ④ 이탈리아, ⑤ 그리스, ⑥ 터키, ⑦ 오스트리아, ⑧ 일본, ⑨ 벨기에, ⑩ 네덜란드, ⑪ 라틴아메리카, ⑫ 스페인, ⑬ 한국, ⑭ 중국, ⑮ 필리핀, ⑯ 캐나다 순이었다. Thomas H. Etzold, John Lewis Gaddis, eds., *Containment: Documents on American Policy and Strategy 1945~1950* (New York: The Columbia University Press, 1978), pp.71~84.

69) U.S. Department of States, *Foreign Relations of United States, 1948, vol. 6: The Far East and Australia* (Washington D.C.: U.S. Government Printing Office, 1974), pp.1164~1170.

주한미군의 계획된 철수는 소련에 대한 봉쇄정책 차원에서 한국에 대한 전략적 가치를 일정부분 인정한 국무부 소수파의 연기 주장과 1948년 10월, 여순반란사건 등 남한 내부의 정치적 불안 등으로 지연되었으나 동년 12월 12일, 유엔에서 한국 정부를 승인하고, 동년 12월 25일에는 소련군의 북한 철수가 발표됨에 따라 본격적으로 시작되었다. 트루먼 정부는 1949년 3월 23일, 최초 NSC-8을 수정·보완한 NSC-8/2를 승인함으로써 주한미군의 철수시한을 최초 1948년 12월 31일에서 1949년 6월 30일까지로 연기하였다.[70] 그리고 NSC-8/2에 의해서 주한미군의 철수시한이 최종적으로 결정되면서 당시 3만여 명에 달하던 주한미군은 1948년 9월 15일부터 3차에 걸쳐 철수를 단행하여 1948년 12월에는 1만 6천 명으로 감축되었고, 1949년 1월에는 7천5백 명만을 남기고 철수하였으며, 완료시일인 1949년 6월 29일까지 군사고문단 495명을 남기고 모두 한국을 떠났다.[71] 그러나 트루먼 정부는 이러한 철군계획을 1949년 5월 17일에야 이승만 정부에 통보하였다. 그것도 구체적 날짜를 밝히지 않은 채 '수주일 이내에' 완전 철수할 것이라고만 통보하였다.[72] 6·25전쟁 이전 주한미군 철수현황은 다음 <표 2-1>과 같다.

---

70) U.S. Department of States, *Foreign Relations of United States, 1948, vol. 7: The Far East and Australia* (Washington D.C.: U.S. Government Printing Office, 1976), pp.969~978.

71) 서울신문사, 『주한미군30년』(서울: 행림출판사, 1979), pp.103~110.

72) 김일영·조성렬, 『주한미군: 역사, 쟁점, 전망』(서울: 한울아카데미, 2003), p.49.

〈표 2-1〉 6 · 25전쟁 이전 주한미군 철수현황(1946~1949)

구분		철수완료일	비고
미 군정기	40사단	1946년 3월 15일	6사단에 임무 인계
	308항공폭격단	1946년	
정부수립 이후	7사단	1948년 12월 29일	
	6사단	1949년 1월 10일	
	24군단	1949년 1월 15일	5연대전투단 7,500명 잔류
	5연대전투단	1949년 6월 29일	

출처: 국방부 군사편찬연구소, 『한미 군사 관계사 1871~2002』(서울: 국방부 군사편찬연구소, 2002), p.277.

1950년 6월 25일, 북한의 기습남침은 한미관계의 일대혁신을 가져왔다. 트루먼 대통령은 전쟁 발발 8시간 후에 고향인 인디펜던스(Independence)에서 주말휴가를 실시하고 있다가 애치슨(Dean G. Acheson, 1893~1971) 미 국무부장관으로부터 한반도의 전쟁발발 보고를 받고 백악관으로 복귀하면서, 급히 유엔 안보리의 소집요청과 동시에 NSC 소집을 지시하였다. 백악관 복귀 후 트루먼 대통령은 NSC를 주관하고, 사태 파악을 위한 조사반 파견과 자국민 철수 지원을 위한 해·공군 운용지시를 하달하였다.

맥아더 미 극동군사령관[73]은 트루먼 대통령의 지시에 따라 1950년 6월 26일부터 주한 미국인들을 철수시키기 시작하였으며, 사태 파악을 위해 동년 6월 27일, 처치(John H. Church, 1892~1953) 준장을 단장으로 하는 주한전방지휘소 및 연락단(ADCOM: Advance Command and Liaison Group in Korea)을 수원(水原)에 설치하였다. 수원에 주한전방지휘소를 개소한 처치 준장은 개소 다음 날인 동

---

73) 미 극동군사령부는 1947년 1월 1일, 태평양전쟁 당시 남서태평양사령부(Southwest Pacific Command)를 모태로 하여 남서태평양사령관이자 연합군최고사령관이던 맥아더 원수를 사령관으로 하여 창설되었다. 미 극동군사령부는 남서태평양사령부 편제와 인원을 그대로 유지하는 육군 중심의 사령부였다.

년 6월 28일, 채병덕(蔡秉德, 1914~1950) 총참모장을 만나 작전을 조언하는 등 한국군이 북한군의 남침을 저지하는 데 필요한 지원을 하기 시작하였다. 한편 동년 6월 27일부터 맥아더 미 극동군사령관의 지휘 하에 들어간 주한미군사고문단은 동년 6월 28일, 수원으로 이동하여 주한전방지휘소에 그동안의 상황을 보고한 후, 한국군의 작전 지원을 계속하였고, 이미 일본으로 철수한 요원들도 후에 지상군 전개 시 재투입되어 작전을 지원하였다.

주한전방지휘소 개소 이후, 맥아더 미 극동군사령관은 1950년 6월 29일, 전황의 중대성을 인식하고 직접 전선을 시찰하기 위하여 수원비행장에 도착하였다. 시찰 직후 맥아더 미 극동군사령관은 한국군은 현재 반격할 능력이 없으며 미 지상군의 투입 없이는 한국군이 붕괴될 위험에 직면해 있기에, 미 지상군의 투입 승인을 요청하는 보고서를 미 합동참모본부에 제출하였다. 트루먼 대통령은 미 합동참모본부의 보고를 받고 1개 전투단의 전선 투입을 허가하였으며, 곧이어 주일미군 2개 사단의 한국 파견과 북한의 해안봉쇄를 지시하였다. 이로써 1950년 6월 30일, 마침내 미 지상군 투입이 결정되었다.

트루먼 대통령의 지시에 의거 맥아더 미 극동군사령관은 규슈(九州)에 주둔한 미 24사단을 우선 투입하기로 결정하였다. 선발대로 지정된 미 24사단 예하 21연대 1대대는 스미스(Charles B. Smith, 1916~2004) 중령의 지휘 아래 1950년 7월 1일, 부산(釜山)에 도착하여 전선으로 이동하였다. 그리고 딘(William F. Dean, 1899~1981) 미 24사단장은 주한전방지휘소 및 연락단장으로 이미 한국에 와있던 처치 준장을 부사단장으로, 주한전방지휘소 및 연락단 요원을 참모요원으로 하여 주한미육군사령부(USAFIK: United States Army Forces in Korea)를 대전(大田)에 설치하였다.

유엔 안보리는 1950년 7월 7일, 유엔의 권고에도 불구하고 북한이 남침을 계속하자, 북한의 침략을 격퇴시키기 위하여 유엔 안보리 결의안 84호로 유엔군을 지휘할 통합군사령부 창설을 결의하였다. 결의안은 다음과 같다.

> 유엔 안보리는 북한군이 무력으로 대한민국을 공격한 것을 평화의 파괴 행위로 확정하고, 군사력과 기타 지원을 제공하는 모든 회원국이 미국 책임 하의 통합군사령부가 그러한 군사력과 기타 지원을 운용하도록 할 것을 권고하며, 미국이 그러한 군사력을 지휘할 사령관을 지명하도록 요청하며, 통합군사령부가 그의 재량으로 북한군에 대한 작전 중 유엔기를 여러 참전국의 국기와 함께 사용하도록 인가하며, 미국이 통합군사령부의 책임 하에 취해진 작전경과에 관한 적절한 보고서를 유엔 안보리로 제출하도록 승인한다.[74]

유엔 안보리의 결의에 따라 트루먼 대통령은 1950년 7월 8일, 미 합동참모본부가 건의한 대로 맥아더 미 극동군사령관을 유엔군사령관으로 임명하였다. 맥아더 미 극동군사령관은 미 극동군사령부를 통해 유엔군의 작전통제권을 행사하다 1950년 7월 24일에야 정식으로 유엔군사령부를 도쿄에 설치하였다. 한편 맥아더 유엔군사령관은 본격적으로 한국을 지원하기 위해 요코하마(橫浜)에 주둔하던 미 8군으로 하여금 1950년 7월 9일, 대구(大邱)에 전방지휘소를 설치하도록 하였고, 동년 7월 13일에는 미 8군에게 주한미지상군에 대한 작전지휘권을 부여하였다.

---

74) 외무부, 『한국외교 30년』(서울: 외무부, 1979), p.185.

이승만 대통령은 1950년 7월 14일, 전시 작전수행의 통합적 효율성을 증진시키고, 미군으로부터 한국군에 대한 지원을 확보하기 위해 한국군에 대한 작전지휘권을 현 작전상태가 계속되는 동안 무초 주한 미 대사를 통해 맥아더 유엔군사령관에게 이양한다는 다음과 같은 서한을 전달하였다.

대한민국을 위한 유엔의 공동 군사노력에 있어 한국 내 또는 한국 근해에서 작전 중인 유엔의 육·해·공군 모든 부대는 귀하의 통솔 하에 있으며 또한 귀하는 그 최고사령관으로 임명되어 있음에 비추어 본인은 현 적대행위의 상태가 계속되는 동안 대한민국 육·해·공군의 모든 지휘권을 이양하게 된 것을 기쁘게 여기는 바이다.[75]

1950년 7월 14일부로 한국군의 작전지휘권을 이양받은 맥아더 유엔군사령관은 동년 7월 17일, 한국군 지상군에 대한 작전지휘권을 워커(Walton H. Walker, 1889~1950) 미 8군사령관에게 재이양하였고, 해·공군도 각각 극동 미 해·공군사령관에게 이양함으로써 한반도에서 북한군과 전투 중인 모든 부대의 지휘통일이 이루어지게 되었다. 또한 맥아더 유엔군사령관은 1950년 7월 18일, 무초 주한 미 대사를 통하여 '대한민국 육·해·공군의 작전지휘권 이양에 관한 이승만 대통령의 결정을 영광으로 생각하는 바이며, 유엔군의 종국적인 승리를 확신한다'는 요지의 답신을 보냈다. 이승만 대통령의 서한과 맥아더 유엔군사령관의 답신내용은 1950년 7월 25일, 유엔 사무총장인 트뤼그베 리(Trygve H. Lie, 1896~1968)에게 전달되어 유엔 안보리에 제출됨으로써 사후 공식화되었

---

75) 서울신문사, 앞의 책, p.169.

다.[76] 이후 미국은 한국의 전략적 가치를 새롭게 평가하며, 전쟁수행 간 연합작전을 통해 한미동맹은 혈맹으로서 한 단계 도약하게 되었다.

미군의 참전과 더불어 작전권과는 별도로 미군의 지위에 대한 전반적인 합의가 불가피해지자, 한미 양국은 1950년 7월 12일, '주한미군의 범법행위의 관할권에 관한 협정(Agreement Concerning Jurisdiction over Offences by the United States Forces in Korea)'을 체결하였다. 이 협정은 한국 내에서 미 군사조직의 소속원이 저지른 범법행위에 대해서는 미 군법회의가 배타적인 사법권을 행사하며, 미국 또는 그 구성원에 대한 범법행위 때문에 미군이 한국인을 체포할 경우 이 한국인들은 가급적 빨리 한국의 민간당국에 이첩될 것이라고 규정하였다. 이 협정에 따라 미군은 한국 내에서 치외법권적 지위를 다시 누리게 되었다.[77]

1950년 7월 1일, 미 지상군 첫 전투부대가 한반도에 도착한 이래 1953년 7월 27일, 6·25전쟁이 휴전되기까지 미군은 유엔군의 주축으로 지상군은 1·9·10군단 등 3개 군단, 1기병사단을 비롯한 8개 육군사단, 1개 해병사단, 2개 연대전투단 그리고 지원전력으로 2·3군수지원사령부 및 한국병참지구사령부(KCOMZ: Korean Communication Zone) 등 후방지원부대들이 속속 투입됨으로써 미군 병력은 최고 30만 2천 명에 달하였고, 연 참전병력은 178만 명에 이르렀다. 한편 미 해군은 미 극동해군사령부의 해군전력과 7함대 전력이 투입되었는데, 6·25전쟁에 투입된 해군전력은 90·95기동함대를 주축으로 작전

---

76) 국방부 군사편찬연구소, 앞의 책, pp.471~472.

77) 김일영·조성렬, 앞의 책, p.54.

상황에 따라 해상작전과 지상작전을 지원하였고, 해군항공부대는 공군작전을 지원하였다. 미 공군은 미 극동공군이 주축이 되었는데, 공군전력으로는 일본 본토에 주둔한 5공군과 오키나와에 주둔한 20공군, 필리핀의 13공군 등 총 20개 비행단 77개 비행대대가 참전하였다.

전체적으로 미국은 전체 유엔군 전력의 50.3%를 담당함으로써 실질적인 전쟁 수행의 주체가 되었다. 그리고 이를 통해 한국과 미국은 떨어질 수 없는 동맹관계로서 새롭게 도약하게 되었다.[78] 더군다나 미국 정부는 전쟁기간 동안 실질적인 유엔군의 주도세력으로서 대부분의 전쟁비용을 전담하다시피 하며, 전쟁을 주도함으로써 막대한 비용을 지불하였다. 최종적으로 미국 정부는 6·25전쟁을 수행하는 데 제1차 세계대전 당시와 맞먹는 200억 달러를 전쟁비용으로 지불하였다. 이는 전쟁의 당사자인 한국 정부가 8억 4천만 달러를 지불했다는 사실을 고려할 때, 매우 주목할 만한 일인 것이다.[79]

대규모 전력의 투입으로 인해 6·25전쟁 간 미군이 입은 피해도 매우 컸다. 1950년 7월 5일, 죽미령(竹美嶺)에서 북한군과의 첫 교전을 실시한 스미스부대는 부대원 150여 명이 전사하고, 31명의 장병이 실종된 이래 3년여 간의 전쟁기간 동안 미군의 희생은 기하급수적으로 증가되었다. 당시 급격히 증가한 미군 희생자 수에 대해 2010년 현재 미 국방부에서 공식적으로 발표하는 미군의 참전병력과 인명피해 현황은 다음과 같다.

---

78) 국방부 군사편찬연구소, 앞의 책, pp.473~474.
79) 『조선일보』, 1984년 6월 24일자.

〈표 2-2〉 2010년 현재 6·25전쟁 시 미군 참전병력 및 피해현황

구분	연 참전병력	전사	사망	부상	포로
인원	1,789,000명	33,742명	2,830명	92,134명	7,245명

출처: http://www.korean-war.com/miakia.html, 검색일(2010년 2월 19일).

　　특히 6·25전쟁에는 미국 정부의 많은 고위급 자제들이 참전하여 희생80)을 당함으로써 미국 정부로서는 6·25전쟁을 남다르게 생각할 수밖에 없었다. 그리고 냉전시대 미국과 소련의 입장에서는 최초로 발생한 대리전으로서 미국 정부는 대소봉쇄정책의 필요성을 절실히 인식하게 되었고, 이로 인해 불과 몇 년 전에는 무가치하게 보였던 한반도가 미국 정부의 새로운 전략적 요충지로 부각하게 되었다. 즉 6·25전쟁은 해방 이후 전략적 가치 저평가로 인해 미국의 관심을 끌지 못했던 한국의 전략적 가치를 재평가하는 계기가 되었고, 이를 통해 한미동맹은 명실상부 긴밀한 동맹관계로 발전하게 되었다. 한미 양국은 6·25전쟁을 통해 공산진영의 한반도에 대한 적화야욕을 명확히 인식하게 되었고, 이러한 현실인식은 한미 양국의 위협에 대한 공통된 인식을 이끌어냄으로써 자연스럽게 양국을 동맹관계로 만들었다. 무엇보다도 신생 독립국인 한국 정부는 국내적 정치안정과 전후 재건을 위한 경제지원을 확보하기 위해 미국의 지원이 절실하였고, 이를 위해 한국 정부는 한미동맹 외에 다른 대안을 선택할 수 없었다.

---

80) 제2차 세계대전의 영웅인 아이젠하워 원수를 포함하여 미군 장성 142명이 참전하여 이들 중 35명이 전사하거나 부상을 입었다. 특히 미 8군사령관이었던 밴플리트(James A. Van Fleet, 1892~1992) 중장의 아들 밴플리트 2세(James A. Van Fleet Jr.) 공군 대위는 1952년 4월 4일, 야간폭격임무 중 실종되었다. Mark W. Clark 저, 김형섭 역, 『다뉴브강에서 압록강까지』(서울: 국제문화출판공사, 1981), p.69; Clay Blair, *The Forgotten War* (New York: Times Book, 1987), p.805.

2. 동맹의 제도화(1954∼1967)

   6·25전쟁을 통해 한미 양국은 한미상호방위조약을 체결함으로써 한미동맹은 제도화되었다. 이는 이승만 정부가 정전협정을 조건으로 아이젠하워 정부로부터 얻어낸 성과였다. 전쟁이 치열하게 진행 중이던 1951년 6월, 소련의 제안으로 시작된 휴전회담[81]은 통일을 기대하던 많은 한국 국민들의 반대를 가져왔다. 1953년에 이르러 휴전협상이 타결될 단계에 접어들자 국내에서는 휴전반대운동이 전개되면서 이승만 정부는 휴전회담이 성립될 경우, 한국군을 유엔군으로부터 분리시켜 단독이라도 공산군과 전쟁을 지속할 것이라는 의사를 아이젠하워 정부에 공식적으로 통보하였다.[82] 이에 아이젠하워 정부는 유엔군사령부를 통해 한국군 단독 북진정책을 포기하도록 종용하는 한편, 정전협정 체결 이후에 상호방위조약 및 동맹조약을 체결할 의사가 있다는 뜻을 표명하였다.

   이승만 정부는 휴전협상의 타결 가능성이 농후해지자, 휴전협정에는 동의하되, 아이젠하워 정부로부터 보다 많은 보장을 얻어내기 위한 압박수단으로 1953년 6월 18일, 3만 6천여 명의 반공포로석방을 단행하였다. 이에 당황한 아이젠하워 정부는 1953년 6월 25일, 로버트슨(Walter S. Robertson) 미 국무부차관보를 대통령 특사

---

81) 소련 유엔대표 말리크(Yakov A. Malik, 1906∼1980)는 1951년 6월 23일, 유엔 라디오를 통한 연설에서 휴전을 암시하는 발언을 하였다. 그는 연설을 통해 소련 인민은 6·25전쟁이 종식될 수 있다고 생각한다는 전제를 제시한 후, 말리크 대표는 양측이 전투를 종결시키기 원한다면, 38선에서 병력을 철수시킨다는 조건 하에서 양측은 휴전회담을 개시할 수 있을 것이라고 말하면서 38선을 부각시켰다. 온창일, 『한민족전쟁사』(서울: 집문당, 2002), p.943.

82) 국방부 국방군사연구소, 앞의 책, p.99.

로 하여 한국에 파견하였다. 이에 한미 양국은 휴전문제를 중심으
로 한 현안문제를 토의하였고, 그 결과 다음과 같은 5개항에 합의
하였다. 첫째, 정전 후 한미 양국은 상호방위조약을 체결한다. 둘
째, 미국은 한국에 장기적인 경제원조를 제공하며 1단계로 2억 달
러를 제공한다. 셋째, 미국은 한국군의 20개 사단과 해·공군력을
증강시킨다. 넷째, 양국은 휴전회담에 있어 90일이 경과되어도 정
치회담에 성과가 없을 경우 이 회담에서 탈퇴하여 별도의 대책을
강구한다. 다섯째, 한미 양국은 정치회담을 개최하기 이전에 공동
목적에 관하여 양국의 고위회담을 개최한다.[83]

정전협정 체결 직후인 1953년 8월 8일, 덜레스 미 국무부장관은
서울을 방문하여 변영태(卞榮泰, 1892~1969) 외무부장관과 '대한민
국과 미합중국 간의 한미상호방위조약(Mutual Defense Treaty between
the Republic of Korea and the United States of America)'에 가조인하
였고, 동년 10월 1일, 워싱턴에서 변영태 외무부장관과 덜레스 미
국무부장관이 서명함으로써 정식으로 체결되었다. 이후 이승만 정
부는 1954년 1월 15일, 한미상호방위조약에 대한 국회의 비준을
받았으며, 아이젠하워 정부는 동년 1월 26일, 동 문건에 대한 상원
의 비준을 받고, 동년 11월 17일, 한미 양국이 비준서를 교환함으
로써 한미상호방위조약은 정식으로 발효되었다. 한미상호방위조약
에 근거해 한미양국은 공통의 위험에 대해 각자의 헌법이 규정하
고 있는 절차에 따라 대응하기로 결의하였고, 한미 양국이 희망하
는 한 조약은 무기한 유효한 것으로 규정하였다.

한미상호방위조약을 통해 아이젠하워 정부는 한국에 대한 방위

---

83) 국방부 국방군사연구소, 앞의 책, p.101.

공약을 공식화함으로써 북한의 오판에 의한 전쟁 재발을 방지할 수 있게 되었다. 그러나 이 조약을 통해 해결하지 못한 사항이 하나 있었는데, 그것은 한국군에 대한 작전지휘권 문제였다. 6·25전쟁 수행과정에서 미국 정부의 의도와는 달리 독자행동을 많이 했던 이승만 정부의 과거 전력을 비추어 볼 때, 아이젠하워 정부는 휴전 이후에도 한국군의 작전지휘권을 유엔군사령관의 권한 아래 두고 싶어 하였다. 그래서 아이젠하워 정부는 한미상호방위조약의 비준서 교환을 미루면서 한국군의 작전지휘권을 유엔군사령부에 계속해서 귀속시키는 조항을 포함84)한 '경제 및 군사문제에 관한 한미 합의의사록(Agreed Minute Relating to Continued Cooperation in Economic and Military Matters)' 체결을 추진하였고, 결국 이승만 정부는 한미상호방위조약과 한미합의의사록을 동시에 수용할 수밖에 없었다. 그래서 한미합의의사록은 한미상호방위조약 비준서가 워싱턴에서 교환되던 1954년 11월 17일, 서울에서 변영태 외무부 장관과 브릭스(Ellis O. Briggs, 1899~1976) 주한 미 대사 사이에 작성되었다. 하지만 이승만 정부도 4개월간의 지루한 협상과정을 통해 아이젠하워 정부가 1955년 회계연도에서 4억 2천만 달러의 군사원조와 2억 8천만 달러의 경제원조를 제공하고, 10개 예비사단의 추가 신설과 79척의 군함, 약 100대의 제트전투기를 이승만 정부에게 제공하기로 약속하는 등 나름대로 성과도 있었다.85)

전쟁이 끝나자 아이젠하워 정부는 한국에 주둔하고 있는 미군의

---

84) 본문 2조는 "대한민국은 상호협의에 의하여 그렇게 하는 것이 상호이익에 가장 유리하기 때문에 변경하는 경우가 아니면, 유엔군사령부가 대한민국의 방위를 책임지는 한 그 군대를 유엔군사령부의 작전통제권 하에 둔다"라고 명시하고 있다.

85) 차상철, 앞의 책, p.79.

감축을 추진하기 시작하였다. 아이젠하워 대통령은 1953년 12월 26일, 평화조류에 대한 기여로서 한국에 있는 미 지상군을 점차 감축할 계획이라면서 조만간 2개 사단을 철수할 계획이라고 밝혔다. 이는 주한미군의 2차 철수를 공식화하는 발언이었다. 이에 따라 1954년 3월, 미 45사단의 철수를 시작으로 주한미군의 2차 철수는 가시화되었다. 이어 1954년 11월 20일에는 미 8군사령부가 도쿄로 이전하여 유엔군사령부와 통합되었다. 특히 휴전 이후 냉전이 심화되는 과정에서 아이젠하워 정부는 미국이 아직 소련에 비해 핵 우위를 점하고 있다고 판단하고, 대량보복전략(Massive Retaliation Strategy)[86]을 취하였다. 이에 아이젠하워 정부는 주한미군을 철수시키기 시작하였고, 현황은 <표 2-3>에 잘 나타나 있다. 주한미군의 2차 철군으로 한국 내 잔류한 주한미군은 미 1군단 예하의 2사단[87]과 7사단의 2개 사단 7만 명 정도만 전투사단으로서 남게 되었다.

<표 2-3> 휴전협정 직후 주한미군 철수 현황(1954~1965)

부대	내한일자	이한일자	부대	내한일자	이한일자
45사단	1952. 12. 1.	1954. 3. 14.	3사단	1950. 9. 22.	1954. 10. 29.
40사단	1952. 1. 11.	1954. 6. 2.	24사단	1953. 7. 3.	1954. 11. 20.
25사단	1950. 7. 10.	1954. 9. 2.	1해병사단	1950. 9. 15.	1955. 3.
2사단	1950. 7. 31.	1954. 9. 21.	1기병사단	1957. 10. 15.	1965. 6. 30.

출처: 국방부 군사편찬연구소, 『한미 군사 관계사 1871~2002』(서울: 국방부 군사편찬연구소, 2002), p.675.

---

86) 트루먼 정부는 공산진영에 대한 봉쇄정책을 추진하는 과정에 있어 핵무기를 최후의 수단 또는 위협수단으로만 사용하였다. 따라서 트루먼 정부는 공산진영에 대해 월등한 핵 우위를 유지하면서도 재래식 군비를 계속 증가시켰고, 이는 궁극적으로 미국 정부의 재정악화를 가져왔다. 이에 대한 현실적 대안으로서 아이젠하워 정부는 정부 재정에 압박을 주는 국방비 감축을 위해 최초부터 미국이 우위에 있는 핵무기를 적극적으로 활용함으로써 재래식 군비를 감축하기 위한 차원에서 등장하였다. 국방부 군사편찬연구소, 앞의 책, pp.653~655.

87) 미 2사단은 1954년 9월 21일, 철수하였으나, 미 1기병사단이 베트남전 참전을 위해 1965년 6월 30일, 한국에서 철수하자 이를 대신하기 위해 1965년 7월 1일부로 다시 한국으로 이동, 배치되었다.

아이젠하워 정부는 주한미군의 2차 철수를 단행하면서도 한미연합지휘체계를 강화하기 위해 1957년 7월 1일부로 도쿄에 위치한 유엔군사령부를 서울로 이전하였다. 아이젠하워 정부가 유엔군사령부를 한국으로 복귀시킨 것은 3가지 배경에서 이루어졌다. 첫째, 미 육군의 주력이 한국에 주둔하고 있음을 공산진영에 과시하려는 군사전략상의 의도가 있었다. 둘째, 아이젠하워 정부는 20개 전투사단과 10개의 예비사단을 보유한 한국군을 일본에서 감독하기에는 역부족이라고 느꼈다. 따라서 한국군에 대한 미군의 감독을 강화하기 위해 사령부를 서울로 복귀시켰다. 셋째, 일본 내에서 일고 있는 주일미군 감축요구에 대응한다는 측면도 있었다.[88] 이에 따라 유엔군사령관이 미 8군사령관과 주한미군사령관을 겸직하게 되었다. 또한 철수한 주한미군 대신 전술핵을 한국에 배치함으로써 전력의 공백을 보충하고자 하였다.

이승만 대통령은 미국의 거듭된 반대와 제도적 제한으로 인해 북진통일의 실현 가능성이 희박해지자 미국의 대소봉쇄정책을 지지하면서도 아이젠하워 정부의 평화공존정책을 계속 비판하였다. 그래서 1955년 3월, 이승만 대통령은 한국은 공산주의자들과의 공존을 결코 시도하지 않을 것이며, 동년 8월에는 로버트슨 미 국무부차관보에게 편지를 보내 한국의 희망인 미국이 소련, 중국, 인도, 일본과의 평화공존을 추구하는 것을 지지할 수 없다고 말하면서, 한국은 좋으나 싫으나 스스로의 힘에 의존할 수밖에 없는 슬픈 처지에 놓여 있음을 상기시켰다.[89]

---

88) 김일영 · 조성렬, 앞의 책, p.78.

89) U.S. Department of States, *Foreign Relations of United States, 1955~57, vol. 13: Korea,*

　로버트슨 미 국무부차관보를 비롯한 미국의 고위관료들은 미국에 전적으로 의존해야만 한다는 사실을 잘 알고 있는 이승만 대통령이 미국의 원조 중단을 초래하는 심각할 정도의 일방적인 행동은 하지 않을 것으로 판단하고 있었다. 그리고 아이젠하워 정부는 미국이 대규모의 한국군을 유지하는 것이 한미 두 나라의 재정 부담을 더욱 가중시킨다고 믿었기 때문에 한국군의 감축문제를 거론하기 시작하였다. 아이젠하워 대통령은 이승만 대통령이 너무나 비대한 군대의 유지를 고집한다고 생각하였다. 이에 다우링(Walter C. Dowling, 1905~1977) 주한 미 대사는 한국군의 10개 사단 감축을 본국에 건의하였다. 그래서 마침내 1957년 6월, 아이젠하워 대통령은 주한미군 부대의 현대화와 한국 공군의 3개 전투비행대대를 제트전투기로 교체하는 소선으로 한국군의 대폭 간축을 위하여 이승만 정부와 협상하기로 결정하였다.

　동일시기에 이승만 대통령은 아이젠하워 대통령에게 편지를 보내 현재의 군사력이 새로이 개발된 무기의 도입으로 유지될 수 있다면 한국군 병력의 감축을 신중하게 고려하겠다고 전제하나, 미군의 현대화계획과 한국군에 대한 신무기 배치에 관한 구체적인 내용을 알 때까지는 공산진영과 점증하는 일본 팽창주의의 위험 때문에 한국군의 현재 수준을 그대로 유지할 것을 요청하였다.[90]

　신무기의 한국 배치와 연계된 한국군의 감축문제를 둘러싸고 아이젠하워 대통령과 이승만 대통령은 팽팽히 대립하였다. 한국군의 4개 사단 감축을 요구해온 미국에게 이승만 정부는 1957년 11월

Part 2 (Washington D.C.: U.S. Government Printing Office, 1993), p.133.

90) U.S. Department of States, op. cit., pp.463~464.

초 육군 2개 사단과 해병대 1개 대대의 감축으로 72만 명에서 6만 명을 감축시키는 대신 한국군의 장비 현대화를 요구하는 안을 제시하였다. 그러나 미국은 한국군의 총병력이 62만 명 수준으로 동결되어야 한다고 주장하였다. 이후 1958년 1월, 데커(Gorege H. Decker, 1902~1980) 주한미군사령관은 한국군의 총병력 수준을 63만 명으로 상향시킨 최종안을 제시하였고, 이승만 대통령은 미군 2개 사단의 무기한 한국 주둔과 한국군의 장비 현대화를 미국이 약속하는 조건으로 이를 수용하였다. 그리고 거의 2년에 걸친 협상 끝에 한미 양국은 1958년 11월, 한국군 감축에 관한 최종합의서에 서명하였다. 이에 따라 2개 사단이 감축된 한국군은 육군 56만 5천 명(18개 전투사단과 10개 예비사단), 해군 1만 6천 명(60척의 전투함정), 공군 2만 2천 명(10개 전투비행대대), 해병대 2만 6천 명(1개 사단)으로 유지되었다.[91]

1960년대에 들어와서 한미관계에 작은 변화가 일어났다. 1961년 5월 16일, 박정희(朴正熙, 1917~1979) 소장을 중심으로 한 군부는 군사쿠데타를 통해 정권을 장악하였다. 그리고 이 과정에서 일부 부대가 유엔군사령관의 통제를 벗어나 군사쿠데타에 가담함으로써 유엔군사령관은 한국군의 작전통제권 행사에 손상을 입게 되었다. 그러나 케네디 정부는 기존 민주당 정부가 국민의 지지를 잃었다고 판단하고, 반공을 국시로 하는 쿠데타 세력을 인정하게 되었다.

케네디 정부가 쿠데타 세력을 공식적으로 인정하자, 매그루더(Carter B. Magruder, 1901~1988) 유엔군사령관은 쿠데타에 반대하던 최초 입장을 바꾸었다. 그러나 그는 한국군 일부부대가 유엔군

---

91) 차상철, 『한미동맹 50년』(서울: 생각의나무, 2004), p.82.

사령관의 승인도 없이 이동하는 단독행동을 했기 때문에 유엔군사령관의 작전통제권의 범위와 행사요건을 다시 규정하기 위하여 쿠데타 세력과의 협상을 통해 한국군에 대한 작전통제권 행사에 대한 공동성명을 1961년 5월 26일에 발표하였다. 그 내용은 다음과 같다. 첫째, 국가재건최고회의는 유엔군사령관에게 모든 한국군의 작전통제권이 복귀되었음을 밝히는 바이며, 유엔군사령관은 공산 침략으로부터 한국을 방어함에 있어서만 그 작전통제권을 행사한다. 둘째, 유엔군사령관은 현재 서울에서 근무 중인 1해병여단 및 6군단 포병부대의 원대복귀를 지시하였다. 이는 전에 수행하던 전방방어의 군사력으로 복귀시키기 위함이다. 셋째, 유엔군사령관은 제3965부대(30사단), 5918부대(33사단), 5200부대(1공수특전대), 그리고 전방으로부터 추가적인 5개 헌병중대를 국가재건최고회의의 통제 하에 둔다.

이 성명을 통해 한국군의 작전통제권에 약간의 미묘한 변화가 발생하였다. 1954년에 합의한 한미합의의사록에서는 "유엔군사령부가 대한민국의 방위를 책임지는 한 그 군대를 유엔군사령관의 작전통제권 하에 둔다"라고 막연하게 표시하였으나, 공동성명에서는 "유엔군사령관은 공산 침략으로부터 한국을 방위함에 있어서만 그 작전통제권을 행사할 수 있다"라고 명확히 못을 박은 것이다.[92] 이로 인해 한국군은 과거에 비해 작전통제권에 조금의 융통성을 갖게 되었다.

박정희 정부가 들어선 직후인 1962년 7월부터 케네디 정부 내에서 주한미군 2개 사단의 주둔 필요성에 의문을 제기하면서 추가적

---

92) 김일영 · 조성렬, 앞의 책, pp.80~81.

인 주한미군 철수논의가 시작되었으나, 1963년 11월 22일, 케네디 대통령의 급서로 주한미군 철수문제에 대한 결정은 잠시 유보되었다. 케네디 대통령의 서거로 대통령직을 계승한 존슨 대통령은 주한미군의 억제력으로서의 군사적 비효용성에 대한 문제의식이 지속됨에 따라 1964년 5월, 주한미군 1개 사단의 재배치에 관한 검토를 지시하였다. 그러나 이 지시는 한국군의 남베트남 파병을 용이하게 하기 위해 결국 중단되고 말았다.[93]

박정희 정부는 존슨 대통령의 요청에 따라 1964년 9월 11일, 의료지원단 132명과 태권도 교관단 10명을 남베트남에 파병하였다. 그러나 이는 소규모 비전투부대로서 미국의 베트남전쟁 수행에 큰 도움이 되지 않았다. 존슨 대통령은 1964년 12월 18일, 브라운(Winthrop G. Brown, 1908~1987) 주한 미 대사를 통해 박정희 대통령에게 친서를 보내 추가적인 건설지원단 파병을 요청하였다. 이에 박정희 정부는 2천 명 규모의 건설지원단 파병을 결정하고, 1965년 1월 26일, 발표와 동시에 국회에 동의안을 제출해 통과시켰다. 그리고 국회에서 파병동의안이 통과됨에 따라 비둘기부대로 명명된 건설지원단 583명은 1965년 2월 25일에, 본대 1,283명은 동년 3월 16일에 사이공에 도착하였다.

미군의 지원확대에도 불구하고 남베트남에서의 전쟁 상황은 점점 악화되자, 존슨 대통령은 1965년 4월 27일, 라지 전 주남베트남 미 대사를 특사로 파견하여 박정희 대통령에게 4천 명 규모의 전투병력 파병을 요청하였다. 박정희 대통령은 존슨 대통령의 파병 요

---

93) 유인석, 『닉슨 행정부의 주한미군 철수정책: 안정자 역할과 부분감축』(서울대학교 대학원 박사학위논문, 2006), pp.41~50.

청을 수락하는 대가로 미국으로부터 최대한 경제·군사원조를 확보하려고 하였다. 그리고 박정희 대통령은 존슨 대통령의 초청으로 1965년 5월 17일, 워싱턴에서 존슨 대통령과 정상회담을 갖고 주한미군의 계속 주둔과 한국에 대한 1억 1천만 달러의 개발차관 제공, 한미주둔군지위협정의 조속한 체결을 확약받았다. 박정희 대통령은 귀국 직후인 1965년 7월 12일, 전투병력 파병동의안을 국회에 제출해 동년 8월 13일, 야당의 불참 속에서 통과시켰다. 파병동의안이 통과됨에 박정희 정부는 채명신(蔡命新, 1926~) 소장을 주월한국군사령관으로 임명해 수도사단 13,672명과 해병 2여단 4,218명을 남베트남으로 파병하였다.[94] 그리고 1965년 11월 2일, 파병 전투병력의 마지막 부대인 수도사단의 기갑연대가 남베트남에 도착함으로써 남베트남에 파병된 한국군 규모는 비둘기부대를 포함하여 2만 5천 명에 달하였다.

한국군 전투부대의 남베트남 파병은 실질적인 한미동맹의 강화를 가져왔고, 한미관계가 우호적으로 발전되는 동시에 박정희 대통령의 정치적 입지를 강화시키는 중요한 계기로 작용하였다. 특히 박정희 대통령과 존슨 대통령은 베트남전을 수행하며 공산주의세력의 팽창이라는 위협인식을 철저히 공유했기 때문에 한미동맹은 정부 수립이후 최고의 밀월관계로 접어들고 있었다.[95]

박정희 정부는 한미상호방위조약으로 한미 양국 간의 기본적인 방위조약은 체결되었으나, 미군이 한국에 주둔함으로써 발생하는 여러 가지 문제에 대해서는 별도의 추가적인 논의 및 개정의 필요

---

94) 박태균, 『우방과 제국, 한미관계의 두 신화: 8·15에서 5·18까지』(파주: 창비, 2006), pp.287~288.
95) 차상철, 앞의 책, pp.124~125.

성을 인식하였다. 특히 6·25전쟁이라는 위기상황에서 이승만 정부는 1950년 7월 12일, 미군에게 배타적인 재판권을 허용하는 협정을 체결하였고, 1952년 5월 24일에는 통합사령부와의 경제조정에 관한 협정을 채결함으로써 미군을 포함한 유엔군사령부 산하의 개인과 기관에 그들의 임무수행상 필요한 특권과 면제 및 편의를 제공함으로써 광범위한 권한을 부여하였다. 그래서 박정희 정부는 전후 미군에 대한 지위협정 개정에 대한 필요성을 인지하고 1962년 9월부터 실무회의를 개시하였으나, 미국 정부의 소극적인 태도로 협상은 난관에 봉착하였다. 그러나 박정희 정부의 남베트남 전투병력 파병대가로 존슨 정부는 협정 체결에 동의하였고, 마침내 1966년 7월 9일, '한미주둔군지위협정(SOFA: Status of Forces Agreement)'을 체결하였다.[96] 한미주둔군지위협정은 서울에서 미 측 대표로는 러스크(Dean Rusk, 1909~1994) 미 국무부장관과 브라운 주한 미 대사가, 한 측 대표로는 이동원(李東元, 1926~2006) 외무부장관과 민복기(閔復基, 1913~2007) 법무부장관이 서명함으로써 체결되었으며, 1967년 2월 9일 발효되었다.[97]

1954년부터 1967년까지의 동맹 발전기간 동안 한미 양국의 동맹관계는 더욱 확고해졌다. 특히 냉전의 대립이 정점에 달한 시점에서 한국군의 남베트남 파병은 양국의 위협인식을 일치시켰고, 미국은 전투병력을, 한국은 미국의 안보공약 재확인과 파병을 통한 경제개발의 기초재원을 확보함으로써 그 어느 때보다도 긴밀한 동맹관계가 유지되었다. 케네디 정부나 존슨 정부도 내부적으로는 주한

---

96) 국방부 군사편찬연구소, 앞의 책, pp.640~643.
97) 심지연·김일영, 『한미동맹 50년』(서울: 백산서당, 2004), p. 151.

미군의 부분철수를 고려하였으나, 미국 정부의 베트남전쟁 개입이 심화되는 상황 속에서, 박정희 정부가 적극적인 남베트남 파병을 추진함으로써 이는 내부적으로 무산되었다. 박정희 정부는 남베트남 파병을 통해 정치적으로는 북한의 군사위협에 대응하기 위해 주한미군의 철수를 저지하였고, 경제적으로는 미국으로부터 전후 경제재건을 위한 재원을 확보함으로써 정치 - 경제적 차원에서 한미동맹을 제도화하였다. 특히 베트남전쟁의 확대를 주도한 존슨 대통령 시기 한미 간의 동맹유대는 최절정에 달하였다. 존슨 대통령은 내부적으로 주한미군의 축소를 검토하였음에도 불구하고, 냉전시기 동아시아의 국제상황을 고려, 이를 유보하였다.

제3장

박정희-닉슨(포드) 정부의 동맹 갈등

1. 위협인식 변화의 태동

1) 북한의 대남도발과 한미 정부의 위협 인식

박정희 정부가 북한의 군사적 위협을 심각하게 인식한 것은 1968년의 1·21사태를 시작으로 푸에블로(Pueblo)호 나포사건, 통일혁명당사건, 울진(蔚珍)·삼척(三陟)지구 무장게릴라 침투사건, EC-121 미 정찰기 격추사건 등 북한이 직접적으로 자행한 일련의 도발행위가 발단이 되었다. 특히 1·21사태와 푸에블로호 나포사건은 박정희 정부의 안보 불안감을 본격적으로 증폭시켰는데, 이는 사건 직후인 1968년 2월 1일, 박정희 정부가 국회보고를 통해 표명한 다음의 정부 공식입장에서 잘 나타난다. 첫째, 북한의 노골적인 도발행위를 규탄할 수 있는 모든 조치를 강구한다. 둘째, 북한의 도발행위가 재발되지 않도록 확고한 보장책을 마련하도록 한다. 셋째, 1·21사태는 한국의 안보를 위협하는 가장 중대한 도발행위이기 때문에 푸에블로호 사건과 동등하게 또는 더욱 중요하게 취급하여야 한다. 넷째, 미국은 한국의 방위력증강을 위한 장비지원에 적극적으로 협력해야 한다. 다섯째, 푸에블로호 사건의 해결을 위한 미국 정부의 직접적인 대북접촉에는 반대한다.[98]

박정희 정부는 존슨 정부가 1·21사태와 푸에블로호 사건을 동등하게 다루지 않는다고 판단하였다. 왜냐하면 1·21사태가 발생하였을 때, 존슨 정부는 즉각적인 조치를 취하지 않았지만, 푸에블로호 사건이 발생하였을 때에는 즉각적인 군사적 대응책을 강구함은 물론 북한과의 비밀회담까지 추진하였기 때문이었다.[99] 그리고 존슨 정부의 이중적인 태도는 박정희 정부의 불안감을 확대시켰다. 이에 박정희 정부는 1·21사태와 푸에블로호 사건을 동등하게 다뤄줄 것을 존슨 정부에 요청하였고, 존슨 대통령은 마침내 동년 1월 25일, 대국민담화를 통해 1·21사태와 푸에블로호 사건을 동등하게 다룰 것을 약속하였다.

존슨 정부는 박정희 정부와의 약속에도 불구하고, 1968년 2월 2일, 판문점에서 북미 양국 간의 비공개회담을 추진하였다. 이에 박

---

98) "국회보고(1968.2.1)", 『1.21 무장공비침투 및 Pueblo호 납북사건. 전8권. 1968—69(V.1 기본문서철)』, pp.13~14, MF. G—0010(2662), 외교통상부 외교사료관.

99) 1·21사태 발생 직후 존슨 정부는 판문점(板門店) 군사정전위 회담을 요청하는 등 일상적인 조치만을 취했지만, 이틀 뒤 푸에블로호 나포사건 직후에는 박정희 정부와 사전 협의도 거치지 않은 채, 엔터프라이즈(Enterprise) 항모를 파견하는 등 독단적 대응책을 강구했으며, 무엇보다도 존슨 정부에 대한 박정희 정부의 불신을 악화시킨 사건은 2월 2일부터 푸에블로호 사건을 해결하기 위해 존슨 정부가 박정희 정부를 배제한 채 북한 정부와 단독으로 비밀협상을 시작한 것이었다. 존슨 정부는 2월 4일에야 포터(William J. Porter, 1914~1988) 주한 미 대사를 통해 박정희 정부에 판문점 군사정전위에서의 비밀회담에 관해 설명하였다. 조진구, "존슨정권 후반기의 한미관계: 북한의 대북도발에 대한 한미 간의 인식 차이를 중심으로", 『한국과 국제정치』, 제19권 3호 (2003), p.98.

정희 정부는 강력한 유감을 표명하였다. 당시 박정희 정부가 북미 간의 비밀회담에 반대한 이유는 다음과 같았다. 첫째, 판문점에서의 대표회담에는 관례에 따라 한국 군사대표가 참가하여야 하는데 그렇지 못함으로써 국민의 의혹과 불만을 야기하고 있다는 것이다. 둘째, 비밀회담은 북한의 도발행위를 더욱 조장하는 결과를 낳을 뿐만 아니라, 한미 간의 관계를 악화시킬 것이라는 것이다.[100] 이와 관련하여 박정희 대통령은 동년 2월 4일, 포터 주한 미 대사와의 면담에서 현재 한국 국민은 미국과 북한의 비밀회담에서 북한의 청와대 기습사건에 대한 문제를 다루고 있지 않을 것이라는 의구심을 가지고 있으며, 이러한 의구심을 해소하기 위해서는 북미비밀회담에 한국대표를 참석시켜야 한다고 거듭 주장하였다.[101]

박정희 정부의 반발이 심하자, 닉슨 정부는 박정희 정부의 불만을 누그러뜨리고 푸에블로호 사건을 해결하기 위해 1968년 2월 12일, 밴스(Cyrus R. Vance, 1917~2002) 前 미 국방부차관을 대통령 특사자격으로 한국에 보냈다. 박정희 대통령은 밴스 특사와의 면담에서 북한에 대한 대북보복 자제, 남베트남 파병병력 유지, 한국 국민들에 대한 진정을 약속하였고, 이에 밴스 특사는 한국의 안보증진을 위해 1억 달러의 특별군원을 제공할 것과 한미 군사관계의 강화를 위해 양국 국방부장관의 연례회의 개최에 동의하였다.[102]

---

100) "판문점 군사정전위원회 회담에 대한 우리의 입장(1968.2.2)", 『1.21 무장공비침투 및 Pueblo호 납북사건, 전8권, 1968-69, V.2 판문점회담』, pp.12~22, MF, G-0010(2663), 외교통상부 외교사료관.

101) Telegram From the Embassy in Korea to the Department of State(3935), February 4, 1968, Cactus Seoul Cables, January 29 to February 9, 1968, Secret, Country File, Korea—Pueblo Incident—Cactus Ⅱ, National Security File, Johnson Library.

102) "반스 특사방한에 관한 한·미 공동성명서(Feb. 15, 1968)", 『박정희 대통령 미국방문, 1968.4.17.~19, 전8권, V.1 기본문서철』, pp.38~40, MF, C-0026(2577), 외교통상부 외교사료관.

한편 1·21사태를 통해 청와대 인근까지 침투한 북한군 특수부대의 위력을 실감한 박정희 대통령은 북한의 직접적인 군사위협에 대한 대책으로서 정규군 이외에 후방에서 북한의 소수 특수부대 및 게릴라를 상대하기 위한 추가적인 전투부대 창설을 구상하였다. 이렇게 하여 탄생한 것이 바로 향토예비군이다. 1968년 2월 1일, 박정희 대통령은 서울~수원 간 고속도로 기공식 연설에서 "싸우면서 건설해나가는 그런 국민"이 되어야 함을 역설하였고, 또한 "우리가 자제하고 인내하며 참는 데에는 한계가 있다"고 하면서 북한의 재침 시 보복할 것임을 강력히 경고하였다. 이어 1968년 2월 7일에 있었던 경전선 개통식에서 박정희 대통령은 다음과 같이 향토예비군 무장의 중요성을 보다 강력히 역설하였다.[103]

우리에게는 지금 60만이라는 대군이 있지만, 그 외 군에서 나온 250만이라는 재향군인이 있습니다. 정부는 금년부터 이러한 재향군인을 무장시키기 위한 공장을 금년 내에 완성할 것이고, 여기서 무기를 우리 손으로 생산해서 전국에 있는 250만 재향군인을 전부 무장시키자는 것입니다. 여러분들 동리에 백호가 사는데 군에 갔다 온 재향군인이 20명 있다면 그 20명 전부에게 무기를 주어서 공산당이 왔을 때는, 이 사람들이 우선 앞장을 서서 이 고장에 적이 들어오는 것을 막는데, 1차적으로는 우리 부락의 재향군인이 막고 그다음에 경찰이 가고 군대가 갈 수 있게 하자는 것입니다. ……(중략)…… 북한 괴뢰의 만행을 규탄하는 데는 규탄대회도 대단히 좋지만은 적이 고장에 들어왔을 때 이 고장의 젊은 청년들이 총을 들고 나가 적의 무장공비와 목숨을 걸고 싸울 수 있는 그런 태세가 되어 있지 않고서는 공산당과 싸워서 이기지 못합니다. 우리 대한민국 재향군인 250만 전부가 무장화되었을 때, 김일성이가 큰소리 꽝꽝하는 100만 적위대 그까짓 것 문제가 안 된다고 나는 생각합니다.[104]

---

103) 박승호, 『박정희 정부의 대미 동맹전략: 비대칭동맹 속의 자주화』(서울대학교 대학원 박사학위논문, 2009), p.210.

104) 대통령비서실, 『박정희 대통령연설문집: 제5집』(서울: 청와대비서실, 1969), pp.77~79.

박정희 정부는 1968년 3월부터 각 지역에 현역 대대장을 보내 예비군 부대를 조직하였고, 예비군 부대는 군 지휘계통에 의해 관리되었다. 이에 따라 1968년 3월 31일까지 예비군 관리부대 191개 대대, 예비군 중대 3,423개 중대, 편성인원 1,703,291명 등의 규모로 예비군 조직을 편성하였다.[105] 이어 1968년 4월 1일에는 대전 공설운동장에서 예비군 창설식을 거행하였다. 이 자리에서 박정희 대통령은 북한이 전쟁준비에 집착한 나머지 경제건설에 실패하고 체제가 불안해지자 대남도발을 강화하고 있다고 언급하였다.

1·21사태와 푸에블로호 사건을 계기로 박정희 대통령은 북한의 군사도발을 저지하기 위한 자체방위력 강화의 필요성을 절감하였다. 이에 박정희 대통령은 1968년 4월 17일, 방미 시에 존슨 대통령에게 향토예비군 편성을 포함한 자체방위력 강화의 추진계획을 설명하였다. 존슨 대통령은 박정희 대통령의 조치를 '현명하고 선견지명이 있는 조치'라고 찬양하였으며, 이에 대한 지원을 약속하였다.[106] 이를 통해 박정희 정부는 존슨 정부로부터 자주국방 추진에 공식적인 지지와 협조를 보장받게 되었다.

밴스 미 특사가 약속한 바와 같이 1968년 5월 27일부터 28일까지 워싱턴에서 제1차 한미 국방각료회담이 개최되었다. 이 회담에서 최영희(崔榮喜, 1921~2006) 국방부장관은 북한의 대남도발이 한국 안보에 심각한 위협이 되고 있으며, 이러한 도발행위가 계속될 경우 전쟁 발발 가능성도 배제할 수 없다고 언명하였다. 이와

---

105) 육군본부, 『육군발전사: 제4집』(서울: 육군본부, 1984), pp.247~249.
106) "박대통령과 존슨 대통령 간의 공동성명서 해설(1968.4.17)", 『박정희 대통령 미국방문, 1968. 4.17.~19, 전2권 V.1 기본문서철』, pp.271~272, MF, C-0026(2577), 외교통상부 외교사료관.

관련하여 클리포드(Clark M. Clifford, 1906~1998) 미 국방부장관은 한국의 대간첩 작전능력을 향상시키고 한국군을 현대화시키기 위한 군사원조를 강화할 것임을 천명하였다.[107]

북한의 대남적화통일을 위한 도발위협을 심각하게 인식하고 있던 박정희 정부와는 달리 존슨 정부는 북한의 군사위협을 심각한 것으로 인식하지는 않았다. 미 국방정보국(DIA: Defense Intelligence Agency, 이하 미 DIA)은 북한의 목표가 적화통일이라는 것에는 이의가 없지만 북한이 전쟁준비를 하고 있다는 명백한 증거는 없다면서 박정희 정부가 주장한 바와 같이 북한이 1970년을 통일의 해로 정했다고 보는 것에 이의를 제기했으며, 북한이 한국에서 베트남식의 통일을 추구하고 있다는 주장도 근거가 없다고 휠러(Earle G. Wheeler, 1908~1975) 미 합참의장에게 보고하였다.[108]

존슨 정부는 1968년 4월, 한미정상회담 이후 박정희 정부의 위기의식과 국방력 강화에 대한 결의를 확인하고, 북한의 도발에 대한 한국의 보복이 전쟁으로 비화되는 것에 대한 우려와 함께 북한의 군사력 증강이 침략의도를 보여주는 것인가에 대한 분석을 서둘렀다. 이에 미 CIA는 한국에서의 전쟁가능성을 분석한 동년 5월 16일자 특별국가정보평가서를 통해 이전과 비교할 때, 북한의 군사력 증강에 대한 강한 우려와 함께 북한이 한국에서 북한식의 인민혁명을 실행하기 위해 대규모 침투를 시도할 가능성은 있지만 그것은 정확한 시간계획에 의한 것이 아니라면서 적어도 1969년을

---

107) "공동성명서(1968.5.26)", 『한미 국방각료회담, 제1차. Washington D.C., 1968.5.27.~28』, pp.64~65, MF, G-0008(2634), 외교통상부 외교사료관.

108) 조진구, 앞의 글, p.109.

전후하여 전면전을 일으킬 가능성은 없다고 결론지었다.[109]

1969년 1월, 닉슨 정부의 등장 이후 북한은 국제정세 변화에 능동적으로 대응하면서 대남공세를 강화해 나갔지만, 박정희 정부는 한미 간의 이견과 갈등 심화로 고립감과 위기의식을 느끼고 있었다. 북한의 무력도발은 1968년을 계기로 현저히 감소하였으나, 여전히 계속되고 있었다. 특히 1970년 6월 5일에는 서해 휴전선 부근에서 어선단 보호임무를 수행하던 해군 방송선이 피랍되었고, 곧이어 6월 22일에는 국립묘지 현충문 폭파사건이 발생하였다. 이 폭파사건에 가담한 무장게릴라들은 6·25전쟁 기념식 때 정례적으로 참석하는 박정희 대통령과 주요 정부요인들의 암살을 목표로 폭파를 시도한 것이었다. 주한미군 철수문제로 미국과 갈등이 심화된 시점에 북한의 이러한 도발은 박정희 정부의 안보위협을 고조시켰다.

박정희 대통령은 1969년 8월 22일, 닉슨 대통령과의 정상회담 시 북한의 도발행위 감소추세에 대해 숫자만으로 적의 기도를 판단할 수는 없다고 강조하였다. 또한 그는 닉슨 대통령에게 북한은 주한미군 철수에 대한 국제적 여론 조성을 위해, 그리고 한국의 3선 개헌문제가 대두되는 시점에서 한국 국민들이 느끼는 대북위협이 강화되어 개헌지지여론이 조성되는 것을 피하기 위해 전술적으로 잠시 도발을 줄이고 있다고 설명하였다.[110]

---

109) U.S. Department of State, *Foreign Relations of United States, 1964~68, vol. 29: Korea, Part 1* (Washington D.C.: U.S. Government Printing Office, 2000), pp.427~432.

110) "한미정상 간 제2차 단독회담 요록(1969.8.22)", 『박정희대통령 미국방문, 1969. 8. 20.~25, V.1 기본문서철』, MF, C-33, 외교통상부 외교사료관.

<표 3-1> 북한의 대남도발행위

내용	1966	1967	1968	1969	1970	1971
DMZ 내 중요사건	37	445	486	87	66	37
한국 내 중요사건	13	121	143	24	46	10
DMZ 내 총격사건	19	122	236	55	42	31
한국 내 총격사건	11	96	120	22	26	6
한국 내 사살된 북한인	18	228	321	55	46	34

출처: 정대화, "7·4공동성명의 태동과 유산: 10년 후에 본 7·4성명의 역사적 재조명", 『사회과학논총』, (1982), p.33.

오원철(吳源哲, 1928~) 前 청와대 경제 제2수석비서관의 증언에 의하면 북한의 위협에 대해 박정희 대통령이 인식하는 위기의식은 훨씬 더 심각하였다. 박정희 대통령은 1971년 11월 11일, 집무실에서 김정렴(金正濂, 1924~) 대통령 비서실장만이 배석한 가운데 오원철에게 신설된 경제 제2수석비서관 임명장을 주면서 다음과 같은 사항을 강력하게 지시하였다. 첫째, 현재는 초비상상태다. 둘째, 예비군 20개 사단을 경장비사단으로 무장시키는 데 필요한 무기를 개발하고 생산토록 하라. 여기에는 박격포까지를 포함한다. 셋째, 청와대 안에 설계실부터 만들어서 직접 감독하라. 필요한 우수인력은 동원해서 써라. 넷째, 북한군의 최근 동향에 대해서는 이후락(李厚洛, 1924~2009) 중앙정보부장을 만나 설명을 들도록 하라.[111]

박정희 대통령의 특별지시에 의해 경제 제2수석비서관실은 1971

---

111) 이후락 중앙정보부장은 현재 최일선은 일촉즉발의 분위기라면서 북한 측은 각 부대를 최일선으로 대이동시키고 있으며 탱크들도 휴전선 부근으로 집결시키고 있는 상황이라고 하였다. 김일성(金日成, 1912~1994) 수상은 최근 환갑을 서울에서 열자는 구호를 내걸고 전쟁준비를 다 해놓고 시기만 노리고 있는데, 우리 현역군은 소총조차도 완전한 것을 갖추지 못하고 있다고 하였다. 뿐만 아니라 탱크가 공격해 올 때, 육탄전을 하려고 해도 여기서 쓸 지뢰조차도 모자라는 상황이라고 설명하면서 오원철 경제 제2수석비서관에게 조속한 무기개발에 사력을 다할 것을 당부하였다. 오원철, 『한국형 경제건설 7』(서울: 한국형경제연구소, 1999), pp.394~395.

년 12월 16일, 제1차 시제품을 만들어 청와대에서 전시회를 갖고, 1972년 4월 3일에는 제1차 국산무기 시사회를 통해 박정희 대통령이 참석한 가운데 시험사격을 실시하였다. 오원철 前 청와대 경제 제2수석비서관은 당시 방위산업 개념은 통념상의 방위산업이 아니라 비상시국에 대처하는 조치였으며, 긴박했던 남북관계를 반영한 것이었다고 회고하였다.[112]

1968년 1·21사태와 푸에블로호 나포사건을 계기로 박정희 정부는 북한의 군사위협을 그 어느 때보다 심각하게 인식하기 시작하였다. 하지만 베트남전쟁에서 고전을 면치 못하던 존슨 정부는 북한의 군사 위협을 심각하게 인식하지도 않았고, 기본적으로 한반도는 존슨 정부의 대아시아정책에서 제1의 가치가 아니었다. 따라서 존슨 정부는 북한의 대남도발을 과거와 동일한 일상적 수준의 정전협정 위반행위로 인식하였다. 더군다나 1969년 1월에 취임한 닉슨 대통령은 자유진영과 공산진영 간의 체제경쟁이 아닌 화해를 기반으로 하는 데탕트를 추진함으로써 북한에 대한 위협의 인식 강도가 더욱 낮아졌다. 1968년을 출발점으로 하여 앞에서 기술한 바와 같이 박정희 정부와 존슨, 그리고 닉슨에 이르기까지 북한의 군사위협에 대해 한미 양국은 동맹국이면서도 공동의 위협에 대한 인식을 점차 서로 달리하고 있었다. 그리고 이러한 위협인식의 차이는 주한미군의 주둔정책에도 영향을 미치고 나아가 한미동맹의 갈등을 초래하는 계기가 되었다.

---

112) 오원철, 『박정희는 어떻게 경제강국 만들었나』(서울: 동서문화사, 2006), pp.120~129.

2) 냉전체제의 변화와 데탕트의 전개

제2차 세계대전 이후 형성된 미국과 소련 주도하의 냉전체제는 자체 내의 모순으로 인하여 불가피하게 변하게 되었는데, 그 출발점은 제3세계 비동맹국가의 출현으로 시작되었다. 비동맹운동은 1955년 4월 18일부터 24일까지 인도네시아의 반둥(Bandung)에서 개최된 반둥회의(Bandung Conference)에서 시작되었다. 반둥회의에서 시작된 비동맹운동은 아시아와 아프리카의 약소국 중심의 모임으로 최초에는 미국과 소련중심의 국제질서를 위협할 만한 영향력을 가지지는 못하였으나, 점차 규모가 확대됨에 따라 미국과 소련에 대한 일정부분의 영향력을 행사하는 하나의 정치세력으로 인정을 받았다.[113]

냉전체제의 변화에 영향을 준 또 하나의 요인은 미국과 소련 간의 군사적 대결에서 비롯되었다. 1957년 8월 26일, 흐루시초프(Nikita S. Khrushchev, 1894~1971) 소련 공산당서기장은 관영매체인 TASS 통신을 통하여 1톤가량의 탄두를 8,000km 이상 날려 보낼 수 있는 세계 최초의 대륙간탄도미사일(ICBM: Inter-Continental Ballastic Missile)을 소련이 보유하였음을 전 세계에 공표하였다. 이를 통해 소련은 미 본토를 직접 공격할 수 있게 되었고, 미국도 더 이상 소련에 대한 기술적 핵 우위를 장담할 수 없게 되었다. 이러한 양상은 미국과 소련이 상호 군사적 대결과 긴장을 회피하게 만들었는데, 1962년 10월의 쿠바사태 이후 양국은 더욱더 긴장완화

---

113) 김지형, 『1970년대 초 남북대화와 7·4공동성명』(한양대학교 대학원 박사학위논문, 2006), p.13.

〈표 3-2〉 미소 간의 전략핵무기 균형

구분	1962년		1972년		1982년	
	미국	소련	미국	소련	미국	소련
대륙간탄도미사일	155	50	1,050	1,525	1,050	1,400
잠수함발사탄도미사일	145	100	650	500	550	950
장거리 폭격기	1,300	155	450	155	400	350
합계	1,600	305	2,150	2,175	2,000	2,700
미사일 탄두	300	150	3,800	3,800	7,500	7,500

출처: 김덕, "미소 데땅뜨의 추이와 남북한관계", 『한국외국어대학교 외국학종합연구센터 러시아연구소 연구총서』, 제10집 (1984), p.109.

의 평화공존을 추구하게 되었다. 결국 1960년대 후반 미국과 소련의 핵 균형은 미국의 군사적 재평가를 강요하였으며, 제2차 세계대전 이후 지속되었던 봉쇄정책이 비판적으로 검토되었고, 이는 미국과 소련 모두 군사적 대결의 가능성을 제한시키는 것이 서로에게 이익이 된다는 인식으로 이어졌다.[114]

국제적 안보환경의 변화 속에서 1960년대 말 냉전적 국제질서의 새로운 변화는 미국 내부로부터 시작되었다. 미국은 베트남전쟁에 과도한 전비를 지출함으로써 미국 달러 가치의 하락을 가져왔고, 1960년대 후반부터 미국 경제는 장기적인 경기과열과 만성적인 국제수지 적자에 시달리고 있었다. 또한 일본과 서유럽 국가들의 급격한 경제 성장과 더불어 국제 경제체제는 새로운 차원의 경쟁체제에 돌입하게 되었고, 미국은 계속적인 무역적자를 보게 되면서 인플레로 인한 경제적 어려움을 겪게 되었다.[115] 미국은 베트남전쟁 개입에 대한 국제여론의 비난과 미국 내의 정치·사회적 국론

---

114) Amos A. Jordan, William J. Taylor, Jr. 저, 국방대학원 안보문제연구소 역, 『미국의 안보정책 결정 과정』(서울: 국방대학원, 1984), pp.121~122.

115) Richard W. Stevenson 저, 이우형·김준형 역, 『미-소 데땅트론』(서울: 창문각, 1988), p.246.

분열로 점점 곤경에 빠져들고 있었다.

국제환경의 변화는 미국 정부에게 아시아정책의 수정을 요구하였다. 결국 존슨 대통령은 베트남전쟁에서의 전황 악화로 인한 비난 여론 속에서 결국 1968년 3월 31일, 그해 대통령 선거에 출마하지 않겠다고 선언하였고, 북베트남에 대한 폭격을 중지하였으며, 베트남문제 해결을 위해 북베트남과 평화회담을 개최하겠다고 선언하였다. 이후 미국은 북베트남과 평화회담을 본격적으로 진행시키면서 평화협정 체결 후 남베트남에서의 완전한 철수라는 정책목표를 추구해나갔다. 그리고 미국의 새로운 외교정책과 방향은 국제관계의 안정화를 바라던 닉슨[116]이 대통령에 당선됨으로써 현실화되었다.[117]

닉슨의 대외정책관은 1969년 1월 20일, 그의 취임식 연설문에서도 잘 나타난다. 그는 대결의 시대를 넘어 협력의 시대를 맞이하고 있다고 역설한 뒤, 집권기간 동안에 어떠한 국가와도 적대적이지 않을 것을 천명하였다. 이를 위해 그는 모든 국가에 문호를 개방하고 군비부담을 줄이기 위해 협력할 것이며, 세계의 평화구조를 강화할 것임을 밝혔다. 또한 1969년 2월 4일에는 레어드(Melvin R. Laird, 1922~) 미 국방부장관에게 공식적으로 안보문제에 관한 대외정책지침을 하달하였는데, 이는 소련과의 관계개선을 강조하는

---

116) 닉슨은 대통령 선거를 준비하던 중 1967년 10월, 자신의 논문 발표를 통해 새로운 아시아정책을 제시하였다. 그는 이 논문에서 아시아 지역의 비공산주의 국가들의 정치·경제·군사적 성장을 강조하였고, 이를 통해 아시아의 비공산주의 국가들은 중국을 위시한 공산주의 국가들로부터 자신을 방어할 수 있을 것이라고 밝혔다. 그러나 닉슨은 미국이 여전히 아시아에 대한 개입을 지속할 것이지만, 현실적인 관점에서 중국을 언제까지나 고립시킬 수는 없으므로 중국과 공식적으로 대화할 것을 제안하였다. Richard M. Nixon, "Asia After Vietnam", *Foreign Affairs*, Vol. 46, No. 1 (1967), pp.113~125.

117) 김영희, "미국의 제2인자 키신저", 『월간중앙』, 9월호 (1971), p.148.

내용이었다.[118]

베트남전쟁은 미국의 정치 판도를 바꾸어 놓았을 뿐 아니라 경제에도 상당한 영향을 주었다. 베트남전쟁 수행을 위해 미국 정부가 지출한 막대한 전비는 미국 경제의 쇠락을 가져왔다. 그리고 미국 경제의 쇠락이 본격적으로 가시화된 것은 닉슨이 대통령에 취임한 1969년 이후부터였다. 베트남전쟁에 대한 과도한 미국의 군사지원은 미국의 경제를 점차 위협하기 시작하였고, 그 결과 마구 발행된 달러의 가치가 급락하여 국제통화체제인 금태환 달러본위제가 흔들리기 시작하였다.[119] 동시에 미국의 경제패권도 점차 약화되기 시작하였다. 특히 미국 내 경제사정의 악화와는 별도로 제3세계 지역에 대한 미국의 경제·군사적 원조에 따른 달러의 해외유출 급증으로 미국 경제침체는 가속하되었다.

베트남전쟁의 장기화에 따른 경제악화와 반전여론이 확산되는 가운데 대통령에 취임한 닉슨은 1969년 6월 8일, 남베트남의 응웬 반티에우 대통령과 정상회담을 열고 '베트남전의 비미국화'를 선언

〈표 3-3〉 미국의 해외 군비지출(1962~1970)

(단위: 100만 달러)

구분	1962	1963	1964	1965	1966	1967	1968	1969	1970
군비지출	2,718	2,850	2,816	2,730	3,350	4,168	4,502	4,732	4,952
군비수입	922	1,429	1,245	1,337	1,204	1,775	1,239	1,524	1,871
국제수지적자	1,796	1,421	1,571	1,393	2,146	2,393	3,263	3,218	3,081

출처: U.S. Congress(Joint Economic Committee, Subcommittee on International Exchange and Payments), *The Balance of Payment Mess* (Washington D.C.: USGPO, 1971), p.115.

---

118) Letter From President Nixon to Secretary of Defense Laird, February 4, 1969, Agency Files, Department of Defense, Vol. 1, 1/12/69. Secret, Box 220, NSC Files, Nixon Presidential Materials, National Archives.

119) 권용립, 『미국 대외정책사』, (서울: 민음사, 1997), p.600.

하고, 동년 7월 8일부터 남베트남에서 미군을 철수시키기 시작하였다. 또한 1969년 7월 25일, 아시아 5개국 및 루마니아 방문 출발 간 중간기착지인 괌(Guam)에서 닉슨 대통령은 비공식 기자회견을 통해 '닉슨독트린'이라 불리는 새로운 아시아정책을 발표했는데, 핵심은 다음과 같았다. 첫째, 지금까지 미국은 장기적인 관점에서 대외정책을 추진하지 못해 아시아 국가들의 사건에 너무 자주 개입하였다고 보았다. 하지만 닉슨 대통령은 중국의 성장, 북베트남의 호전성 등을 이유로 장차 세계평화를 위협할 분쟁 가능성이 가장 높은 지역으로 아시아를 꼽았다. 따라서 그는 미국이 앞으로도 아시아에서 중요한 역할을 지속해야만 한다고 역설하였다. 둘째, 아시아 국가들은 민족주의적 성향으로 인해 외부로부터 지시받는 것을 싫어한다. 이는 미국 정부 또한 원하는 바인데, 미국 정부는 이들 아시아 국가들이 정치·경제적으로 성장할 수 있도록 지원자의 역할을 하되, 아시아 국가들의 정책에 연루되어 직접 분쟁에 말려들어가는 정책은 피해야 한다는 것이었다. 셋째, 미국은 자국의 대내외적 위협에 대처하기 위해 군사적 지원을 요청하는 국가들에게 지원을 제공할 것이다. 하지만 핵무기 위협을 제외한 기타의 대내·외적 위협에 대해서는 점차적으로 이들 국가 자신이 책임을 질 수 있도록 독려할 것이다.[120]

닉슨 대통령의 충격적인 발언은 1947년 3월, 미국이 세계 경찰 역을 맡겠다는 '트루먼독트린'과의 결별을 의미하는 것이었다. 닉슨 대통령은 이러한 독트린을 통해 아시아 국가들의 주체적이고 능동

---

120) National Archives and Records Administration, "Informal Remarks in Guam Newsman" (July 25, 1969).

적인 방위태세의 요구와 더불어 미국의 직접적인 개입의 회피를 언명하였지만 우방국들과의 방위공약에 대한 포기를 선언한 것은 아니었다. 그러나 닉슨 대통령은 아시아 국가들의 정책에 연루되어 직접 분쟁에 말려들어가는 정책은 피해야 한다고 언급함으로써, 그의 선언은 미국이 아시아로부터 후퇴하는 것으로 오인되었다.[121]

  1970년 2월 18일, 닉슨 대통령은 미 의회에 보낸 외교교서를 통해 닉슨독트린을 다시 한 번 명확하게 밝혔다. 외교교서의 핵심은 다음과 같았다. 첫째, 미국 외교정책을 달성하기 위한 수단으로서의 파트너십은 미국이 우방국들의 방위에 앞으로도 계속 참가는 하나, 미국의 동맹국이 책임을 분담하고 동맹국의 자조정신을 강화하는 방향으로 동맹외교를 추진하겠다. 이와 관련하여 닉슨 대통령은 태평양 지역에서 일본의 역할증대에 큰 기대를 표명하였으나, 이러한 닉슨 정부의 대외정책이 고립주의로의 복귀나 동맹국에 기존 공약의 포기를 의미하는 것이 아님을 분명히 하였다. 둘째, 닉슨 대통령은 주요 공산국가와의 대결보다는 협상을 통해 국제적 긴장완화와 영속적인 평화를 위해 노력할 것임을 언명하였다. 특히 그는 대만과의 기존 조약을 준수하면서도 중국과의 관계를 개선하기 위해 노력할 것임을 언명하였다. 셋째, 닉슨 대통령은 영속적인 평화유지를 위한 토대를 미국의 군사력 유지로 간주하였다. 이를 위해 그는 지난 25년 동안의 소련의 핵능력을 중심으로 한 군사력 변화를 평가하여 방위력을 점검했다고 밝혔다. 그리고 닉슨 대통령은 미국의 군사전략도 유럽과 아시아에서의 전쟁 및 기타 국지전에

---

121) Richard M. Nixon, *The Memoirs of Richard Nixon* (New York: Grosset & Dunlap, 1978), p.395.

대응할 수 있는 전력을 확보하는 2와 1/2 전략에서 유럽과 아시아 지역 중 하나의 전쟁 및 기타 국지전에 대응할 수 있는 전력을 확보하는 1과 1/2 전략으로 변경하였다. 또한 그는 핵무기에 의한 전면전의 경우 미국이 직접 개입하고, 여타의 재래식 전쟁에 대해서는 분쟁 당사국이 1차적인 방어를 담당하며, 미국은 직접적인 군사 개입은 피한 가운데, 경제·군사적인 원조만을 제공하겠다는 것을 명백히 하였다.[122]

닉슨 정부는 남베트남에서의 미군 철수가 기정사실화되는 상황에서 더 이상 중국을 적대시할 수 없었다. 즉 닉슨 정부는 중국 정부를 국제사회에 포함시켜 국제사회의 책임 있는 일원으로서 행동하게 하는 것이 세계평화와 안전에 이바지할 뿐 아니라, 중국과의 협력을 통해 소련을 견제하려는 의도를 가지고 있었다. 이에 따라 닉슨 정부는 중국에 대한 지속적이고 일방적인 접근전략을 추진하였다.[123] 첫째, 닉슨 정부는 더 이상 중국과 적대적 관계를 원치 않는다는 입장을 지속적으로 표명하였다. 둘째, 닉슨 정부는 중국의 안보에 위협이 되는 소련의 군사적 또는 외교적 조치에 대해 반대한다는 입장을 분명히 하였다. 셋째, 닉슨 정부는 중국에 미중대화를 지속적으로 제안하였다. 그래서 1970년 1월 20일, 미국과 중국 양국의 대표는 바르샤바(Warszawa)에서의 양국 접촉을 통해 점진적으로 양측의 입장을 좁혀 나갔다. 그러나 미국과 중국의 관계를 급격히 밀착시킨 것은 1971년 4월, 이른바 '핑퐁외교(Ping Pong

---

122) "1970년대 미국의 외교정책(1970.3.5)", 『Nixon, Richard 미국 대통령의 외교교서, 1970』, pp.32~48, MF, C-0036(3430), 외교통상부 외교사료관.

123) Harry Harding, *A Fragile Relationship: The United States and China Since 1972* (Washington D.C.: The Brookings Institution, 1992), pp.37~38.

Diplomacy)'[124]였다. 핑퐁외교 이후 1971년 7월 9일, 키신저 미 국가안보보좌관은 파키스탄을 경유해 중국을 비밀리에 방문하였고, 방문 직후인 동년 7월 15일, 닉슨 대통령의 중국 방문을 공식 발표하였다. 그리고 1971년 10월 26일, 제26차 유엔총회에서 중국의 오랜 숙원이었던 유엔가입과 대만의 축출을 내용으로 하는 알바니아 안이 통과됨으로써 중국은 유엔에 정식회원국으로 가입하였을 뿐만 아니라, 기존의 유엔 안보리 상임이사국 역할을 수행하던 대만의 지위를 계승함으로써 국제사회에서 강대국의 지위를 회복하였다. 또한 1972년 2월 21일부터 28일까지 닉슨 대통령이 중국을 방문하여 마오쩌둥(毛澤東, 1893~1976) 국가주석과 정상회담을 실시함으로써 미국은 공식적으로 중국 적대시 정책을 포기하였다.

닉슨 대통령의 중국 방문에 의한 미중관계의 데탕트 형성은 미국의 기존 대한정책에도 변화를 가져왔다. 닉슨 대통령의 중국 방문 이후부터 미국 정부는 공식적으로 '두 개의 한국정책'을 추진하게 된 것이다. 즉 박정희 정부와는 달리 북한을 하나의 정상적인 국가로서, 대화상대로서 인정하기 시작한 것이었다. 박정희 정부와의 의지와 무관하게 진행되던 닉슨 정부의 이러한 대북인식의 변화는 박정희 정부를 불안하게 만들었다. 그리고 닉슨 정부의 아시아정책이 미중접근을 하나의 축으로 전개됨에 따라 그 종속변수로서 한반도정책을 전환하지 않을 수 없게 된 것이다. 이와 같은 닉슨 정부의 대중국정책은 한국은 물론 아시아와 극동지역 국가들의 안보불안을 자극하는 결과를 가져왔다.

---

124) 미국 탁구대표팀 15명은 1971년 3월 28일부터 일본 나고야(名古屋)에서 열리고 있던 제31회 세계 탁구선수권대회에 참가한 이후, 중국대표팀의 초청에 따라 4월 10일, 베이징에 도착하여 우호적인 분위기 속에서 친선경기를 실시함으로써 미중관계를 크게 개선시키는 데 기여하였다.

  아시아지역의 데탕트는 미국과 소련의 긴장완화를 또 하나의 축으로 하여 전개되었다. 1970년 10월, 닉슨 대통령은 유엔총회에서 미소협조가 세계문제 해결의 선결조건이라고 연설하면서 그러한 협조체제 구축을 위한 자신의 열정을 표시하였다. 그리고 브레즈네프 (Leonid I. Brezhnev, 1906~1982) 소련 공산당서기장 역시 1971년 3월, 제24차 소련공산당대회에서 평화공존원칙을 실천적으로 보완하고 상호 군사력감축회담에의 열망을 고취시키고자 한다는 의사를 표명하였다. 그 결과 닉슨 대통령은 1972년 5월, 소련을 방문하여 전략무기제한협정(SALT: Strategic Arms Limitation Treaty)을 체결하였다. 그 후 1973년 6월 22일, 브레즈네프 소련 공산당서기장이 화답형식으로 미국을 방문하여 핵확산방지협정에 서명하면서 평화공존체제는 더욱 진전을 보게 되었다.[125]

  닉슨 정부의 등장으로 냉전체제는 약화되었고, 데탕트 기조가 형성되었다. 닉슨 정부는 막대한 군사원조에도 불구하고 전황이 호전되지 않자, 베트남전쟁의 종식을 포함한 포괄적인 해결책으로서 닉슨독트린을 발표하였다. 그리고 닉슨독트린에 따라 아시아에서의 군사적 대립과 긴장완화를 위해 닉슨 정부는 소련 및 중국 정부와의 화해정책을 추진하였고, 이 과정에서 여전히 냉전구도 아래 놓여 있는 한반도 문제해결에 있어 박정희 정부의 입장은 무시되었다. 한반도에서 불과 20여 년 전에 치열하게 전쟁을 수행한 쌍방인 미국과 중국의 화해는 박정희 정부를 당황하게 만들었다. 더군다나 사전에 이러한 변화의 움직임을 인지하지 못한 박정희 정부는 동맹당사국으로서 무력감마저 느끼게 되었다.

---

125) 김지형, 앞의 글, p.23.

결론적으로 데탕트 전개에 따라 한미동맹의 공동위협인 북한에 대한 양국의 인식은 점차 변화되기 시작하였다. 닉슨과 포드 정부는 중국 및 소련과의 화해정책을 통해 북한의 도발을 억제할 수 있다고 판단하여 1968년 이후 북한의 거듭된 도발을 국지적인 사안으로 치부하였다. 하지만 박정희 정부는 북한의 거듭된 도발, 특히 청와대를 직접적인 목표로 한 1·21사태 이후 북한의 위협을 심각하게 인식하였다. 그러나 박정희 정부의 대북위협 인식과는 달리 북한의 도발에 대한 미국의 대응이 소극적이었고, 푸에블로호 나포사건의 해결을 위해 존슨 정부가 한국을 배제한 채 북한과의 단독비밀회담을 추진하자, 박정희 정부는 한미동맹의 진정성에 대해서 다시 한 번 생각하게 되었고, 동맹 상대국으로서 미국 정부에 대한 신뢰성은 약화되었다. 결국 1968년 이후 박정희 정부와 닉슨(포드) 정부 시기에 한미동맹의 공동 위협인 북한에 대한 한미 양국의 위협 인식의 차이는 한미동맹관계에 새로운 갈등을 야기하는 씨앗이 되었다.

2. 정치·사회적 가치 갈등의 등장

1) 권위주의 체제의 성립

1961년 5월 16일, 군사쿠데타로 정권을 잡은 박정희는 집권 이후, 군사정권에 대한 국내외의 비판이 고조되자, 8월 12일, 특별성명을 통해 1963년 3월 이전에 신헌법을 제정하여 공포하고, 5월 총선거를 실시하여 동년 여름까지 정권을 이양할 것이며, 정부형태는 대통령중심제로 하되 국회는 100~120석 규모의 단원제로 할 것이라고 밝혔다.[126] 민간인에게 정권을 이양하겠다는 내용의 특별성명에 대해 미국과 일본 정부는 지지를 보냈으나, 이는 미국 및 일본 방문을 앞두고 나온 일종의 유화조치에 불과한 것이었다. 이후 박정희 의장은 민정이양 이후에도 권력을 유지하기 위해 1963년 2월 26일, 민주공화당을 창당하였다. 그리고 동년 8월 30일부로 육군 대장의 현역군인 신분에서 전역을 한 후 민간인 신분으로 민주공화당에 가입하였고, 다음 날 민주공화당의 대통령후보로 추대되었다.

1963년 10월 15일, 제5대 대통령선거에서 박정희 대통령은 민정당 윤보선(尹潽善, 1897~1990) 후보를 15만 표 차이로 누르고 선거에 의해 합법적으로 대통령에 당선되었으나, 그는 아직 민주주의의 개념이 희박한 한국 상황에서 서구식의 민주주의 체제를 한국 사회에 접목하는 것에 대해서는 강한 거부감을 가지고 있었다.

박정희 대통령이 서구식의 민주주의에 대한 강한 거부감은 그의 성장배경과도 밀접한 관련이 있다. 특히 일제치하에서의 청년시절과 일본군 장교로서의 생활은 박정희 대통령의 정치관 형성에 많은 영향을 주었다. 대다수 한국 국민들이 그러하듯이 민주주의를 경험하지 못한 채, 미국의 선물로 주어진 민주주의는 한국 사회에 많은 혼란을 가져왔다. 박정희 대통령도 예외는 아니었다. 박정희 대통령은 이승만 정부의 부패와 장면(張勉, 1899~1966) 정부의 무능력을 지켜보면서, 한국 상황에서 서구식 민주주의는 시기상조이

---

126) 한국군사혁명사편찬위원회 편, 『한국군사혁명사 제1집 하』, (서울: 국가재건최고회의 한국군사혁명사 편찬위원회, 1963), pp.66~67.

며, 일본의 근대화를 이끈 국가주의가 우리에게는 보다 효과적이라고 생각하였다. 특히 박정희 대통령은 아시아 국가 중 유일하게 근대화에 성공한 일본의 긍정적 측면을 답습하고자 노력하였다.[127] 박정희 대통령이 모델로 한 일본의 명치유신체제는 국가의 정점으로 천황을 두고, 천황을 중심으로 한 국가에 대한 절대적인 충성과 군부를 중심으로 한 혁신적 관료들의 엘리트주의적 지배구조를 특징으로 하고 있다. 그리고 이러한 지배구조 하에서 박정희 대통령을 중심으로 하는 군부는 우익세력과 재계와 결합하여 국가건설을 위한 총력체제를 구축하였다.[128]

박정희 대통령의 조국근대화작업은 성공적으로 진행되었다. 박정희 대통령은 1963년 10월에 실시한 제5대 대통령선거에서 민정당의 윤보선 후보를 15만 표라는 간발의 차이로 간신히 대통령에 당선되었으나, 1967년 5월에 실시한 제6대 대통령선거에서는 신민당의 윤보선 후보를 116만 표 이상의 차이로 압도적인 승리를 거두었다. 특히 1967년 5월 11일에 실시된 제6대 대통령선거에서는 51.4%의 지지율을 확보함으로써 박정희 대통령은 과반 수 이상의 국민들이 박정희 대통령의 경제성장정책을 지지하는 것으로 판단하였다. 그리고 민주적 방식에 의해 권력의 정당성을 확보한 순간부터 박정희 대통령은 장기집권을 추구하게 되었다.

제6대 대통령선거가 실시된 지 한 달 만인 1967년 6월 8일에 치

---

127) 박정희 대통령은 5·16군사쿠데타로 정권을 잡은 이후, 1961년 11월 일본 방문 시 만주군관학교 재학 당시 교장과 동창생들을 만난 자리에서 "나는 명치유신 때의 지사와 같은 각오로 조국재건에 임하고 있으며, 이런 의미에서 일본의 유신사를 연구하고 있다"라고 말하기도 하였다. 이상우, "유정회와 유신정치", 『신동아』, 4월호 (1986), p.21.

128) 임혁백, "유신의 역사적 기원: 박정희의 마키아벨리적인 시간(상)", 『한국정치연구』, 제13집 2호 (2004), p.240.

러진 제7대 국회의원선거는 역사상 유례없는 부정선거였다. 당시 공화당은 대선 승리의 여세를 몰아 "박대통령 일하도록 밀어주자 공화당"이라는 구호를 내세워 득표활동에 나섰고, 신민당은 대선 무효화 투쟁을 선거전략으로 삼고 "단일야당 밀어주어 일당독재 막아내자"는 구호를 내걸고 선거에 임했다.[129] 제7대 국회의원선거 에서 공화당은 박정희 대통령의 정치적 안정을 유지하는 데 필요 한 의석을 넘어 3선 개헌선인 2/3 의석을 확보하는 것을 목표로 하 였다. 그러나 최초 여당인 공화당조차 지나친 관권선거로 지난 6대 국회보다 의석수가 오히려 더 줄어들 것이라고 판단하였으나, 결과 는 그 반대였다.

박정희 정부는 중앙정보부장과 내무부장관이 막대한 자금과 공 무원을 투입해 공화당의 압승을 만들어냈다. 공화당 스스로도 선거 가 끝난 다음 야당이 주장하는 불법·부정선거는 아니라 하더라도 모처럼의 깨끗하고 질서 있게 끝을 맺은 제6대 대통령선거의 이미 지를 완전히 씻을 만큼 타락되고 혼탁한 분위기의 선거였음에는 틀림이 없었다고 부정선거를 자인할 정도였다. 그래서 공화당은 8 명의 당선자를 제명하는 조치를 취하였고, 박정희 대통령의 유감표

〈표 3-4〉 제7대 국회의원 선거 결과

구분	입후보수	당선자수	득표율(%)	의석률(%)
공화당	131/29	102/27	50.6	74
신민당	131/31	28/17	32.7	26
대중당	65/9	1/0	2.3	·

출처: 중앙선거관리위원회, 『역대국회의원선거현황』, (서울: 중앙선거관리위원회, 1971), pp.728~747.(입후보수와 당선자수의 인원 구성은 지역구/전국구임)

---

129) 심지연, 『한국정당정치사: 위기와 통합의 정치』, (서울: 백산서당, 2004), pp.198~199.

명과 동시에 당 차원의 선거부정조사특별위원회를 구성해 선거의 정치적 책임을 국회에서 규명할 용의가 있음을 밝혔다.[130]

7대 총선에서 압도적인 승리를 거둔 박정희 대통령은 서서히 3선 개헌을 추구하기 시작하였고, 이러한 3선 개헌은 다음과 같은 목적들을 가지고 있었다. 첫째, 3선 개헌은 유신체제와 같은 종신 집권체제를 구축하기 위한 발판이었다. 둘째, 3선 개헌을 통해 박정희 대통령은 계승의 위기를 극복하고자 하였다. 셋째, 지배세력인 공화당 내에서 도전받지 않는 위치를 확보하며 권력을 공고화하려 하였다. 이러한 3선 개헌을 통해 정당정치는 약화되었으며, 박정희 대통령은 3선 개헌을 전후로 자신에 대한 잠재적인 경쟁세력과 도전세력을 제거하였다. 박정희 대통령은 고전적인 권력의 분할지배를 통해 자신의 영향력을 공고히 하였다.

박정희 정부가 3선 개헌을 본격화함에 있어서 1968년은 중요한 전환점이 되는 한 해였다. 1968년 1월 21일, 북한은 청와대를 기습하기 위해 31명의 특수부대를 남파하여 서울 한복판에서 총격전이 벌어지는 사건이 발생하였다. 그리고 이틀 후인 1월 23일에는 원산(元山) 앞 바다에서 정보수집활동을 하고 있던 미국의 푸에블로호가 나포되는 사건이 발생하였다. 그러나 두 사건을 둘러싼 미국의 태도는 상이했다. 1·21사태가 발생하자, 박정희 대통령은 분노했고, 북한에 대한 즉각적인 군사적 보복조치를 강구하였다. 그러나 존슨 정부의 반응은 냉담했고, 박정희 정부의 대북응징을 저지하려고 노력하였다. 하지만 푸에블로호 나포사건에 대해서는 남베트남으로 항해 중이던 핵항공모함을 즉각 원산 앞바다로 이동시켜 북

---

130) 심지연, 앞의 책, pp.199~200.

한을 압박하는 등 보다 신속하고 강경한 대처를 하였다. 특히 존슨 정부는 푸에블로호 승무원의 생환을 위해 한국을 배제한 가운데, 북한과의 비밀회담을 통해 협상을 진행하였다. 박정희 정부는 북한의 군사도발에 대한 상이한 미국의 대응책에 실망하였고, 이는 미국에 대한 전반적인 불신으로 이어졌다.[131]

1969년 1월, 등장한 닉슨 정부는 대립과 갈등을 지속하던 기존의 냉전체제에 화해를 통한 긴장완화를 추구하는 데탕트정책을 추진하였다. 더군다나 동년 7월, 닉슨 대통령은 괌에서 "우리는 아시아 국가들이 우리에게 너무나 의존하여 우리가 지금 남베트남에서 겪고 있는 그러한 전쟁에 우리가 또다시 휘말리게 되는 그러한 정책은 반드시 피해야 한다"는 내용을 골자로 하는 닉슨독트린을 공표함으로써, 아시아지역에서 미군이 철수할 것이라는 정책변화를 암시하였다. 그리고 닉슨독트린에 따른 주한미군 주둔정책의 변화는 1970년 3월, 닉슨 정부가 박정희 정부에게 공식적으로 통보함으로써 본격화되었다.

주한미군의 철수를 저지하기 위해 남베트남에 한국군 2개 사단까지 파견을 실시하였음에도 불구하고, 박정희 정부와의 사전 협의 없이 일방적인 주한미군 주둔정책 변경은 박정희 대통령에게 안보 불안감을 증폭시켰고, 내부적으로는 보다 강력한 권력체제의 구축을 추구하도록 만들었다.

박정희 대통령은 1·21사태 이후 미국의 대응조치에 대한 동맹 불신으로 인해 내부적으로 공격적인 주체세력을 3선 개헌의 선봉장으로 내세우면서 한편으로는 보수적 주체세력을 제압하고, 다른 한

---

131) 차상철, 앞의 책, pp.140~143.

편으로는 자신의 권력을 공고히 구축해나갔다. 3선 개헌의 선두주
자는 공화당내 비주류였던 윤치영(尹致暎, 1898~1996) 공화당 의
장서리였다. 윤치영 공화당 의장서리는 1969년 1월 7일, "단군 이래
의 위인인 박정희 대통령을 계속 집권시키기 위해 개헌이 필요하
다"[132], "나라를 위해 헌법이 있는 것이지 헌법을 위해 나라가 있는
것은 아니다"[133]라고 선언하면서 개헌을 공론화하였다. 박정희 대
통령은 자신이 전면에 나서지 않은 채 대리인을 동원하여 개헌연합
을 구축해나갔으며, 개헌연합이 공화당 주류세력의 다수를 확보했
다고 판단이 들었을 때, 개헌추진을 공식적으로 발표하였다. 1969년
8월 7일, 박정희 대통령은 공화당을 통해 개헌 추진을 선언하면서
개헌안을 국민투표에 부치고 개헌안의 통과를 정권에 대한 신임투
표로 결부시켰다. 이는 갑작스러운 정권퇴진이 가져올 혼란을 우려
하는 국민들을 압박함으로써 국민의 지지를 개헌에 이용하였다.

　박정희 대통령이 3선 개헌 추진을 위해 넘어서야 할 가장 큰 산
은 야당과 국민이 아니라 공화당의 주류인 보수적 주체세력이었다.
보수적 주체세력은 현재의 헌정체제가 유지되어야만 차기 권력에
접근할 수 있었기 때문에 3선 개헌을 원치 않았다. 따라서 그들은
3선 개헌에 저항하였고 행동으로 그들의 의사를 표현하였다. 1969
년 4월 8일, 김종필(金鍾泌, 1926~)을 지지하는 보수적 주체세력
은 권오병(權五柄, 1918~1975) 문교부장관에 대한 야당의 불신임
결의안에 찬성표를 던짐으로써 불신임결의안을 통과시키고 자신들
의 세력을 과시함으로써 박정희 대통령에 대해 정면으로 도전하였

---

132) 이상우, 『박정권 18년: 그 권력의 내막』, (서울: 동아일보사, 1986), p.198.
133) 김종신, 『박정희 대통령과 주변사람들』, (서울: 한국논단, 1997), p.121.

다. 이러한 도전에 박정희 대통령은 과감히 대응하였다. 권오병 문교부장관 불신임안이 통과된 일주일 후, 박정희 대통령은 항명세력의 중심인 양순직(梁純織, 1928~2008), 예춘호 (芮春浩, 1927~), 박종태(朴鍾泰, 1921~2007), 김달수(金達壽) 등 5명의 의원을 제명하고 93명의 당원을 공화당에서 제명함으로써 개헌반대세력을 과감히 축출하였고, 공화당 내 새로운 계파에 권력을 이전시켰다.

개헌과정을 통해 김종필을 정점으로 한 보수적 주체세력은 해체되었고, 개헌을 찬성하는 신주류에 의해 1969년 9월 14일, 공화당의 변칙처리로 3선 개헌안은 국회를 통과하였다. 3선 개헌안이 국회를 통과하고, 한 달여 후인 10월 17일, 3선 개헌안에 대한 국민투표에서 65%의 찬성으로 3선 개헌안이 확정되자, 박정희 대통령은 1971년의 제7대 대통령선거 준비를 위한 당의 요직을 정비하였다. 이에 3선 개헌의 필요성을 처음 언급했던 김성곤(金成坤, 1913~1975)을 공화당 사무총장으로 임명하고, 백남억(白南檍, 1914~2001)을 공화당 의장으로 임명하였다. 그리고 1969년 4월, 항명운동으로 제명당한 구주류의 양순직, 예춘호를 재입당시킴으로써 대통령선거를 앞둔 공화당의 화합도 도모하였다.

1971년 4월 27일, 제7대 대통령선거가 실시되었고, 박정희 대통령은 100만 표 차이로 신민당 김대중(金大中, 1924~2009) 후보를 누르고 당선되었다. 그러나 박정희 대통령은 선거결과에 만족하지 않았다.[134] 그리고 3선 개헌안 통과에 박정희 대통령의 3기 임기를

---

134) 박정희 대통령은 거액의 선거자금과 잘 갖추어진 행정조직, 절대 다수의 공화당 조직을 동원했음에도 불구하고 100만 표 차이밖에 나지 않는 것을 보고, 대통령 직선제에 부정적인 생각을 하게 되었다. 그리고 그는 이 선거를 마지막으로 보고 선거 없이 계속적인 대통령 임기연장이 가능한 유신체제를 구상하게 되었다고 김종필은 증언하였다. 월간조선 편집부, "김종필은 입을 열었다", 『월간조선』, 1월호 (1987), p.298.

이끈 공화당의 신주류 세력인 소위 4인방 김성곤, 길재호(吉在號, 1923~1985), 백남억, 김진만(金振晚, 1918~2006)은 3선 개헌이 박정희 대통령의 궁극적인 목적이 아니었다는 것을 알지 못했다. 신주류 4인방은 박정희 대통령의 3선 임기가 끝나면 개헌을 통해 대통령제를 의원내각제로 전환하려는 구상을 가지고 있었다. 그러자 박정희 대통령은 곧 견제에 나섰다. 3선 개헌 후 박정희 대통령은 구주류인 김종필을 국무총리로 임명하여 김종필 중심의 구주류를 이용하여 신주류 4인방을 견제하려 하였다. 그러던 중 1971년 8월 23일, 실미도 사건으로 야당이 오치성(吳致成, 1926~) 내무부 장관의 책임을 물어 해임안을 국회에 제출하였을 때, 신주류 4인방은 항명을 일으켜 해임안에 찬성함으로써 해임안은 가결되었다. 이를 빌미로 박정희 대통령은 중앙정보부를 이용, 그들을 강제 연행해 조사하였으며, 결국 4인방은 공화당에서 제명됨과 동시에 정계 은퇴를 하게 되었다. 3선 개헌은 유신체제의 실질적인 시발점이었다. 박정희 대통령은 3선 개헌을 통해 유신체제로의 전환을 도모할 헌법적 기반을 마련하였을 뿐만 아니라 자신의 권력에 도전하는 경쟁자를 제거함으로써 공화당 내에서 유일무이한 절대권력자가 되었다. 박정희 대통령은 항명에 따른 파동을 당이 자율적으로 판단해 수습하도록 한 것이 아니라, 중앙정보부를 통해 처리하였기에 공화당은 권력의 주변부로 밀려나 점점 무력해졌다. 이처럼 집권여당이 제 구실을 하지 못하고 무력화됨으로써 국회의 기능도 약화되고, 결국 국회는 권력의 시녀로 전락하게 된 것이다.[135] 결국 박정희 대통령은 3선 개헌 이후 일련의 정치적 사태를 통해 자신을

---

135) 심지연, 앞의 책, p.218.

정점으로 하는 절대 권력체제를 구축하였으며, 이에 반대하는 세력은 그가 가진 모든 공권력을 동원하여 제거하였다.

한편 1971년 8월부터 본격화된 남북대화는 비록 남북 간의 긴장을 완화시키는 데에는 기여하였으나, 북한이 여전히 한반도 공산화를 포기하지 않고 있음을 노출시킴에 따라 박정희 정부의 위협인식을 더욱 증폭시켜 북한에 대응하기 위한 박정희 정부의 권위주의 체제를 강화하는 데 기여하였다. 특히 실제 남북대화 과정에서 북한이 일사불란하게 움직이고 있는 동안 한국은 지나치게 환상에 들뜨는 등, 적지 않은 취약점을 드러냈다. 실례로 1972년 7월 4일, 역사적인 남북공동성명이 발표되던 날, 한국은 온통 축제분위기로 들떠 있었던 것과는 달리 대조적으로 북한은 아무런 관심도 보이지 않았다. 박정희 대통령은 냉철한 현실주의자로서 최초부터 남북대화에 임하는 북한의 평화전술을 간파하고 있었고, 이를 한국 국민들에게 알리고자 노력하였다. 특히 1972년 9월 13일, 서울에서 열린 제2차 남북적십자본회담간 박정희 대통령은 이념으로 철저하게 무장된 북한 인사들의 과격한 언행이 6·25전쟁에 대한 악몽을 잊지 못한 채 공산주의를 두려워하고 있는 대다수의 남한 국민들의 비위를 건드릴 것이라는 계산 하에 그들의 연설을 TV로 생방송하기로 결정하였다. 당시 윤기복(尹基福, 1926~) 북측 남북적십자본회담 자문위원은 미국을 비난하고 민족의 영광스러운 수도 평양을 언급하면서 위대한 지도자 동지를 찬양하였다. 방송이 나간 직후 수백 건의 항의 전화가 방송국과 각 지방 경찰서로 빗발쳤고, 회담을 마친 후 북측대표들이 북한으로 돌아갈 때, 남한 시민들의 반응은 이전과 달리 더 이상 호의적이지 않았다.136)

박정희 대통령은 1·21사태 이후 북한의 군사력이 점차 심각한 위협으로 다가오는 상황에서 남북대화가 유용한 전략적 수단이 될 것이라고 판단하였다. 박정희 대통령은 "적어도 한쪽 손이라도 서로 붙잡고 있으면 적이 공격해 올 것인지 아닌지 그 여부를 알 수 있다"며 반대하는 정부관료들을 설득하면서 남북대화의 추진을 강력하게 지시하였다. 박정희 대통령은 그의 일생에 통일을 이룰 것이라는 믿음이나 신념 따위는 없었으며, 남북접촉의 결실을 얻기 위한 타협 또한 기대하지 않았다.[137]

남북대화를 통해 김일성을 중심으로 일사불란한 북한 체제와는 달리 내부적 정치불안에 시달리고 있던 박정희 대통령은 한국의 정치구조의 허약성에 심각한 위기의식을 느끼고 있었다. 그러한 가운데 대통령 특사와 남북조절위원회위원장 자격으로 두 차례나 평양을 방문한 이후락 중앙정보부장은 방북 이후 박정희 대통령에게 보다 강력한 권위주의체제로의 전환을 간곡히 건의하였다. 결국 남북대화는 남북 간의 화해와 평화분위기를 조성한 것이 아니라 양측의 보다 강력한 권위주의 체제 확립에 기여한 모습이 되었다. 실제 이후락 前 중앙정보부장은 유신과 관련하여 다음과 같은 증언을 남겼다.

> 남북대화를 하다 보니까 저쪽은 영구집권을 하고 있고, 우리는 3선의 마지막기를 하고 계신 대통령으로 곧 물러나야 할 처지이니까 항상 그쪽이 주동이 되고 우리가 수동이 되더라고요. 그래서 나는 우리도 체제를 고쳐서 통일문제에 대해서는 한 가지 의견으로 나와야겠다, 통일주체국민회의

---

136) Don Oberdorfer 저, 이종길 역, 『두 개의 한국』(서울: 길산, 2002), p.62.

137) Don Oberdorfer 저, 이종길 역, 앞의 책, p.56.

를 만들어서 거기서 나오는 하나의 의견으로 밀고 나아갈 필요가 있다고
생각했지요. 그래서 대통령께 통일주체국민회의 없이는 대화가 안 된다고
건의했습니다. 이것이 유신의 시초였지요.[138]

　1972년 10월 17일, 박정희 대통령은 전국에 비상계엄령을 선포
하여 국회를 해산하고, 모든 정치활동을 금지시켰다. 뿐만 아니라
박정희 정부는 모든 언론을 검열하였으며, 반체제운동의 거점이었
던 대학들도 폐쇄시켰다. 이후 열흘 뒤인 10월 27일, 유신헌법초안
을 발표하였고, 11월 21일에는 국민투표에서 투표자의 91.5%가 찬
성함으로써 유신헌법[139])에 따라 12월 15일에는 전국에 걸쳐 2,359
명의 통일주체국민회의 대의원이 선출되었으며, 만장일치에 가까
운 통일주체국민회의 대의원의 지지로 박정희 대통령은 새로운 대
통령으로 선출되었다. 그리고 동년 12월 27일, 박정희 대통령은 유
신헌법에 따라 임기 6년의 대통령으로 취임하였으며, 유신헌법을
통해 그 이전과는 다른 보다 강력한 권위주의 체제를 구축하였다.
　아시아문제의 아시아화를 골자로 하는 닉슨 정부의 아시아정책
변화에 따라 추진된 주한미군 철수정책은 한국의 입장을 고려하지
않은 미국 정부의 일방적 추진으로 박정희 정부의 안보불안감을
증폭시켰다. 특히 수시로 자국의 이해관계에 따라 대통령마저 거짓

---

138) 김세중, "유신헌법과 4공 통치기반의 동력", 『월간중앙』, 6월호 (1991), p.446.

139) 유신헌법을 통해 대통령은 유정회라는 이름으로 사실상 국회의원의 1/3을 임명할 수 있었고, 국회를
　　해산할 수 있는 권한도 가지게 되었다. 대통령의 임기는 6년이었으며, 대통령의 연임을 제한하는 규
　　정이 없어짐에 따라 사실상 종신집권이 가능하였다. 그러나 무엇보다 대통령의 권한 중에 두드러진
　　것은 대통령의 긴급조치권이었다. 국가가 위기에 처했다고 판단할 경우, 대통령은 국정의 모든 부문
　　에 있어서 긴급조치를 통해 국민의 자유와 권리를 한시적으로 제한할 수 있었고, 행정부와 사법부의
　　권한도 제한할 수 있게 되었다. 뿐만 아니라 대통령은 실제적으로 헌법상의 제한을 받지 않고 계엄령
　　을 선포할 수 있었고, 필요에 따라 국가의 중요정책을 국민투표에 부칠 수도 있었다. 유신헌법체제
　　하에서 한국의 정치구조는 전례를 찾아볼 수 없을 정도로 대통령의 권력이 강화되었다. 조이제 · 카터
　　에커트 편, 『한국 근대화, 기적의 과정』(서울: 조선일보사, 2005), pp.153～154.

말을 하는 것을 수차례 목도한 박정희 대통령은 그동안 믿어 왔던 동맹국에 대한 일종의 배신감과 연계되면서 외부적 위협에 대응하기 위한 내부결속력 강화에 더욱 집착하게 되었다. 그리고 이러한 외부적 요인은 유신체제이라는 권위주의체제 수립을 통해 안보적 위기를 극복하고자 하는 박정희 대통령의 결심에 영향을 주었다.[140] 또한 아시아지역에서의 권위주의 체제에 대해 과거의 미국 정부와는 달리 닉슨 정부는 내정 불간섭 원칙에 따라 이를 묵인 또는 방치함으로써 박정희 대통령의 권위주의체제 전환 실행에 의도하지 않은 기여를 하게 되었다.[141]

박정희 정부의 유신체제로의 전환은 궁극적으로 미국 정부가 그동안 한국에 이식하려고 노력해온 자유민주주의와는 거리가 멀었다. 박정희 대통령은 유신을 선포하는 담화문에서도 이러한 사실을 인정하였다.

> 우리는 자유민주체제보다 더 훌륭한 제도를 아직 갖지 못했습니다. 그러나 아무리 훌륭한 제도라 하더라도 이를 지킬 수 있는 능력이 없을 때에는 이 민주체제처럼 위약한 체제도 또한 없는 것입니다. ……(중략)…… 지금 우리의 주변에서는 아직도 무질서와 비능률이 활개를 치고 있으며, 정계는 파쟁과 정략의 갈등에서 좀처럼 헤어나지를 못하고 있습니다. ……(중

---

140) 헌법학자로 유신헌법의 제정에 깊숙이 관여했던 한태연(韓泰淵, 1916~2010)은 1969년 말에 박정희 대통령의 당부로 드골 프랑스 대통령의 제5공화국 헌법의 골격과 특징에 관한 자문을 한 일이 있다고 하였다. 김원호, "10월유신 전야", 『신동아』, 7월호 (1983), pp.128~155.

141) 1972년 10월 17일, 박정희 대통령이 유신체제로의 전환을 위한 비상계엄령을 선포하기 3주 전인 9월 21일, 마르코스(Ferdinand E. Marcos, 1917~1989) 필리핀 대통령은 계엄령을 통해 권위주의체제를 수립하였다. 그러나 당시 미국 정부는 이러한 사실을 사전에 알고 있었음에도 불구하고, 이를 묵인(또는 동의)하였다. 박정희 대통령은 이와 같은 추이를 주시하다가 비상계엄령을 선포하였다. 남베트남에서 미군을 철수시키기 위한 평화협정 추진과 재선을 위한 선거준비로 바쁜 닉슨 대통령은 한국의 정치상황에 관심이 없었다. 당시 미 국무부의 그린(Marshall Green, 1916~1998) 차관보는 "그들은 한국문제에 신경을 쓸 여력이 없었다"라고 회고하였다. Don Oberdorfer 저, 이종길 역, 위의 책, p.74.

략)…… 이제 일대개혁의 불가능성을 염두에 두고 우리의 정치현실을 직시
할 때, 나는 정상적인 방법으로는 도저히 이 같은 개혁이 이루어질 수 없
다는 판단을 내리게 되었습니다. 오히려 정상적인 방법으로 개혁을 시도한
다면 혼란만 더욱 심해질뿐더러 남북대화를 뒷받침하고 급변하는 주변정세
에 대응해나가는 데 아무런 도움이 될 수 없다고 믿었기 때문입니다.[142]

박정희 대통령도 인정하듯이 데탕트라는 국제체제의 변화 속에
서 생존을 위해 선택한 유신체제는 자유민주주의 체제가 아니었다.
그러나 닉슨 정부는 재선과 베트남전쟁의 종전을 위한 평화협정
진행으로 한국의 상황에 신경을 쓸 여력이 없었고, 그 과정에서 박
정희 정부는 과감한 정치체제의 변화를 추진하였다. 하지만 미국의
기본 정치이념과 배치된 권위주의 체제인 유신체제는 태생적으로
미국 정부와의 갈등을 내포하고 있었다. 이는 오랜 기간 동맹국으
로서 한국을 지원해 온 미국의 자유민주주의와 배치되는 체제였기
때문이었다. 따라서 미국 내에서는 한국의 권위주의 체제강화와 동
시에 자행되는 한국 내부적 인권유린 및 탄압에 점차 관심을 갖게
되었고, 박정희 정부의 인권탄압이 강화될수록 미국 정부의 대응도
점차 강화되었다. 박정희 정부는 권위주의 체제를 구축해가는 과정
에서 나타나는 닉슨과 포드 정부의 인권탄압에 대한 우려를 잠재
우기 위해 1970년대 초부터 대미로비[143]를 강화하기 시작하였다.
인권문제에 닉슨과 포드정부의 반발을 무마시키기 위한 해결책으

---

142) 대통령각하 10월유신 선언, 1972년 10월 17일.

143) 프레이저 소위의 보고서에 의하면 박정희 정부는 3가지 이유에서 대미로비를 시작했다고 밝히고 있
　　다. 첫째는 1968년 1·21사태 이후, 박정희 정부는 미국 정부의 대한안보공약의 쇠퇴를 감지하고,
　　주한미군 1개 사단의 철수를 조건으로 미국 정부가 제공하기로 한 15억 달러의 군사원조를 미 의회
　　가 승인하도록 하기 위한 것이었고, 둘째는 1972년 10월, 유신체제 성립 이후 박정희 정부의 국내
　　탄압에 대한 미국의 반발을 무마시키기 위한 것이었으며, 셋째는 추가적인 주한미군의 철수를 막기
　　위한 것이었다고 밝히고 있다. 미 하원 국제관계위원회 국제기구 소위원회 저, 한·미관계위원회 역,
　　『프레이저 보고서』(서울: 실천문학사, 1986), p.21.

로 추진되던 대미로비는 점차 1972년 10월, 유신체제 성립 이후, 그 범위와 수준이 확대되면서 미 정보당국의 관심을 받게 되었으며 이는 인권문제의 또 다른 갈등을 야기하는 출발점이 되었다.

2) 권위주의 체제 강화와 인권문제의 등장

한미 간의 인권문제 갈등은 1970년대 초부터 외교적 경로를 통해 박정희 정부에 전달되기 시작하였다. 포터 주한 미 대사는 1970년 가을, 이미 박정희 정부가 미 의회를 대상으로 로비를 시작하는 것으로 파악하고, 동년 10월 13일, 정일권(丁一權, 1917~1994) 총리에게 박정희 정부의 대미 로비활동에 대하여 경고하였다. 이어 1971년 7월에는 후버(John E. Hoover, 1895~1972) 미 FBI 국장이 키신저 미 국가안보보좌관에게 갤러거(Cornelius E. Gallagher, 1921~) 미 하원의원에 대한 비밀 경고문을 전달하기도 하였다. 후버의 경고문에 따르면 갤러거 미 하원의원이 한국 중앙정보부요원이자 그의 참모인 김광으로부터 돈을 받았고, 김광은 미 하원 소위원회 비밀정보를 한국대사관에 넘겼다는 사실이 기록되어 있었다.[144] 그러나 키신저 미 국가안보보좌관은 대부분의 미 FBI 경고에 주의를 기울이지 않았고, 오히려 주한미군 철수에 위기를 느낀 박정희 정부의 행동에 동정적 감정을 가졌으며, 이를 이해할 수 있다는 입장을 취하였다.

1974년 5월, 박정희 정부는 백악관 내에 친한파를 통한 영향력

---

144) Robert Boettcher 저, 임혜련 역, 『전모! 박동선 게이트』(서울: 인폴리오, 1995), p.208.

을 획득하려고 노력하였다. 그래서 박정희 정부는 박종규(朴鐘圭, 1930~1985) 경호실장을 통해 닉슨 대통령의 의회문제 특별보좌관이던 나이덱커(John E. Nidecker, 1913~1988)에게 서울 방문 기간 동안 1만 달러가 든 봉투를 전달하였다. 그러나 나이덱커는 하비브(Philip C. Habib, 1920~1992) 주한 미 대사를 통해 봉투를 박종규 경호실장에게 반송하였다. 나이덱커가 귀국한 이후에는 노진환(魯璡煥, 1928~2000) 의원이 그의 백악관 사무실을 방문하여 의회 선거운동에 자금을 기부하겠다는 제안을 하기도 하였으나, 그는 거절하였다. 나이덱커는 자신에 대한 박정희 정부의 매수시도를 보고하였고, 이를 통해 닉슨 정부는 점차 박정희 정부의 전방위적인 대미로비의 실체를 인식하게 되었다.[145]

하비브 주한 미 대사는 1975년 2월, 키신저 미 국무부장관에게 갤러거 미 하원의원 매수건을 들어 박동선(朴東宣, 1935~)과 한국의 대미로비를 수사해줄 것을 요청하였고, 이는 동년 10월, 키신저 미 국무부장관을 통해 포드 대통령에게 뇌물수수건으로 보고되어 11월에는 미 법무부에 공식 수사의뢰가 이루어졌다. 이에 포드 정부는 박정희 정부에 수차례 경고를 했으나, 박정희 정부는 사태를 심각하게 인식하지 않았고, 적절한 대응조치를 강구하지 않았다. 또한 미 정보기관과 관련당국의 경고에 대해 미국 정부의 외교전담 관료들은 의례적인 노력을 기울여 이를 경고하였지만, 막상 미 공화당의 인사들이나 국무부장관들은 이를 심각하게 생각하기보다는 동맹국의 치기어린 행동으로 동정적으로 이해하려 하였다.[146]

---

145) 미하원 국제관계위원회 국제기구 소위원회 저, 한·미관계위원회 역, 앞의 글, pp.76~77.

146) 김용직, "인권분쟁과 한·미동맹의 위기, 1974~1979", 한국정치학회, 고려대학교 평화연구소 주최,

1973년 8월 8일, 김대중이 도쿄에서 납치된 사건은 한국 인권운동의 신호탄이 되었다. 이후 동년 10월부터 서울대학교의 시위로부터 시작된 유신반대운동은 동년 12월, 함석헌(咸錫憲, 1901～1989), 천관우(千寬宇), 장준하(張俊河, 1918～1975) 등의 헌법개정청원운동으로 1백만 서명운동으로 전개되었고, 박정희 정부는 이를 저지하기 위해 1974년 1월 8일, 긴급조치 제1호[147]와 비상군법회의 설치를 규정한 2호를 선포하였다. 또한 동년 4월에 전국민주청년학생총연맹(이하 민청학련)에 의한 유신반대 시위가 발생하자, 박정희 정부는 다시 동년 4월 3일, 긴급조치 4호를 발동하여 주모자들에게 강력한 처벌과 탄압으로 대응하였다.

박정희 정부의 민주화운동 탄압이 지속되자, 1974년 5월부터 미국의 지한파 인권주의자들은 박정희 정부의 인권탄압에 대해 공개적으로 비판하기 시작하였다. 특히 미 하원의 프레이저(Donald M. Fraser, 1924～) 의원은 미 하원 국제관계위원회 소위원회 위원장을 맡아 한국 인권 관련 청문회를 개최하였고, 박정희 정부의 인권탄압 상황에 우려를 표명하였다. 이러한 미 의회의 인권청문회에 대해 박정희 정부는 한국의 실정을 잘 알지 못하면서 타국의 내정에 부당하게 간섭하는 사례라 반발하였다.[148] 포드 정부도 미 의회가

『박정희 시대의 한국: 국가 · 시민사회 · 동맹체제』, 한국정치사 기획학술회의(2000. 4. 7.～8), p.12.

147) 긴급조치 제1호 내용은 다음과 같다. ① 대한민국 헌법을 부정 반대 왜곡 또는 비방하는 일절의 행위를 금한다. ② 대한민국 헌법의 개정 또는 폐지를 주장 발의 제안 또는 청원하는 일절의 행위를 금한다. ③ 유언비어를 날조 유포하는 일절의 행위를 금한다. ④ 전 ①, ②, ③호에서 금한 행위를 권유, 선동, 선전하거나 방송, 보도, 출판, 기타 방법으로 이를 타인에게 알리는 일절의 언동을 금한다. ⑤ 이 조치를 위반한 자와 이 조치를 비방한 자는 법관의 영장 없이 체포, 구속, 수색하며 15년 이하의 징역에 처한다. 이 경우에는 15년 이하의 자격 정지를 병과할 수 있다. ⑥ 이 조치를 위반한 자와 이 조치를 비방하는 자는 비상 군법 회의에서 심판 처단한다. ⑦ 이 조치는 1974년 1월 8일 17시부터 시행한다.

148) 김정렴, 앞의 책, p.208.

주도하는 청문회에 대해 공개적인 반대를 표명하지는 못했지만, 대체적으로 한국의 안보적 상황에 대한 고려가 독립적으로 이루어져야 한다고 간주하였다. 포드 정부는 미 의회의 분위기와는 달리 동맹국인 박정희 정부에 대하여 인권문제보다는 안보에 더욱 중점을 두는 입장을 보였다.

1974년 11월, 포드 대통령의 방한 일정이 공개되자, 많은 인사들이 한국 방문을 반대하거나 방한 시 인권문제를 거론할 것을 요청하는 서신을 보냈다. 그러나 실제 방한 시 포드 대통령은 반체제 지식인들을 면접하지 않았고, 오히려 한국의 안보에 대한 지원의 입장을 밝혔으며, 인권문제에 대해서는 함구하였다. 하지만 박정희 정부의 인권탄압은 점차 강도를 더해 가고 있었다. 특히 1975년 4월 30일, 남베트남이 붕괴되어, 베트남이 공산화되자, 박정희 정부는 모든 반체제인사들은 공산주의자들과 동일하게 인식했고, 급기야 동년 5월 13일에는 긴급조치 제9호를 발표함으로써 더욱 강경한 위기관리방식을 고수하였다.[149]

박정희 정부는 워터게이트 사건이후 미 의회에 대한 위상을 새롭게 인식하였다. 특히 워터게이트 사건으로 닉슨이 결국 대통령직에서 물러나자, 박정희 정부는 1974년 12월, 대미의회활동 세부계획을 수립하였다. 이 계획에 따라 박정희 정부는 미 의회 의원들의 정치적 성향과 한국에 대한 태도에 따라 의원들을 친한파를 A등급으로 하여 순차적으로 B, C, D, E 등급으로 분류하였다. 그리고 이러한 분류에 따라 A등급의 인원들을 점진적으로 확대해나가기 위해 다음과 같은 세부 활동계획을 수립하였다. 첫째, 미 의회 의원들

---

149) 김용직, 앞의 글, p.14.

을 한국에 초청하여 한국의 안보현실이나 정치현실을 올바르게 인식하도록 한다. 둘째, 한국의 발전에 기여한 미 의원들에 대한 유공훈장, 감사장, 혹은 명예박사학위 등을 수여하여, 이 의원들과의 관계를 돈독히 한다. 셋째, 한미 양국정부 및 의회 간에 매개역할을 담당할 기구를 설립한다. 넷째, 주미 한국 대사관의 대의회 활동체계를 강화한다. 다섯째, 미 의회 사정에 밝은 전직 의원을 주한 미국 대사관의 의회자문관으로 고용하여 문제발생 시 구체적인 해결방법에 대한 자문을 제공하도록 한다. 여섯째, 재미교포 및 학자들을 활용하여 거주지 출신의원들을 친한적으로 만든다. 일곱째, 미국 각 지역에 있는 명예영사들로 하여금 지역출신 상하의원들과 접촉케 하여 한국에 대한 이해와 협조를 부탁한다.[150]

대미 의회활동 세부계획에 따라 박정히 정부는 1975년 3월 6일, 제1차 미 의원 25명의 방한계획의 실행에 착수하였다. 박정희 정부는 이들 1차 방한 추진 대상의원들 중 18명에 대해서는 각 학교에서 명예박사학위를 수여하도록 결정하고 대상의원들의 의견을 수렴하였다. 실례로 고려대는 맨스필드(Michael J. Mansfield, 1903~2001), 스콧(Hugh D. Scott, Jr, 1900~1994), 버드(Robert C. Byrd, 1917~2010) 상원의원에게 명예박사학위를 수여하였고, 나머지 15명 의원들도 서울 소재 각 대학에서 명예박사학위를 수여받았다.[151] 박정희 정부는 이러한 대미 의회로비활동을 통해 미 의회 내에서 한국의 인권상황을 문제시하는 의원을 최소화할 수 있었다.[152]

---

150) "대의회 활동 세부계획(1974.12)", 『대미국 의회활동 계획 및 보고, 1974~75』, pp.39~70, MF, C-0081(7871), 외교통상부 외교사료관.

151) "방한추진 대상의원에 대한 명예 박사학위 수여", 『대미국 의회활동 계획 및 보고, 1974~75』, pp.158~159, MF, C-0081(7871), 외교통상부 외교사료관.

포드 정부도 한국의 특수성을 비교적 공감하여 한국의 인권문제에 대해 깊이 관여하지 않았다. 이는 유신체제로의 전환 때도 마찬가지였다. 닉슨 정부는 내정간섭이라는 오해를 받지 않기 위해 박정희 정부의 유신체제를 묵인하였다. 그리고 이는 포드 정부에서도 지속되었다. 실제 키신저 미 국무부장관은 1976년 4월 14일, 미 상원 세출위 대외활동소위에서 동맹국의 인권문제에 대해 다음과 같이 증언하였다. 첫째, 미국 정부는 우방국 및 동맹국의 국내적 조치가 미국의 가치에서 벗어나지 않도록 영향력을 발휘하고 있지만, 이러한 국가들의 안보문제가 지정학적 위치에서 야기된다는 점을 고려할 때, 인권문제에 대한 미국의 영향력은 제한될 수밖에 없다. 둘째, 북한의 성공적인 대남적화활동이 일본의 안보정책에 심대한 영향을 미친다는 맥락에서 볼 때, 한국의 인권문제에 대한 미국 정부의 선택은 제한적일 수밖에 없다는 것이다.[153] 더군다나 1976년 8월 18일, 북한의 판문점 도끼만행사건은 미국 정부와 미 의회에 북한의 도발이 얼마나 심각한지를 일깨우고 대한공약을 확고히 하는 계기가 되었다. 닉슨 및 포드 정부시기 미 의회 내에서 한국의 인권문제에 대한 비판의 목소리는 소수에 지나지 않았으나, 박정희 정부의 유신체제가 강화되면서 미 의회 내에서 박정희 정부의 인권탄압을 제기하는 의원은 점차 증가하였다.

---

152) 박승호, 앞의 글, pp.345~346.

153) "착신전보(USW-04252)", 『미국의회 한국관계 청문회, 1975. 전5권(V.5 상원)』, p.73, MF, C-06-0095(9102), 외교통상부 외교사료관.

3) 코리아게이트 사건 발생과 갈등의 증폭

한미 간의 본격적인 인권문제 갈등은 1976년 10월 24일, 워싱턴 포스트지가 1면 머리기사로 박정희 대통령의 지시로 박동선과 한국의 중앙정보부 등이 미국 의원과 공직자들에게 친한 분위기를 조성하기 위해 1970년대 들어 매년 50만 달러에서 1백만 달러에 이르는 현금을 포함한 뇌물을 뿌렸다고 미 법무부 및 정보관련 소식통을 인용하여 보도한 코리아게이트 사건이 공론화되면서부터였다. 또한 워싱턴포스트지는 20여 명의 전·현직 의원이 연방조사 기관의 조사대상에 올라 있으며, 뇌물을 받은 것으로 확인된 3명의 전직의원과 한 명의 현직의원의 사진을 실었다.[154]

뉴욕타임즈지는 미 법무부의 소식통을 인용하여, 저어도 90명의 의원이 연루되어 있다는 보도와 함께 이 같은 명단은 1973년 12월, 박동선이 미국으로 들어오다 세관검사에서 발견되었다고 보도하였다. 그리고 이러한 로비는 박정희 대통령의 지시로 1971년부터 이루어진 것이며 그러한 증거는 미 정보기관이 청와대를 도청하여 확인한 것이라고 밝혔다. 박동선의 활동은 그의 조지타운 클럽이라는 개인 사교클럽을 중심으로 벌어졌는데, 포드 대통령 내외, 부통령, 대법관 각료 등이 무료회원으로 되어 있으며 칼 알버트(Carl B. Albert, 1908~2000) 하원의장의 여비서인 한국인 수지 박이라는 요인도 로비에 박동선과 연계되어 있다는 제2탄을 터뜨렸다.[155]

이 사건은 코리아게이트라는 별칭이 붙으면서 근 2년 동안 미

---

154) *Washington Post*, October 24, 1976.
155) *New York Times*, October 28, 1976.

의회와 언론을 회오리 속에 빠뜨렸다. 포드 정부의 1차적 관심은 로비를 받은 미 정치인들이 누구이며, 어떠한 처벌을 받느냐에 집중되었다. 당연히 로비를 한 박정희 정부도 부분적이나마 조사의 대상이 되었다. 하지만 상대는 주권국가인 한국 정부로 미국의 의사대로 조사가 진행되기에는 많은 제한사항이 있었다.

코리아게이트 사건은 일단 신문을 통해 공개된 후 계속 후속기사가 법무부 소식통을 인용하여 흘러나왔다. 뉴욕타임즈지는 한국 정부가 많은 미 의원들을 한국에 초청하여 향응을 베풀고, 선거자금을 지원하고 명예박사 학위를 주는 등 1971년부터 5년 동안 꾸준히 로비를 벌여왔으며 이 로비의 영향으로 1976년 1월, 한국의 군원삭감안이 241대 159로 부결되었으며 한국 쪽에 표를 던진 241명 중 60명은 한국의 로비스트로부터 혜택을 입었다는 것이다. 또한 이 신문은 미 의회에서 친한파로 알려진 하원 외무의의 자브로키(Clement J. Zablocki, 1912~1983), 브룸필드(William S. Broomfield, 1922~), 더윈스키(Edward J. Derwinski, 1926~) 의원 등이 박정희 정부로부터 집중적인 혜택을 받았고, 알버트 하원의장은 그의 한국계 여비서이자 한국 중앙정보부의 끄나풀인 수지 박에 의해 향응을 받았으며, 미 하원 다수당대표인 오넬(Thomas P. O'neill, 1912~1994)도 박동선이 두 번씩 생일파티를 베풀었다고 보도하였다.[156]

파문이 점차 확대되어 가자 미 의회는 신뢰회복을 위해 자구책을 강구하기 시작하였다. 하원윤리위에서는 1977년 1월, 워터게이트 때 특별검사보를 맡았던 라코바라(Philip Lacovara)를 특별고문으로 채용하여 본격적인 조사에 착수하였다. 그리고 이와는 별도로

---

156) *New York Times*, December 6, 1976.

하원 외무위내 국제기구소위에서 이미 인권문제로 인해 한국 중앙
정보부의 미국 내 활동에 대해서 조사를 벌이고 있던 프레이저 위
원장은 외교적인 측면에서 한국의 로비문제를 전반적으로 다룰 수
있는 권한을 외무위로부터 부여받았다. 이를 통해 프레이저 위원장
은 미 의원들의 비리를 징계하기 위한 윤리위의 차원이 아니라 로
비와 관련한 한미관계 전반을 다룰 수 있는 권한을 부여받은 것이
었다.[157]

　박정희 정부는 애초부터 이 사건이 한국 정부와는 관계없는 일
이며 박동선이 개인사업을 위해 벌인 로비라는 입장을 취하였다.
특히 미국 신문들에 보도된 바와 같이 이러한 로비가 박정희 대통
령의 지시로 이루어졌다는 보도에 대해서는 더욱 강력히 부인하였
다. 그리고 한국 정부의 개입사실이 미 정보기관의 청와대 도청을
통해 얻은 증거를 바탕으로 하고 있다는 미국 신문들의 보도는 박
정희 정부를 더욱 긴장시켰다. 미국의 청와대 도청문제는 로비사건
과 연계된 양국 간의 또 하나의 갈등의 불씨였다.

　미 의회 및 미 법무부가 박정희 정부의 대미 로비를 불법행위라
고 수사하면서 증거로 제시한 미 정보기관의 청와대 도청은 명백
한 주권침해였다. 그리고 박정희 정부의 로비관련을 증명하기 위해
서는 도청자료를 근거로 내세워야 하는데 이를 내세울 경우에는
미국이 한국의 주권을 침해한 불법을 저질렀다는 것을 인정하고
들어가는 것이었다. 결국 박정희 정부가 불법로비를 한 만큼 미국
정부도 결정적인 약점을 가지고 있었기에 사건해결은 점차 난국으
로 치닫고 있었다. 특히 박정희 정부는 1976년 11월, 대통령선거에

---

157) 문창극, 『한미 갈등의 해부』(서울: 나남, 1994), pp.250~251.

서 승리한 카터(Jimmy Carter, 1924~) 후보가 과거 어느 대통령보다 도덕성에 기반한 인권을 중시한다는 것을 인식하고, 카터 정부가 공식적으로 등장하는 1977년 1월 20일 이전까지 이를 외교적으로 조용히 마무리하고자 하였다. 이에 함병춘(咸秉春, 1932~1983) 주미 한국 대사는 한국이 미국 의원들을 한국에 초청한 것은 한국의 현실을 알리기 위한 것이었고, 이들을 환대한 것이 지나치다는 비판이 있을 수는 있어도 이는 한국의 수천 년 내려오는 미덕이라고 해명하면서 양국의 국익을 위해서 이 문제를 빨리 매듭지어야 한다고 밝히기도 하였다.[158]

포드 정부 말기에 폭로된 코리아게이트는 미 정부 및 의회에 대한 미 국민들의 불신을 증폭시켰다. 그리고 이는 한 달도 채 안 남은 대통령선거에 중요한 영향을 미쳤다. 더군다나 베트남전쟁의 장기화에 따른 반전여론과 대규모 군사원조에 의한 경제불황으로 미 국민들은 기존 공화당 정부를 더 이상 신뢰하지 않았으며 참신한 인물을 원하였다. 그리고 그러한 미 국민들의 정서에 부합되는 인물이 바로 정치 신인 카터였던 것이다. 당시 주지사 경력 외에 정치경력이 미천한 카터의 약점은 오히려 미 국민들에게는 신선한 의미에서 순식간에 장점으로 전환되었고, 기존의 부패한 정부 대신 도덕성과 인권 등 미국의 근본적 가치를 강조하던 카터는 미 국민들의 지지를 획득하여 마침내 대통령에 당선된 것이다.

카터 대통령의 당선은 포드 정부 말기에 불거진 코리아게이트 사건으로 인해 야기될 한미 양국 간의 심각한 갈등의 시작을 예고하는 예고편이었다. 1972년 10월 이후 박정희 정부의 권위주의 체

---

158) *New York Times*, December 29, 1976.

제 강화와 미국의 반발, 그리고 미국의 반발을 무마시키기 위해 시작한 대미 로비의 폭로는 코리아게이트로 인해 양국 간에 공식적인 외교문제로 비화되었고, 박정희 정부와 비교적 우호관계를 유지하던 포드 정부의 퇴진과 인권과 도덕성을 강조하는 카터 정부의 등장은 한미동맹에 있어서 그 이전과는 다른 새로운 정치갈등을 예고하는 사건이었다.

3. 주한미군 철수와 자주국방 추진

1) 주한미군 부분철수 추진

1968년 1·21사태로 촉발된 북한의 군사도발은 박정희 정부의 안보불안감을 증폭시켰다. 하지만 북한의 군사위협에 대해 존슨 정부는 박정희 정부와 생각을 달리하고 있었다. 존슨 정부는 박정희 정부의 경제개발정책이 어느 정도 가시적인 성과가 있었다고 판단하였다. 그래서 박정희 대통령 집권하의 한국 정부가 과거 6·25전쟁 직전의 이승만 대통령 집권하의 한국 정부와는 많이 다르다고 생각하였고, 나아가 한국의 급격한 경제성장으로 인해 한국의 자주국방능력은 매우 향상되었다고 판단하였다. 따라서 1968년 북한의 군사도발 증가에도 불구하고, 북한의 전면전 감행 가능성이 크지 않을 뿐만 아니라, 설령 북한이 도발을 자행한다 할지라도, 미군의 대규모 지원 없이도 한국군은 북한군의 남침을 저지할 수 있으리라 판단하였다. 더군다나 존슨 정부는 한국의 지상군이 북한 지상군보다 수적인 면에서 우세하다고 판단하였기 때문에 남베트남에 파병되어 있는 한국군 2개 사단이 조만간 복귀하면, 주한미군 2개 사단은 이들 사단으로 대체할 수 있을 것으로 판단하였다. 뿐만 아니라 존슨 정부는 미군의 공군력 지원만으로 충분히 한국군이 북한의 도발을 저지할 수 있을 것으로 인식하였다.[159]

존슨 정부는 한국의 안보상황이 과거와는 다른 상황에 직면해 있음을 인식하고, 대한정책에 대한 변화가 필요하다고 판단하여 다음과 같은 단계별 대한정책을 수립하였다.[160] 첫째, 1970년 회계연도에는 한국군 1개 사단을 남베트남에서 한국에 복귀시키고 보급 지원을 감소시킨다. 둘째, 1971년 회계연도에는 나머지 한국군을 복귀시키고 군사원조 이관의 재개가 가능하도록 한다. 셋째, 1972년 회계연도에는 개발차관과 군사예산지원을 감소시키고 군원을 차관으로 전환시킨다. 그리고 미 2사단을 한국에서 철수시키고, 유엔사는 전시작전통제권을 제외한 권한을 한국에 이양한다. 넷째, 1973년 회계연도에는 PL 480(잉여 농산물 원조)의 현지화 판매를 달러화 판매로 전환한다. 그리고 미 7사단을 한국에서 철수시킨다. 다섯째, 1974년 회계연도에는 PL 480 항목Ⅱ(지방개발)에 대한 지원을 종료한다. 여섯째, 1975년 회계연도에는 한국군의 현대화를 종료한다.

존슨 정부는 북한의 군사적 도발이 증가하였으나, 박정희 정부의

---

159) 박승호, 앞의 글, pp.127~128.

160) Memorandum of Conversation, "Korea", Washington, November 20, 1968, DEF 19-8 US-KOR S. Secret, Central Files 1967~69, RG 59, National Archives and Records Administration.

급격한 경제성장으로 북한의 도발을 충분히 감당할 수 있을 것이라 판단하였다. 그리고 이를 토대로 존슨 정부는 한국의 자체방위력을 향상시키고, 점진적으로 주한미군을 감축하는 방안을 모색하였다. 그러나 존슨 정부의 임기가 얼마 남지 않은 시점에서 무리한 정책 추진은 차기 정부에 부담이 될 것으로 우려하여, 무리하게 추진하기보다는 자연스럽게 정책을 차기 닉슨 정부로 인계하기로 결정하였다. 결과적으로 존슨 정부 말기의 주한미군 주둔정책은 닉슨 정부의 주한미군 감축정책과 일맥상통하는 내용이었다.

1969년 1월, 닉슨 정부는 출범과 함께 대외정책을 새롭게 수정하였다. 그리고 그 시발점은 앞에서 언급한 바와 같이 닉슨독트린으로부터 시작되었다. 닉슨독트린 발표 직후인 1969년 8월 1일, 한국을 방문한 로저스(William P. Rogers, 1913~2001) 미 국무부장관은 박정희 대통령과의 면담에서 "미국이 앞으로 아시아 문제에 직접 병력을 투입하여 개입하지 않을 것이라는 것을 설득 강조하려하고 있으나, 한국의 경우는 이와 다르다"며 한국은 닉슨독트린에서 예외가 될 것임을 분명히 하였다.[161] 또한 1969년 8월 21일, 미국 샌프란시스코(San Francisco)에서 실시한 한미정상회담에서 닉슨 대통령은 북한의 도발행위가 지속되는 한, 주한미군을 철수할 계획은 가지고 있지 않다고 박정희 대통령에게 약속하였다. 그러나 닉슨 대통령의 약속에도 불구하고, 박정희 대통령은 과거 북한의 도발행위에 대한 미국의 이중적 대응조치를 근거로 미국 정부를 완전히 신뢰하지는 않았다. 그럼에도 불구하고 닉슨 정부의 고위인사

---

161) "로저스 미국 국무장관 면접요지(단독회견, 1969.8.1)", 『Rogers, William P. 미국 국무장관 방한, 1969.7.31.~8.1』, pp.135~139, MF, C-0035(3042), 외교통상부 외교사료관.

들은 기회 있을 때마다 주한미군의 철수문제에 대해 부정적 입장을 피력하였다.[162] 하지만 그 이후부터 박정희 대통령은 여러 차례 미국의 정책 변화에 대응한 자립방안 강구를 언급하였다.[163]

닉슨 대통령은 한미정상회담에서 박정희 대통령에게 약속한 것과는 달리 이미 내부적으로는 주한미군 철수를 검토 중이었다. 닉슨 대통령은 취임 직후인 1969년 2월 22일, 국가안보연구각서(NSSM: National Security Study Memorandum)-27을 통해 키신저 미 국가안보보좌관에게 주한미군의 단계적 감축을 주요 내용으로 존슨 정부에서 진행되어 왔던 대한안보정책 연구[164]를 지속하도록 지시하였다.[165] 그리고 그 과정에서 1969년 10월 9일, UPI(United Press Information) 통신은 레어드 미 국방부장관의 비밀발언을 공개함으로써 많은 파장을 불러일으켰다. UPI 통신에 따르면 그는

---

162) 1969년 10월 28일, 포터 주한 미 대사는 최규하(崔圭夏, 1919~2006) 외무부장관과의 면담에서 "최근 일부 신문에 주한미군 감군문제가 보도되고 있는바 미국 정부로서는 이러한 계획이 없으며, 만약 그러한 감군에 대한 미국 정부의 움직임이 있다면 한국 정부와 사전에 협의토록 할 것이고, 신문에 먼저 내거나 하는 일은 없을 것이다"라고 단언하였고, 하루 뒤인 10월 29일, 레어드 미 국방부장관은 307개 소의 미군 기지를 폐쇄함에 있어 한국은 그 대상에서 제외된다고 언명하였다. "주한미국 포터 대사와의 면담(1969.10.28)", 『주한미군 감축관계 발언 및 언론보도, 1969』, pp.106~108, MF, G-0012(3104), 외교통상부 외교사료관; "주한미군 철수설의 사실 여부", 『한국안보에 관한 한·미 간의 협의(국군 현대화 5개년 계획 및 주한미군 감축) 1970~71. 전8권(V.6 주한미군 감축관계 발언 및 언론보도, 1970.1.~6)』, p.104, MF, G-0020(4314), 외교통상부 외교사료관.

163) 마상윤, "안보와 민주주의, 그리고 박정희의 길: 유신체제 수립원인 재고", 『국제정치논총』, 제43집 4호 (2003), pp.177~178.

164) 존슨 정부 시절 미 국무부는 1968년 12월 23일, '미국의 대한정책 검토보고서'를 작성하였는데, 이 보고서는 미국의 대한정책 수립에 있어 현재 미국의 2개 사단이 한국에 고정되어 다른 지역에서의 사용이 제한되므로 비용측면에서 상당한 지출을 유발함과 동시에 현재의 방위태세는 한반도 유사시에 미국의 선택의 폭을 제한한다고 언급하였다. 또한 몇 년 후 남베트남에 파병되었던 한국군이 철수하게 되면 한미 양국은 어떤 군 구조를 선택할 것인지를 고려하여 주한미군을 한국군이 어느 정도 대체할 수 있을지, 주한미군의 철수가 미칠 영향에 대한 심도 깊은 연구가 필요함을 강조하였다. National Archives and Records Administration, Memorandum From the Under Secretary of State (Katzenbach) to President Johnson "Review of United States Policy toward Korea: Status Review", Washington D.C. DECEMBER 23, 1968, POL 1 KOR S-US, Secret, Central Files 1967~69, RG 59.

165) NSSM 27, "Interagency Planning-Programming-Budgeting Study for Korea", Feb 22, 1969, folder: NSSM 27 2of2, box H-139, NSC H-files NPM, NA Ⅱ.

1969년 6월, 미 하원 세출소위원회 비공개회의에서 "우리는 가능한 한 빨리 주한미군을 감축할 수 있기를 희망한다. 또한 나는 지금 이 시기에 주한미군 1개 사단이 철수할 수 있을 것이라고는 말하고 싶지 않다. 이것은 현재 검토 중에 있는 문제이다"고 말했다는 것이다.[166] 이러한 보도에 박정희 정부는 큰 충격을 받았다. 무엇보다 이러한 레어드 미 국방부장관의 발언은 1969년 8월 21일, 한미정상회담에서 발표된 내용과는 반대되고, 더욱이 유엔총회에서 소련을 포함한 공산진영에서 주한미군 철수를 주장하고 있는 시기에 공개되었다는 점에서 박정희 정부에 주는 충격은 클 수밖에 없었다. 이에 미 국무부 대변인은 10월 14일, 기자회견을 통해 이 문제는 정례적으로 검토되고 있는 문제 가운데 하나일 뿐 가까운 장래에 주한미군을 철수할 계획이 없다고 천명하기까지 하였다. 그럼에도 불구하고 한국 내 언론에서는 도쿄 UPI의 보도를 인용해 미 국방부가 한국군에 10억 달러 이상의 군사원조를 제공한 다음 주한미군 5만 명을 철수시킬 것을 고려하고 있다고 보도하였다.[167]

1970년 1월에는 레어드 미 국방부장관이 김동조(金東祚, 1918～2004) 주미 한국 대사에게 미국이 주한미군 병력의 일부 철수를 고려 중이라고 언급하기도 하였다.[168] 이에 박정희 정부는 1970년 2월부터 정일권 국무총리를 위원장으로 하는 특별대책위원회를 구성하여 주한미군 철수에 대비한 정부 차원의 정기적인 회의를 실

---

166) "U.S. Forces Cut Soon in Korea Desirable: Laird(UPI, 1969.10.9)", 『주한미군 감축관계 발언 및 언론보도, 1969』, pp.18～26, MF, G—0012(3104), 외교통상부 외교사료관.

167) "국군장비 10억 달러 원조 후 주한미군 감축고려(한국일보, 1969.10.15)", 『주한미군 감축관계 발언 및 언론보도, 1969』, p.73, MF, G—0012(3104), 외교통상부 외교사료관.

168) 김동조, 『냉전시대의 우리 외교』(서울: 문화일보사, 2000), pp.241～242.

시하였다. 그리고 이 회의를 통해 박정희 정부는 주한미군의 철수에 강력히 반발하면서도, 다른 한편으로는 미국의 확고한 의지를 확인하고 주한미군 철수에 대한 보상으로 한국군 현대화 및 미국의 대한 군비지원을 연계시키기로 대응책을 정리하였다.

주한미군 감축과 관련하여 닉슨 정부는 마침내 1970년 3월 20일, 국가안보결의각서(NSDM: National Security Decision Memorandum, 이하 NSDM)-48을 통해 주한미군 1개 사단의 철수를 결정하였다. NSDM-48은 주한미군 1개 사단, 2만 명을 감축하되, 감축을 위한 4가지의 조건을 달았다. 그 4가지 조건은 다음과 같았다. 첫째, 박정희 대통령에게 이 결정을 통보하되, 철수의 시기와 조건은 그와 협의하며, 이러한 감축이 박정희 대통령의 주도로 이루어진 것처럼 한다. 둘째, 닉슨 정부는 미 의회에 한국군 현대화계획을 위한 법안을 제출한다. 이 법안은 1971년부터 1975년까지 향후 5년간 매년 2억 달러 수준의 군사원조와 미 공법 480조를 통한 1년 또는 그 이상 경제원조를 5천만 달러 더 늘리고 한국군이 남베트남에서 돌아올 때까지 더 이상 감축을 하지 않는다는 것을 보장한다. 셋째, 미 국무부와 국방부는 원조증액을 위해 미 의회와 협의하고, 특히 미 국방부는 감축의 시행 및 나머지 미군을 휴전선 밖으로 재배치하는 계획을 마련한다. 넷째, 한국에서의 미국의 위치에 관한 장기계획을 마련한다.[169]

NSDM-48이 결정된 지 1주일 후인 1970년 3월 27일, 포터 주한 미 대사는 이 사실을 박정희 대통령에게 통보하였다. 이 자리에서

---

169) U.S. House of Representatives, *Investigation of Korean–American Relations* (Washington: U.S. Government Printing Office, 1978), p.62.

포터 주한 미 대사는 미국 정부가 1971년 회계연도에 주한미군 6만 명 중에 약 2만 명을 감축할 계획을 검토하고 있음을 전달하였다. 뿐만 아니라 이와 관련하여 그는 한국군을 현재보다 월등하게 강화시킬 필요가 있음을 감안하여 한국군의 장비 현대화를 위한 장기적인 계획이 수립되어야 하고, 이를 집행하기 위하여 미 의회의 승인을 받아야 하기 때문에 미국 정부는 이 계획을 미 의회에 제출할 용의가 있음을 밝혔다. 그리고 그는 만약 박정희 대통령이 이러한 미국 정부의 구상을 수락한다면 마이켈리스(John H. Michaelis, 1912~1985) 주한미군사령관이 한국군 현대화와 강화를 위한 계획수립에 착수할 것이며, 동계획을 집행하기 위해 필요한 예산안을 미 의회에 제출할 것이라고 언급하였다.[170] 주한미군 철수계획을 통보받은 박정희 대통령은 사전 특별대책반에서 수립한 대응전략에 따라 닉슨 정부와의 철수협의를 거부하는 한편, 선결조건으로서 조속한 한국군 현대화를 위한 미국의 지원을 강조하였다.

박정희 대통령은 이러한 상황에서 1970년 4월 20일자 친서를 통해 현 시점에서 공산주의자들의 침략을 억제하기 위해서는 최소한 현 수준의 주한미군의 주둔이 필수적임을 역설하고, 주한미군의 감축이 북한으로 하여금 결정적인 시기가 도래했다는 오인을 불러일으킬 수 있다고 지적하였다. 또한 북한의 위협에도 불구하고 한국 정부가 상당수의 병력을 남베트남에 파병하기로 결정한 것은 주한미군의 현상유지를 전제로 한 것이었다고 밝혔다.[171]

---

170) "대통령 각하와 포터 주한 미 대사와의 면담록(1970.4.21)", 『한국안보에 관한 한·미 간의 협의(국군 현대화 5개년 계획 및 주한미군의 감축) 1970~71. 전8권(V.1 기본문서. 1970.4.~8)』, pp.64~65, MF, G-0020(4308), 외교통상부 외교사료관.

171) "대통령 각하의 닉슨 대통령 앞 친서전달(1970.4.20)", 『한국안보에 관한 한·미 간의 협의(국군 현

닉슨 대통령은 1970년 5월 26일에 박정희 대통령의 친서에 대한 답신을 보냈다. 답신을 통해 그는 주한미군 2만 명을 철수하더라도 한국에 대한 안보공약에는 변함이 없고, 이에 대한 보장책으로 1971년부터 1975년까지 한국군의 현대화를 위해 대규모 군원을 제공할 계획임을 밝혔다. 이 답신의 주요 내용은 다음과 같았다. 첫째, 1969년 8월, 박정희 대통령의 방미 시에 미국의 대한안보공약은 재확인되었다. 둘째, 미국은 동맹국의 능력과 힘이 증가함에 따라 동맹국이 자국을 방위하는 데 소요되는 병력에 대한 더 많은 기여를 하기를 기대한다. 셋째, 과거 수년 동안 한국의 괄목할 만할 경제·군사적 성장은 북한을 초라하게 만들었다. 이러한 경제·군사적 성장에도 불구하고 주한미군의 수는 과거와 변함이 없다. 넷째, 미국은 1949년처럼 전 주한미군을 철수하는 것을 제안하는 것이 아니라, 현재 주둔하고 있는 주한미군의 1/3보다 적은 2만 명의 철수를 제안하는 것이다. 잔여병력 4만여 명은 상당한 군사력을 제공할 뿐만 아니라 한국에 대한 방위공약의 증거이기도 하다. 다섯째, 미국은 군원을 축소해나가고 있는 추세이지만 한국군의 현대화를 위해 1971년부터 1975년까지 대규모 군원을 제공할 것을 미 의회에 제안하고자 한다. 여섯째, 미국 정부는 한국군의 현대화를 가능한 한 빨리 진행하기 위해 지원목록을 탐색하고 있고, 이러한 계획을 미 의회에 설명할 계획이다. 이와 관련해 한국이 자체방위를 위해 좀 더 많은 방위부담을 책임질 준비가 되어 있음을 주도적으로 보여주는 것이 한국군의 현대화의 지원에 대한 미 의회와 미 국

대화 5개년 계획 및 주한미군 감축) 1970~71. 전8권(V.1 기본문서, 1970.4.~8)』, pp.7~12, MF, G-0020(4308), 외교통상부 외교사료관.

민의 지지를 높일 것이다.[172]

　박정희 대통령은 1970년 6월 15일, 닉슨 대통령에게 다시 한 번 친서를 보내 한국의 입장을 간곡하게 표명하였다. 친서의 주요 핵심내용은 다음과 같았다. 첫째, 1970년대 상반기, 특히 향후 2, 3년은 가장 위험한 시기이므로 주한미군의 감축으로 인한 대북 억제력과 방위력이 약화되지 않도록 한국군의 강화조치가 선행되어야 한다. 둘째, 주한미군 철수문제에 대한 한국군 현대화계획은 '한국군 증강목표계획'과 '대간첩작전 장비개선계획'을 통합해서 작성되었으며, 마이켈리스 주한미군사령관을 통해서 미국 정부에 제시되었다. 셋째, 주한미군의 감축규모와 시기가 협의되어야 하며, 미국의 전략적인 해·공군력의 한국지역 배치 강화가 고려되어야 한다. 넷째, 유사시 미국이 지상부대의 증파를 포함해 신속한 대응조치를 위한 결의를 재확인하고, 이를 잠재적 침략자들에게 엄중히 경고하여야 한다. 다섯째, 미국의 군사·경제·외교적인 사전 보완조치가 확실하게 이루어진다면 1975년 말까지 주한미군의 감축이 불가하다는 한국 정부의 입장에는 융통성이 있을 수 있다. 여섯째, 양국 정부 간의 긴밀한 협조와 충분한 사전협의에 의하여 상호 합의할 수 있는 해결방안이 나오길 희망한다.[173] 박정희 정부는 더 이상 주한미군의 부분 철수를 저지하는 것은 불가능하다는 판단 아래, 주한미군 철수를 기정사실화한 가운데, 최대한 한국 정부에 유리한

---

172) "The Letter from President Nixon to President Park(May 26, 1970)", 『한국안보에 관한 한·미간의 협의(국군 현대화 5개년 계획 및 주한미군 감축) 1970~71. 전8권(V.1 기본문서, 1970.4.~8)』, pp.86~88, MF, G-0020(4308), 외교통상부 외교사료관.

173) "닉슨 대통령 앞 친서(1970.6.15)", 『한국안보에 관한 한·미간의 협의(국군 현대화 5개년 계획 및 주한미군 감축) 1970~71. 전8권(V.1 기본문서, 1970.4.~8)』, pp.102~107, MF, G-0020(4308), 외교통상부 외교사료관.

협상 체결을 위해 노력하였다.

닉슨 대통령은 1970년 7월 7일에 다시 박정희 대통령의 친서에 대한 답신을 통해 대한 안보 공약의 준수가 미국의 대아시아정책의 토대임을 천명하고 한국의 입장에 대한 공감을 포명하였다. 그리고 그는 미 의회의 승인을 전제로 한국군 현대화계획을 위해 대한군원을 증가시킬 것이며, 이를 위해서는 조속히 양국 대표가 미국의 계획과 한국군의 현대화에 대해 협상해야 함을 역설하였다.[174]

닉슨 대통령과 박정희 대통령 간의 공식 서한 이외에도 동일시기 양국 정부관료들은 수시로 빈번한 접촉을 통해 주한미군 철수 문제에 대한 논의를 지속하였으나 해결에 대한 접점을 찾을 수가 없었다. 결국 주한미군 철수와 관련하여 한미 양국이 합의점을 찾지 못하자, 닉슨 대통령은 애그뉴(Spiro T. Agnew, 1918~1996) 부통령을 대통령 특사자격으로 한국에 파견하여 주한미군 철수문제를 정치적으로 매듭짓고자 하였다. 애그뉴 부통령은 1970년 8월 24일부터 26일까지 3차에 걸쳐 박정희 대통령과 청와대에서 회담을 가졌다. 이 회담에서 가장 중요한 이슈는 주한미군 철수에 따른 한국군 보완조치의 시기문제였다. 이에 대해 박정희 대통령은 처음에는 '선보장 후감군'의 기존 입장을 고수하였지만, 애그뉴 부통령이 이를 받아들이지 않자 주한미군의 감축과 한국군 현대화를 동시에 추진하는 방안을 제시하였다. 이에 대해 미 측은 환영의 뜻을 표했다. 그리고 애그뉴 부통령은 주한미군의 감축이 미국의 대한안보공

---

174) "The Letter from President Nixon to President Park(July 7, 1970)", 『한국안보에 관한 한·미 간의 협의(국군 현대화 5개년 계획 및 주한미군 감축) 1970~71. 전8권(V.1 기본문서, 1970.4.~ 8)』, pp.25~26, MF, G-0020(4308), 외교통상부 외교사료관.

약의 포기가 아님을 강조하였고, 주한미군을 감축하는 데 상당한 조치가 병행될 것임을 언명하였다. 또한 그는 이러한 조치가 장기적인 관점에서 볼 때, 한국의 자주적인 안보에 유리할 것이라고 확신하였다.[175]

결국 양측은 한국군의 방위력을 증강하기 위한 장비현대화와 관련하여 관련 양국 정부 대표자 간의 회담을 더욱 촉진해야한다는 데 동의하였다. 그리고 박정희 대통령과 애그뉴 부통령은 주한미군 감축문제에 관한 상호의 입장을 이해한다는 전제 하에 한국의 안전보장문제와 주한미군 감축문제에 관한 조치를 동시에 추진하는 데 합의하였다.[176] 그러나 애그뉴 부통령이 대만으로 향하는 기내에서 차후 5년 이내에 주한미군은 한국에서 완전히 철수할 것이라는 발언을 한 것이 알려지면서, 박정희 대통령은 분개하였다. 그러한 발언은 청와대에서의 회담과정에서는 전혀 나오지 않았기 때문이었다. 결국 박정희 정부는 이 발언에 대한 해명을 요구하였고, 미 국무부와 백악관은 그런 계획이 없다는 종전의 입장을 확인해 줌으로써 이 사건은 일단락되었다. 그러나 이 사건으로 인해 박정희 대통령의 미국 정부에 대한 불신을 극도로 증폭되었고, 이후 박정희 대통령은 미국 정부의 대한 안보 공약을 더 이상 신뢰하지 않게 되었다.

한미 양국은 박정희 대통령과 애그뉴 부통령 간의 합의에 따라

---

175) "대통령 각하와 애그뉴 미 부통령 간의 면담요록(Ⅱ)(1970.8.25)", 『Agnew, Spiro T. 미국부통령 방한, 1970.8.24.~26. 전2권 V.1 기본문서철』, pp.186~193, MF, C-0042(3541), 외교통상부 외교사료관.

176) "착신전보(USW-08221)", 한국안보에 관한 한ㆍ미 간의 협의(국군 현대화 5개년 계획 및 주한미군 감축) 1970~71. 전8권(V.1 기본문서, 1970.4.~8)』, pp.389~390, MF, G-0020(4308), 외교통상부 외교사료관.

1970년 8월 27일부터 제1차 주한미군 감축소위원회를 개최하여 미군 감축부대 및 감축병력, 감축계획에 따른 한 측 계획, 감축부대의 장비이양문제 등에 관해 논의하기 시작하였다. 결국 여러 차례의 회의 끝에 1970년 10월 19일, 주한미군 병력 및 부대의 재배치에 관한 합의각서가 체결되었다. 각서의 주요 내용은 다음과 같았다. 첫째, 주한미군의 감축은 인가병력에서 육군 1만 8천4백 명과 공군 1만 6천 명을 포함한 2만 명이다. 둘째, 감축 후 재편성될 한미 혼성 1군단 사령부 및 미 1군단 포병사령부를 포함한 기타 부대는 한국에 잔류한다. 셋째, 혼성부대의 편성표는 한국 육군과 주한 미8군 대표가 공동으로 작성한다. 넷째, 감축되는 주한미군의 모든 부대장비와 시설은 한국군에 인계한다. 다섯째, 장차 판문점 공동경계구역 및 판문점에 이르는 연변에 배치될 미군부대는 한국군의 증원을 받고 미 육군사령부의 작전통제 하에 운영된다. 여섯째, 부대의 재배치 시 전투력의 공백이나 약화를 배제하기 위하여 전술적인 제원칙이 적용되어야 한다.[177]

박정희 정부는 주한미군 1개 사단의 철수를 기정사실화한 가운데, 기타 주한미군의 재배치와 작전통제권에 대해 미 측과 포괄적으로 합의하였다. 그리고 주한미군 1개 사단의 철수로 인해 북한이 미국의 대한안보공약을 오해하지 않도록 기존의 미 1군단을 한미 혼성 1군단으로 개편하여 한국에 계속 주둔하기로 합의하였다. 이는 주한미군의 실질적인 감축에도 불구하고, 표면적으로는 한미동맹이 더욱 강화된 것 같은 인식을 대외적으로 표방하는 합의였다.

---

177) "주한미군 병력 부대 재배치에 관한 합의각서(1970.10.10)", 『한국안보에 관한 한·미간의 협의(국군 현대화 5개년 계획 및 주한미군 감축), 1970-71. 전8권(V.4 한·미 군사실무자 회담, 1970.7-71.2)』, pp. 231-232, MF, G-0020(4311), 외교통상부 사료연구관.

〈표 3-5〉 주한미군 철수부대 및 병력

철수부대	세부구성	병력
제8군 사령부(일부)	·	220명
제8군 근무지원부대	·	222명
제1군단	본부, 제36공병단 본부, 화학·통신·헌병·부교중대	2,123명
제1군단 포병	본부, 175mm대대(1), 8인치대대(2), 관측대대(1)	1,654명
제7사단	사령부, 여단본부(3), 보병대대(5), 기갑대대(2), 전차대대(1), 포병본부, 105mm대대(3), 155mm/8인치대대(1), 어네스트 존대대(1), 비행대대, 공병대대, 지원단	11,241명
지원사령부	지원단 본부, 정비지원부대, 탄약·수송중대	1,641명
제38방포여단	호크대대	385명
제65의무단	이동외과병원(1), 의무대대본부(1), 후송중대(1)	366명
제2공병단	건설대대, 부교중대	551명
계		18,403명

출처: "주한미군 철수부대 및 병력", 『한국안보에 관한 한·미 간의 협의(국군 현대화 5개년 계획 및 주한미군 감축), 1970~71. 전8권(V.4 한·미 군사실무자 회담, 1970.7.~71.2)』, pp.168~170, MF, G-0020(4311), 외교통상부 사료연구관.

한미 양국은 여러 차례의 논의 과정을 거쳐 최종적으로 1971년 2월 6일에 한국군 현대화 및 주한미군 감축에 관한 공동성명서를 서울과 워싱턴에서 동시에 발표하였다. 공동성명의 주요 내용은 다음과 같았다. 첫째, 한국과 미국은 한국군 현대화계획과 주한미군 일부감축에 대한 만족스러운 회담을 완료하였다. 둘째, 미국은 한국군을 현대화하기 위해 장기적인 원조계획을 통하여 한국 정부를 지원할 것이다. 이를 위해 한국군 현대화계획 제1차년도분의 추가예산으로 1억 5천만 달러를 승인한 것을 만족스럽게 생각한다. 셋째, 주한미군 2만 명의 감축과 이에 따른 한국군 및 미군의 재배치에 관한 양국 정부 간의 협의 역시 긴밀한 협력 하에서 이루어졌다. 그리고 이러한 일부 감축은 1954년에 발효된 한미상호방위조약에 의거하여 한국을 무력침략으로부터 수호한다는 미국 정부의 결의에 추호도 영향을 미치지 않는 것이다. 넷째, 한국의 군사적 위협과 전반적 방위능력을 평가하기 위해 양국 정부의 외교 및 국방관계 고위관리가 참석하는 '연례안보협의회의'가 개최될 것이다.[178]

주한미군의 부분철수에 대한 합의에 따라 미 7사단은 1971년 3월 27일에 이한 고별식을 갖고 한국을 떠났다. 이에 따라 닉슨 정부는 주한미군의 재정비와 전력보강을 실시하였다. 그리고 주한미군사령부는 1971년 3월말까지 미 2사단이 담당하였던 서부전선 28.8km를 한국군에 인계하고 미 7사단이 주둔했던 동두천(東豆川)으로 재배치하였다. 이를 통해 한국군은 정전 18년 만에 휴전선 전체에 대한 방어를 담당하게 되었다. 그리고 한미 양국은 1971년 3월부터 미 7사단의 철수에 따른 편제조정작업에 착수하여 동년 7월 3일, 한미 혼성군단인 한미 1군단을 창설하였다.[179]

주한미군의 부분철수는 1971년 3월에 완료되었지만, 미 국방부의 일각에서는 추가 철수에 대한 주장이 제기되기도 하였다. 일례로 레어드 미 국방부장관은 1971년 7월 14일, 제4차 한미안보연례협의회(SCM: Security Consultative Meeting, 이하 SCM) 참석 후 가진 기자회견에서 주한미군의 추가감축 가능성을 시사하였다. 그는 1972년 6월에 종료되는 국방예산이 현 주한미군을 유지하는 것을 전제로 책정되었지만, 이것이 주한미군의 영원한 주둔을 의미하는 것은 아니라고 언급하였다. 그는 한국군 현대화의 진척상황에 따라

---

178) "한국군 현대화 및 주한미군 감축에 관한 대한민국 정부와 미합중국 정부 간의 공동성명서 (1971.2.6)", 『한국안보에 관한 한·미 간의 협의(국군 현대화 5개년 계획 및 주한미군 감축), 1970~71. 전8권(V.3 기본문서, 1971.1.~2)』, pp.251~252, MF, G-0020(4311), 외교통상부 사료연구관.

179) 국방부 군사편찬연구소, 앞의 책, pp.696~698.

주한미군의 수준에는 변화가 있을 수 있다고 전망하였다.[180]

한편 주한미군의 추가감축에 대해 미 국무부는 견해를 달리하였다. 1971년 9월 20일, 김용식(金溶植, 1913~1995) 외무부장관의 방미시 로저스 미 국무부장관은 다음과 같이 언급하였다. 첫째, 중국과의 관계개선은 우방의 이익을 해치지 않는 범위 내에서 이루어질 것이다. 둘째, 미국과 중국은 한국문제를 논의하기로 합의한 바 없으며, 한국문제에 관련된 문제는 사전에 한 측과 충분한 협의를 할 것이다. 셋째, 현재 주한미군 추가 감축계획은 없으므로 최소한 1972년 6월까지는 어떠한 추가감축도 없을 것이다. 넷째, 미국 정부는 1971년 11월 중순까지 남베트남에 주둔중인 미군을 185,000명으로 감축할 예정이며, 주남베트남 미군 철수문제에 대하여 한 측과 협의할 것이다.[181] 또한 키신저 미 국가안보보좌관도 동년 9월 28일, 김용식 외무부장관과의 면담에서 미국은 한국군 현대화에 노력을 경주할 것이고, 현재는 주한미군의 추가감축을 생각하지 않고 있으며, 미국과 중국과의 관계개선으로 한미방위체제가 영향을 받는 일은 결코 없을 것임을 분명히 하였다.[182]

닉슨 정부 내에서의 주한미군 추가감축 논의가 활발히 전개되는 가운데, 닉슨 대통령은 마침내 국무부의 의견을 수용하였다. 1971년 11월 10일, 뉴욕타임즈지는 닉슨 대통령이 1973년 여름까지 주한미군 1개 사단을 추가로 감축하자는 국방부의 계획을 거부하였다고

---

180) "LAIRD SEES GI CUTS IN KOREA", 『주한미군 감축관계 발언 및 언론보도, 1971』, pp.117~123, MF, G-0022(4328), 외교통상부 외교사료관.

181) "로저스 국무장관과의 면담(1971.9.20)", 『김용식 외무장관 미국방문, 1971.9.20.~10.4』, pp.64~67, MF, C-0047(4183), 외교통상부 외교사료관.

182) "키신저 특별보좌관의 면담(1971.9.28)", 앞의 문서철, pp.78~79.

발표하였다. 이 발표에 의하면, 주한미군 1개 사단 감축안이 1973년
회계연도 국방예산 심의과정에서 제기되었지만, 닉슨 대통령은 주
한미군 1개 사단의 감축이 아시아 동맹국들의 대미신뢰를 약화시킬
것을 우려해 거절하였다.[183] 닉슨 대통령이 주한미군의 추가감축에
대해 부정적 의사를 피력하자, 1973년 8월 26일, 슐레진저(James R.
Schlesinger, 1929~) 미 국방부장관은 NBC-TV에 출현하여 주한미
군의 추가감축 가능성에 대한 질문을 받고, 주한미군의 주력부대는
한반도의 정세가 안정될 때까지 계속 주둔하게 될 것이며, 현재 진
행 중인 남북 간의 회담이 안정에 이바지할 것으로 기대한다고 말
하였다. 또한 그는 현재까지 주한미군 주둔정책에는 전혀 변함이 없
음을 천명하였다.[184] 이후 닉슨 정부는 다양한 경로를 통해 1974년
6월까지 주한미군의 추가감축은 없을 것임을 분명히 하였다.

　1974년 8월, 닉슨 대통령의 사임으로 등장한 포드 정부는 닉슨
정부의 대외 정책을 대부분 유지하였다. 특히 포드 정부의 대한현
상유지 정책은 1974년 10월 8일, 클레멘츠(Bill Clements, 1917~)
미 국방부차관의 기자회견에서 명백히 나타났다. 클레멘츠 미 국방
부차관은 기자회견을 통해 첫째, 기동예비군의 문제는 수년간 계획
과 개편을 요하는 장기적인 계획으로 현 시점에서 논할 가치가 없
다. 둘째, 주한미군 2사단은 현 위치가 이상적이며 이동소요와 경
비문제를 신중히 고려하여야 한다. 셋째, 주한미군의 철수는 현대
화계획과 관련이 없으며 금번 회계연도 중에는 상당한 병력감축은

<hr>

183) "발신전보(WUS—1136)", 『주한미군 감축관계 발언 및 언론보도, 1971』, pp.164~169, MF,
　　　G—0022(4328), 외교통상부 외교사료관.

184) "착신전보(USW—08295)", 『주한미군철수(감축), 1973』, p.69, MF, G—0031(6087), 외교통상부
　　　외교사료관.

없을 것이다. 넷째, 현대화계획은 약속한 대로 이행할 것임을 천명하였다.[185]

한편 1975년 4월, 남베트남이 북베트남의 공격에 50여 일 만에 붕괴되고, 공산화되자 친미성향의 아시아 국가들은 동요하기 시작하였다. 닉슨독트린 이후 아시아에 대한 미국의 직접적인 군사원조가 줄어들고 있는 가운데, 남베트남의 패망은 미국뿐만 아니라 아시아 국가들에게도 큰 충격이었다. 그래서 데탕트 기조에도 불구하고, 아시아에서 냉전대립이 치열해지자, 포드 정부는 아시아 동맹국들의 동요를 진정시켜야 했다. 그 결과 1975년 12월 7일, 포드 대통령은 신태평양독트린을 발표하였다. 한국과 관련하여 포드 정부는 신태평양독트린을 통해 미국의 힘은 태평양 지역의 세력균형에 필수적이고, 아시아 우방국들의 주권과 독립유지는 미국정책의 최고목적임을 강조하였다. 그리고 한국에는 아직도 긴장이 지속되고 있기에, 미군이 주둔하고 있으며, 미국은 대한지원을 이미 재확인하였다고 밝혔다.[186] 또한 신태평양독트린 발표 이전에 포드 대통령은 1975년 8월 6일, 미키 다케오(三木武夫, 1907~1988) 일본 총리와의 정상회담에서 애치슨라인이 북한의 공격을 유도하였고, 일단 주한미군이 철수하면 다시 복귀하는 것은 불가능하기 때문에 주한미군의 추가철수 의사가 없음을 명확히 하였다.[187]

지금까지 살펴본 바와 같이 박정희 정부와 닉슨 및 포드 정부시

---

185) "미하원 세출위보고서(1974.8.1) 내용과 Thurmond 상원의원의 상원군사위 보고서 내용과의 대비", 『주한미군 철수(감축) 1975, 전7권(V. 1~3월)』, pp.105~106, MF, G-0040(8319), 외교통상부 외교사료관.

186) 『미국의 대외정책, 1975』, pp.205~206, MF, C-0081(7878), 외교통상부 외교사료관.

187) Memorandum of Conversation, folder: August 6, 1975-Ford, Kissinger, Japanese Prime Minister Takeo Miki, box 14, NSA, MemoCons, Ford Library.

기 북한의 도발에 대한 양측의 위협 인식은 점차 차이가 발생하고 있었다. 1968년 이후 북한의 도발행위에 대해 박정희 정부는 이를 심각한 위협으로 인식하여 자주국방을 본격화하였다. 하지만 닉슨 및 포드 정부는 데탕트의 국제정세 속에서 소련과 중국 정부와의 화해정책을 추진함으로써 북한의 도발위협은 크지 않은 것으로 판단하였다. 더군다나 1960년대 중반부터 한국의 급속한 경제성장에 힘입어 한국군의 군사능력이 북한의 도발에 대응할 수 있을 만큼 강력해지고, 주한미군 철수의 사전조치로 1971년부터 15억 달러를 5년간 원조하여 한국군 현대화계획을 추진하기로 합의함으로써 북한은 더 이상 한국 정부에 심각한 위협이 되지 않는다고 판단하였다. 그리고 이러한 위협인식을 바탕으로 1970년 3월, 닉슨 정부는 주한미군 1개 사단을 철수하기로 결정하고 박정희 정부에 통보하였으며, 여러 차례의 협상 끝에 1971년 3월, 마침내 주한미군 1개 사단의 철수를 완료하였다. 주한미군의 철수를 둘러싼 협상과정에서 닉슨 정부는 박정희 정부와 사전에 논의하지 않은 채 일방적인 철수 결정과 추진으로 동맹 갈등을 야기하였다. 특히 주한미군 철수 추진과정에서 박정희 정부의 반발을 무마시키기 위한 닉슨 정부 고위관료들의 이중적 외교행태는 박정희 정부의 불신을 초래하였고, 이는 60년대 베트남 파병으로 형성된 한미 밀월관계의 단절을 의미하는 사건이었다. 주한미군 철수를 둘러싼 양측의 갈등은 양측의 현실적 이해관계를 바탕으로 한국군 현대화계획을 미국 정부가 지원하는 것으로 일단락되었으나, 박정희 정부는 미국의 일방적 외교행태로 깊은 불만을 갖게 되었고, 이는 동맹 갈등의 시발점이 되었다.

2) 한국군 현대화 및 자주국방 모색

1948년 8월, 창군 이래 한국군은 미군의 지원 아래 현상유지에만 급급할 뿐 이렇다 할 전력증강은 실시하지 못했다. 그래서 1970년대에 들어와서야 한국군은 대대적인 전력증강사업을 추진하게 되는데, 이는 우리 스스로의 자생적이라기보다는 주한미군 철수로 인한 대응과정에서 나타난 파생적인 사업이었다. 따라서 박정희 정부의 한국군 현대화계획은 1969년 7월, 닉슨독트린이 발표되고, 1970년 3월, 주한미군 1개 사단의 철수가 가시화되면서 본격적으로 시작되었다.

닉슨 대통령은 닉슨독트린에 따른 주한미군의 철수가 가져올 박정희 정부의 안보불안감을 잘 알고 있었다. 그래서 그는 주한미군 철수 논리를 정당화하기 위해 한국군의 자립을 위한 군사지원을 병행할 것을 발표하였다. 한국군 현대화계획은 이렇듯 닉슨 정부의 안보논리에 의해 시작되었으나, 박정희 정부는 이를 계기로 언젠가 주한미군이 한반도에서 완전히 철수할 날이 다가올 것을 예상하고, 한국군 현대화를 통한 자주국방능력을 확보하고자 하였다. 따라서 박정희 대통령은 더 이상 주한미군의 철수를 저지할 수 없음을 인식하고, 주한미군의 철수를 기정사실화한 가운데 독자적인 자주국방을 추진함에 있어, 닉슨 정부로부터 최대한 한국군 현대화를 위한 군사지원을 확보하는 것으로 국방정책의 중점을 전환하였다.

박정희 대통령은 닉슨독트린 이후 자주국방의 필요성을 절감하고 1970년 1월 9일, 연초 기자회견에서 자주국방을 위한 방위산업

육성의 필요성을 역설하였다. 그리고 1970년 4월 25일에는 방위산업 육성에 관한 추진방침을 구체적으로 하달하였는데, 이 추진전략은 민수산업의 육성 및 보완을 통해 방위산업의 기반을 구축하는 것이었다. 이어 1970년 6월 27일, 청와대 연석회의에서는 국산장비 개발의 효율적인 지원과 통제를 위해 경제기획원장관, 국방부장관, 상공부장관 및 대통령 특별보좌관으로 구성된 한국경제공업위원회를 설치하고 국방과학연구소를 설립할 것을 결정하였다. 그 결과 1970년 8월 6일에는 방위산업 육성뿐만 아니라 민수산업기술을 진흥시키는 것을 기본목표로 국방과학연구소가 서울 홍릉(洪陵)에 창설되었다. 그리고 국방과학연구소의 초대 소장에는 신응균(申應均, 1921~1996) 예비역 육군 중장이, 부소장에는 윤응렬(尹應烈, 1927~) 예비역 공군 소장이 임명되었다. 또한 연구요원은 각 군 사관학교에 근무하는 기계공학, 물리학, 전자공학 등의 박사급 교수들로 충원되었다. 이를 통해 박정희 정부는 군사과학기술, 연구개발, 재외 한국인 과학기술자의 국내유치 등을 통해 방위산업을 효율적으로 지원할 수 있는 기반을 갖추게 되었다.[188]

한편 주한미군 일부 감축에 따른 한국군 현대화계획에 대한 논의는 1970년 7월 5일부터 6일까지 실시한 최규하 외무부장관과 로저스 미 국무부장관 간의 회담 시 한미 군사실무자회담을 통한 구체적인 협상이 필요하다는 관점에서 추진되었다. 그 결과 1970년 7월 11일, 제1차 한미 군사실무자 회의가 열렸고, 동년 7월 13일에는 제2차 한미 군사실무자 회의가 열렸다. 특히 제2차 한미 군사실무자 회의에서 한 측 대표는 1970년대 전반기에 북한의 위협이 증

---

188) 박승호, 앞의 글, pp.255~256.

대될 것이므로 한국군 현대화계획에 대한 논의가 선행되어야 하며, 한국군에 대한 정상군원문제, 방위산업문제, 미국의 한국방위공약 문제 등 제반문제들에 대한 미국 측의 확실한 보장이 있어야 한다고 주장하였다. 그리고 이러한 문제들에 대한 토의가 타결되었을 때 비로소 주한미군 일부 감축에 대한 토의가 이루어져야 한다고 주장하였다.

한국군 현대화를 위한 한미 군사실무자 회의는 1970년 7월 21일부터 22일까지 하와이에서 열린 제3차 한미 국방부장관 회담 이후 더욱 촉진되었다. 10차에 걸친 의견 조율 끝에 1971년 2월 6일, 한미 양국은 마침내 한국군 현대화계획에 관한 공동성명을 작성하는 것에 합의하였다. 이 자리에서 닉슨 정부는 장기적인 군사원조계획을 통해 한국군의 방위력을 현대화시키려는 박정희 정부의 노력을 지원하는 데 동의하였다. 그리고 박정희 정부는 미 의회가 한국군 현대화계획의 초기 연도 예산으로 1억 5천만 달러의 집행을 승인해 준 데 대해 감사를 표하였다. 이는 닉슨 정부가 한국군 현대화계획을 시작한다는 의미가 담겨 있었다.[189] 이렇게 시작된 한국군 현대화계획은 닉슨 정부에 의해 그 본래 목표가 점차 변해갔다. 닉슨 정부는 일단 한국군 현대화계획에 대한 지원을 공약하여, 한국의 불안감을 희석시키고 주한미군 감축에 대한 반발을 무마시켰다. 그러나 이후 닉슨 정부는 한국군 현대화계획에 대한 지원을 주한미군의 추가감축과 명확히 연계시켰다.

1971년 7월 13일, 제4차 SCM 참석차 한국을 방문한 레어드 미

---

189) U.S. Department of State, Defense Affairs: Armaments, in Confidential U.S. State Department Central Foreign Policy Files: Korea, 1970–1973, DEF 12 KOR S, RG59.

국방부장관은 한국 정부가 요구한 15억 9천6백만 달러 규모의 한국군 현대화계획(1971~1975) 추진예산자금을 확정하였고, 이를 주한미군의 추가감축과 한국군 현대화계획을 연계시켰다. 그는 미군부대와 공군기지를 시찰하고 비무장지대를 둘러본 후, 한국 공군기지를 가능한 빠른 시일 내에 현대화시켜야 할 필요성을 인정하고, 닉슨독트린에 따라 한국군 현대화계획이 효과적인 방식으로 진행되고 있음도 언급하였다. 이한 성명에서 레어드 미 국방부장관은 주한미군의 감축정책이 한국군 현대화계획의 시작에 근거를 두고 출발하고 있다고 명확히 밝혔다. 결국 그의 발언은 한국군 현대화계획이 성공적으로 마무리된 이후 주한미군이 전면철수하리라는 것과 같은 것이었다.[190]

닉슨 정부는 한국군의 남베트남 파병과 주한미군의 감축에 대한 선행조치로 한국군 현대화계획에 15억 9천6백만 달러를 지원하기로 약속하였으나, 실제에 있어서는 그 기간을 1977년까지 2년이나

〈표 3-6〉 한국군 현대화계획 자금배정 내역

(단위: 백만 달러)

구분	1971	1972	1973	1974	1975	1976	1977	계
무상군원	346.0	218.0	164.0	104.4	85.8	64.1	5.7	988.0
FMS 차관	(15.0)	(17.0)	(24.2)	56.7	59.0	260.1	152.4	528.2
총계	346.0	218.0	164.0	161.1	144.8	324.2	158.1	1,516.2
누계	346.0	564.0	728.0	889.1	1,033.9	1,358.1	1,516.2	
잔액	1,154.0	936.0	772.0	610.9	466.1	141.9	+16.2	
진도(%)	23	38	49	59	69	91	100	

출처: 국방부, 『대한군원현황』(서울: 국방부, 1978), p.14.
  (   ) 속의 FMS 차관은 한국군 현대화계획과 관계없는 FMS 차관임.

---

190) 문순보, 앞의 글, pp. 254-255.

연장하면서도 최종적으로 지원액도 9억 8천8백 달러만 무상으로 종결되었고, 5억 2천8백2십만 달러 규모의 사업은 대외군사판매 (FMS: Foreign Military Sales) 차관으로 대체되어 한국군 자체의 제1차 전력증강사업에 포함됨으로써 당초 한국군 현대화계획의 목표 달성에 차질을 초래하게 되었다.[191]

한편 박정희 정부는 닉슨 정부와의 한국군 현대화계획 추진과 동시에 자주국방역량을 강화하기 위해 국방과학연구소를 중심으로 10개년 방위산업육성계획을 수립하게 되었다. 박정희 정부는 방위산업육성의 기본방향을 장기적으로 효율성, 경제성 및 안전성을 고려하여 추진하고, 정부가 유일한 실수요자이므로 장기국방수요계획에 부합되도록 하며, 방위산업을 담당하는 민간기업들을 복수기업으로 육성한다는 것으로 설정하였다. 또한 방위산업을 중화학공업과 병행하여 추진하고, 민간기업의 방위생산기반은 순수 방산부문의 점유율을 30% 이내로 추진하는 것으로 설정하였다. 이를 토대로 박정희 정부는 방위산업의 육성계획을 크게 2단계로 수립하였다. 제1단계는 1971년부터 1976년까지로 방위산업의 기반을 조성하는 데에 주안을 두었다. 이 기간에는 기초개발 및 모방개발을 통해 기본병기의 개발과 생산기반을 구축하여 시제품을 생산하는 데 주력하였다. 그리고 제2단계는 1977년부터 1981년까지로 제1단계에서 축적된 기술력을 토대로 기본병기의 완전국산화와 고도전략병기의 국산화 및 생산기반구축을 목표로 하였다.[192]

박정희 정부는 국방과학연구소를 통한 방위산업 기반 구축과 동

---

191) 국방부 군사편찬연구소, 『국방사 ④』(서울: 국방부 군사편찬연구소, 2002), p.418.
192) 한국방위산업진흥회, 『방진회사』(서울: 한국방위산업진흥회, 1988), pp. 58-60.

시에 중화학공업을 동시에 육성하기 위해 1971년 11월 11일, 경제 제2수석비서실을 신설하고, 오원철 당시 광공전차관보를 청와대 경제 제2수석비서관으로 임명하였다. 이후 박정희 대통령은 오원철 청와대 경제 제2수석비서관을 통해 기초병기 개발을 지시하였고, 이에 따라 국방과학연구소가 주축이 되어 1971년 11월 17일부터 시제품 모델과 수량을 개발하여 본격적인 시제품 생산에 착수하였다. 그리고 1971년 12월 16일, 1차 시제품 생산을 완료하였는데, 그 품목은 아래와 같다.

<표 3-7> 제1차 시제품목

구분	모델	수량	비고
카빈소총	M2	10정	
M-1 소총	MX	2정	자동화 개조
기관총	M1919 A4 M1919 A6	5정	
박격포	60mm M19 60mm 경량화 81mm M29	4문 2문 6문	한국형 개량화 개조
수류탄	MK2	300발	
지뢰	대인 M18A1 대전차 M15	20발 20발	
로켓발사기	M20 A1 M20 B1	2문 2문	

출처: 국방과학연구소, 『국방과학연구소 약사: 제1권』(서울: 국방과학연구소, 1989), p.91.

　　1972년 2월 21일에는 박정희 대통령 주재 하에 제1차 방위산업 육성회의가 개최되었는데, 이 회의에서 박정희 정부는 병기개발 방향, 생산체제, 기술동원체제 등을 확립해나갔다. 그리고 1972년 4월 3일에는 박정희 대통령을 포함한 3부 요인들이 참석한 가운데 종합사격시험이 열렸다. 이를 통해 박정희 정부는 기본병기의 국산화에 대해 자신감을 갖게 되었으며, 점차 통신장비와 개인장비 등

의 품목으로 시제품을 확대해나갔다.[193]

1971년부터 1975년까지를 목표로 미국 정부에 의해 추진된 한국군 현대화계획은 미국의 경제사정 악화로 미국의 지원이 지연 또는 축소됨에 따라 목표시한인 1975년까지는 달성되지 못할 상황에 직면하였다. 이에 국방부는 1973년 4월 3일, 합동참모본부에 전략기획국을 신설하여 자체적인 전력증강 계획수립에 착수하였고, 동년 4월 19일, 한신(韓信, 1922～1996) 합참의장은 『지휘체계와 군사전략』이라는 보고서를 박정희 대통령에게 보고하였다. 이 보고서의 주요 내용은 국방계획의 변천과정과 국방체제의 문제, 군사전략면의 기획체제 문제와 대책, 군사전략과 군사력 소요 문제, 평시 군사계획의 시행에 대한 문제와 발전계획 등이었다.[194] 이에 대해 박정희 대통령은 사주적 군사력 건설에 대해 다음과 같은 요지의 지시를 하달하였다. 첫째 자주국방을 위한 군사전략 수립과 군사력 건설에 착수, 둘째 작전지휘권 인수 시에 대비한 장기 군사전략의 수립, 셋째 중화학공업 발전에 따라 고성능 전투기와 미사일 등을 제외한 주요 무기 및 장비의 국산화, 넷째 장차 1980년대에는 이 땅에 미군이 한 사람도 없다고 가정하여 독자적인 군사전략, 전력 증강계획을 발전시키는 것이었다.[195]

박정희 대통령의 지시에 따라 합동참모본부는 1973년 7월 12일, 군사력증강에 관한 기본지침을 각 군에 하달하였고, 동년 11월 5일에는 '국방7개년계획 투자비 사업계획위원회'를 설치하여 각 군에서 건

---

193) 오원철, 『한국형 경제건설 5』(서울: 기아경제연구소, 1996), pp.47～78.
194) 박승호, 앞의 글, p.371.
195) 국방부 국방군사연구소, 앞의 책(1995), pp.205～206.

의한 군 장비 현대화계획을 조정하도록 하였다. 그리고 이러한 7개년 전력증강계획은 1974년 2월 6일, '율곡계획'으로 명명되었고, 동년 3월 15일, 박정희 대통령의 재가를 받음으로써 본격화되었다. 국방부는 율곡계획을 박정희 대통령께 결재받는 과정에서 다음의 3가지를 건의하였고, 박정희 대통령은 이를 승인하였다. 첫째는 5인위원회가 사업의 추진기구로 설립되어야 하고, 둘째는 5인위원회는 국방부차관을 위원장으로 하고, 4인의 위원은 합참의장, 국방부 군수차관보, 국방과학연구소장, 오원철 청와대 제2수석비서관이었다. 셋째는 육·해·공군이 각 3군의 율곡집행단을 구성한다는 것이었다.

율곡사업하의 모든 프로그램은 군의 어느 부서가 관리하든 율곡집행단의 조정이 필요하였다. 율곡집행단은 각 프로젝트의 계획을 세우고 이를 5인위원회에 제출했으며, 5인위원회에서는 이 프로젝트를 검토하고 결정을 내렸다. 그리고 5인위원회가 추천하는 사항은 차후 국방부장관, 국무총리, 최종적으로는 대통령의 승인을 받아야 하였다.196) 이에 따른 제1차 율곡계획 사업기간은 1974년부터 1980년까지이며, 제1차 율곡계획의 기본전략은 한미연합방위체제를 바탕으로 북한의 도발을 억제하면서 자주적인 억제전력을 증강한다는 것이었다. 이를 위해 박정희 정부는 제1차 율곡계획 사업기간 동안에 국방비 가용액을 GNP의 4.5% 수준으로 유지하고, 투자비는 15억 2천6백만 달러를 계획하였다. 그리고 전력증강 우선순위는 대공 및 대전차 억제능력 증강, 공군력 증강, 해군력 증강, 예비군 무장화 순이었다. 이후 제1차 율곡계획 사업기간은 물가상승

---

196) 김형아 저, 신명주 역, 『유신과 중화학공업, 박정희 양날의 선택』(서울: 일조각, 2005), pp.317~318.

에 따른 장비가격의 인상과 유류파동 및 남베트남 붕괴 등의 대내
외 정세를 고려하여 지속적인 재조정작업을 거친 결과, 목표시한을
1981년으로 연장함과 동시에 제2차 율곡계획 사업기간을 1982년
부터 1986년까지로 결정하였다.[197]

율곡계획 사업추진을 위해 박정희 정부는 한국군 현대화를 위한
자금이 절실히 필요하였다. 하지만 자금 조달을 위해 국방비를 증
액할 경우, 국민들의 조세부담이 증가하여 조세저항이 우려되자,
부가세로서 방위세를 신설하였다. 그리고 방위세법은 1975년 7월
16일, 임시국회에서 공포와 더불어 시행되었다. 방위세 신설에 따
라 국민총생산에 대한 조세부담은 1975년 13.8%에서 17.6%로
3.8% 높아졌으며, 1980년도까지의 방위세 누계 총액은 2조 6천억
원으로 한국군 현대화를 위해 미국이 지원하기로 했던 15억 달러
의 3.4배에 달하였다.[198]

제1차 율곡계획 사업추진을 통해 한국군은 대북방위전력에 괄목
할 만한 성과를 거두었다. 특히 육군은 전투부대의 핵심인 사단의

<표 3-8> 연도별 방위세 징수액

연도	원화단위(단위: 억원)	누계	달러단위(단위: 백만 달러)	누계
1975	622	622	128	128
1976	2,687	3,309	555	683
1977	3,416	6,725	705	1,383
1978	4,732	11,417	977	2,363
1979	6,319	17,776	1,308	3,671
1980	8,558	26,334	1,475	5,148

출처: 오원철, 『한국형 경제건설 5』(서울: 기아경제연구소, 1996), p.272.

197) 국방부 군사편찬연구소, 『국방사 ④』(서울: 국방부 군사편찬연구소, 2002), pp. 437-439.
198) 오원철, "율곡사업 출발, 박정희·김정일 오기싸움", 『신동아』, 6월호 (1995), pp. 480-481.

전력이 크게 증강되었는데, 기존에 병력위주의 부대구조가 병력과 장비를 중심으로 한 부대구조로 전환되었고, 도보중심의 기동력이 보다 빠른 장비중심의 기동력으로 기동성이 향상되었다. 그리고 해군은 구형 구축함을 도태시키고, 한국형 구축함 및 경비함, 각종 고속정 등의 증강을 통해 해역감시 및 통제능력을 크게 향상시켰으며, 대잠수함 공격능력 강화를 위해 대잠초계정과 대잠헬기, 각종 대잠감시장비를 갖추게 되었다. 뿐만 아니라 해군은 해상수송능력 및 소해능력도 향상시켰으며 상륙작전의 수행을 위해 해병사단 및 여단을 증·창설하였다. 한편 공군은 북한 전투기 격추능력과 방공능력 향상에 주안을 두어 F-4D/E의 도입과 F-5E/F의 국내조립생산을 추진함과 동시에 최신예기인 F-16을 확보하기 시작하였다.

박정희 정부는 자체적인 전력증강사업의 추진과 더불어 방위산업의 육성에 더욱 박차를 가하였다. 한국의 방위산업은 1971~1972년 준비단계를 거쳐 1973년부터 1976년까지는 M16 소총, 60mm 및

〈표 3-9〉 국방연구개발 주요 장비

단계	개발중점	주요 장비 품목
기본병기 기반조성단계 (1973~1976)	• 미국기술자료 도입 • 기본병기 모방생산	M16 소총, 60mm / 81mm 박격포, 박격포탄, 고속정, 각종 유·무선 장비
기본병기 기반완성단계 (1977~1981)	• 기본병기 양산 • 일부 고도정밀병기 개발	M60기관총, M203유탄발사기, 20mm 발칸포, 곡사포 / 포탄, 표준차량, 전차 개조, 구축함, 한국형 전투함, 다련장 로켓
고도정밀병기 기반조성단계 (1982~)	• 기본병기 성능개량 • 한국형 무기체계 개발 • 핵심기술 / 부품 개발	한국형 소총, 신형 60mm 박격포, 155mm 개량포, 155mm 자주포, 한국형 장갑차, 초계전투함, 한국형 전차, 구난전차, 상륙함, 잠수함 구조함, 지대지 유도탄, 차기 FM무전기, 40mm 함포, 함정 및 항공기용 전자전 장비

출처: 국방부, 『율곡사업의 어제와 오늘 그리고 내일』(서울: 국방부, 1994), p.128.

81mm 박격포, 소화기탄, 박격포탄, 각종 유·무선 장비, 고속정 등의 기본병기 개발과 이를 통한 생산기반을 구축하게 되었고, 1977년 1월에는 대덕(大德)에 국방과학연구소 대전기계창이 준공됨으로써 더욱 약진하게 되었다.

박정희 정부의 한국군 현대화 및 자주국방 추진은 기본적으로 동맹관계의 갈등을 야기하는 요인이 되었다. 이론적으로 국제질서 속에서 모든 국가는 국민의 생명과 재산을 보호하기 위해 존재한다. 그러나 엄연히 위계질서가 존재하는 국제사회 내에서 상대적 약소국은 독자적인 안보추구가 강대국과의 동맹형성보다 경제적 비용 고려 시 이익이 되는 경우에만 추구하게 된다. 일반적으로 약소국은 자국의 경제력을 고려 강대국과의 동맹을 통해 안보를 보장받는 것이 일반적이다. 따라서 어떠한 특정 국가가 독자적인 방위력을 추구한다는 것은 기본적으로 동맹이 가져다주는 이익이 미약하기 때문에 동맹을 필요로 하지 않는다는 것을 의미한다.

박정희 정부는 거듭되는 미국 정부의 주한미군 철수압박과 이를 빌미로 한 미국 정부의 전방위적인 압력으로 인해 더 이상 동맹관계 유지 시 얻을 수 있는 실익이 많지 않다고 판단하였다. 그리고 주기적으로 반복되는 미국 정부의 주한미군 철수발언은 박정희 정부로 하여금 더 이상 미국 정부를 신뢰할 수 없도록 만들었다. 특히 카터 정부에 들어와서는 기존 미국 정부들이 강요하지 않았던 인권정책을 추구하면서 한국적 특수성을 고려하지 않은 정치적 강압을 지속하였고, 또한 이를 주한미군 철수정책을 포함한 모든 분야의 대한정책에 연루시킴으로써 박정희 정부는 국가적 차원 이전에 정권 차원의 위기의식을 느끼게 되었다. 이러한 상황 속에서 박

정희 정부는 더 이상 상호 이익을 주는 관계로서 동맹유지의 필요
성을 잃어가고 있었고, 신뢰할 수 없는 동맹 파트너인 미국 정부의
외교행태에 대해 일시적으로는 다소의 비용이 들더라도 장기적 차
원에서 보다 국익에 도움일 될 것이라는 판단 하에 독자적인 자주
국방을 가속화함으로써 한미 양국의 갈등은 정점에 달하게 되었다.

주한미군 1개 사단 철수의 선행조건으로 미군의 군사원조 하에
시작된 한국군 현대화계획은 1971년부터 1977년까지 15억 달러의
규모로 진행되었다. 미국의 지원 아래 한국군은 전투력은 급격히
향상되었으며, 이와 동시에 박정희 정부는 1971년 11월, 청와대에
제2수석비서실을 신설함으로써 자주국방을 본격화하였다. 자주국
방을 위해 박정희 정부는 1974년부터 율곡계획 사업을 추진함으로
써 최초의 자주국방을 위한 종합계획을 수립하여 실행하였다.

박정희 정부는 비록 미국과 동맹관계 하에 있었으나, 미 7사단의
철수과정에서 미국이 동맹상대국인 한국과 사전 협의 없이 일방적
으로 철수를 통보하고 추진하는 정치행태를 보며 동맹으로서의 신
뢰감이 약화되었고, 한국군의 방위력이 상승됨에 따라 미국과의 동
맹으로 인해 한국이 얻을 수 있는 이익이 점차 감소되는 가운데,
과연 한미동맹이 박정희 정부의 자율성 침해를 묵인할 수 있을 정
도로 필요한 것인가에 의문을 제기하기 시작하였다. 결국 박정희
정부는 주한미군 없는 한반도를 염려하기 시작하였고, 우리의 의사
와는 무관한 주한미군 주둔정책만 맹신하기보다는 독자적인 자주
국방의 필요성을 절실히 인식하게 되었다.

박정희 정부는 닉슨 정부의 주한미군 부분철수 과정에서 동맹
당사자인 박정희 정부와 일체의 협의 없이 독자적으로 주한미군

철수를 결정하고, 일방적으로 박정희 정부에 통보하는 일련의 외교 행태에 불만을 가졌으나, 약소국의 입장에서 이를 수용할 수밖에 없는 냉혹한 정치현실을 이해하였다. 따라서 박정희 정부는 또다시 있을지 모를 주한미군의 추가철수에 대비하기 위해, 자주국방을 강화함으로써 주한미군에 대한 안보의존을 최소화하고자 하였다.

3) 이중적 핵정책 추진

박정희 정부의 안보구상에 있어 종착역은 비밀 핵무기 개발이었다. 박정희 정부가 핵무기 개발에 처음 관심을 갖게 된 것은 1960년대 말이지만, 핵무기 개발을 본격화한 것은 1970년 3월, 포터 주한 미 대사를 통해 주한미군 철수계획을 통보받으면서부터였다. 박정희 대통령은 북한의 위협 속에서도 베트남전쟁에 한국군을 파병하면서까지 동맹국의 의무를 다하려 했으나, 결과적으로 돌아온 것은 주한미군의 철수였다. 그래서 박정희 대통령은 안보동맹국으로서 미국을 더 이상 신뢰하지 않게 되었고, 그는 미국에 의존하지 않고 독자적으로 북한의 도발을 억제할 수 있는 수단을 갖고자 하였다. 그 결과 박정희 정부는 핵무기를 만들 수 있는 기술과 능력을 보유하기로 결정하였다. 이에 따라 박정희 정부는 1970년 6월에 미국 웨스팅하우스(Westinghouse)사와 고리 1호기의 건설에 계약하였고, 1971년 11월에는 착공에 들어갔다.

박정희 대통령은 핵개발의 실질적인 주체로서 1971년 11월, 청와대 내에 오원철을 책임자로 하는 경제 제2수석비서실을 설치하고, 핵개발을 포함한 방위산업 육성의 사령실로 삼았다. 또한 대통령 직속기관으로 국방과학연구소와 무기개발위원회라는 비밀기관을 두어 핵개발을 담당하도록 하였다. 원래 경제 제2수석실은 방위산업을 전담하기 위해 만들어진 부서였지만 박정희 정부에서는 주요 사업을 전담하는 일종의 'Task Force'였다. 그 후 1973년 3월, 주재양(朱載陽) 박사가 원자력연구소 제1부소장에 취임하여 새로 생긴 특수사업 담당부서의 책임을 맡으면서 핵개발이 본격화되었다. 이 부서가 바로 핵개발 전담부서였다.[199]

박정희 정부는 무기개발위원회라는 임시 비밀위원회를 조직하여 핵개발을 추진해나갔다. 무기개발위원회는 오원철 청와대 경제 제2수석비서관, 최형섭(崔亨燮, 1920~2004) 과학기술부장관, 유재흥(劉載興, 1921~) 국방부장관, 신응균 국방과학연구소장, 이낙선(李洛善, 1927~1989) 상공부장관의 5인으로 구성되었다. 무기개발위원회의 핵심은 청와대 직속기관인 경제 제2수석비서관실이었다. 경제 제2수석비서관실은 핵무기 개발을 위한 구체적인 내용을 기획하고 종합적으로 추진하는 역할을 하였고, 과학기술부는 원자력연구소에서 핵물질을 개발하는 역할을 수행하였다. 또한 국방부는 국방과학연구소와 함께 핵물질 운반수단인 미사일을 개발하는 역할을 수행하였고, 상공부는 이를 위한 자본을 확보하는 역할을 수행하였다.[200]

박정희 대통령은 일단 핵무기의 원료인 플루토늄 제조용 재처리 시설 확보에 주력하였다. 야심에 찬 한국의 핵발전소 건설계획은 주

---

199) 중앙일보 특별취재팀, 『실록 박정희』(서울: 중앙 M&B, 1998), pp.259~264.
200) 김재홍, 『군② 핵개발 극비작전』(서울: 동아일보사, 1994), p.91.

로 미국 장비와 기술에 의존하고 있었지만, 1972년 미국의 원자력 법안이 수정되어 더 이상 미국으로부터 재처리 장비와 기술의 도입이 불가능해졌다. 그래서 박정희 대통령은 재처리 장비와 기술을 전수받을 국가로 프랑스를 결정하였다. 이후 1972년 5월, 최형섭 과학기술부장관은 프랑스를 방문하여 오르톨리(François X. Ortoli, 1925~2007) 산업기술개발부장관으로부터 재처리 기술 등을 제공받기로 확답을 받고, 동년 10월부터 한국 원자력연구소와 프랑스 원자력위원회 간에 활발한 실무접촉이 이루어졌다. 그리고 프랑스와의 긴밀한 협력결과 1974년에는 매년 20kg 상당의 핵분열성 플루토늄을 제조할 수 있는 재처리 시설의 설계도가 완성되었다.[201]

1974년 5월 18일, 인도가 비동맹 개발국가로서 핵실험에 성공하자, 미국 정부는 갑자기 국제사회의 핵확산 위협에 관심을 돌리기 시작하였고, 이후 집중적으로 전 세계를 대상으로 핵개발 국가를 비밀리에 조사하게 되었다. 그런 과정에서 미국 정부가 박정희 정부의 핵개발 의도를 파악하기 시작한 것은 1974년 11월이었다. 한국은 여러 가지 면에서 미국의 감시대상국이 되기 좋은 상황에 놓여 있었다. 첫째, 한국은 객관적인 안보상황을 고려해 볼 때, 핵무기를 개발하려는 동기가 충분하였다. 당시 국제적으로 미국의 의심을 받던 나라들로는 파키스탄, 브라질, 이란 등이 있었는데, 그중에서도 한국은 북한의 직접적인 위협을 받고 있다는 점에서 핵무기 개발 동기가 강하였다.[202] 둘째, 동기뿐만 아니라 능력 측면에서도

---

201) Don Oberdorfer 저, 이종길 역, 앞의 책, pp.114~115.

202) Robert E. Harkavy, "Pariah States and Nuclear Proliferation", *International Organization*, Vol. 35, No. 1 (1981), pp.135~163.

한국은 미국의 요주의 대상이 되고 있었다. 당시 한국의 산업능력이나 하부구조, 정치적 의지 등에 있어서 미국은 한국의 핵무기 개발을 확신할 수는 없었지만, 1975년 초가 되면서 미국 정보조직은 한국이 국제시장에서 핵무기 개발을 위한 여러 자재들을 구매하고 있다는 확증을 가지게 되었다.[203]

박정희 정부는 1972년부터 군사적 용도의 본격적인 핵개발을 추진하였음에도 불구하고, 미국 정부가 1974년 11월에야 그 사실을 인지하게 된 것은 크게 3가지 이유가 있었다. 첫째, 미국 정부는 1974년 5월 인도의 핵실험 성공 이전까지는 평화적 목적을 위한 상업용 원자로에서 핵분열 물질을 획득할 수 있다는 점을 간과하였다. 둘째, 미국 정부는 한국의 경제력과 과학기술이 낮은 수준에 있다고 인식하고 있었기 때문에 한국의 핵무기 개발능력과 수준을 과소평가하였다. 셋째, 미국 정부는 핵무기 개발의지의 강약 여부와 상관없이 한국은 핵무기 개발을 하기에는 기술적 여건상 비공개적으로 추진하는 것이 불가능하다고 판단하였을 뿐만 아니라, 한국 정부가 재처리시설의 도입을 공개적으로 추진하고 있었기 때문에 이에 대해 별다른 관심을 갖지 않았다.[204]

오랫동안 만성적인 전력난에 시달려온 한국은 1960년대 말부터 본격적으로 원자력발전소 건설을 추진해왔으며, NPT 가입 직후인 1969년부터는 미국의 웨스팅하우스사와 595MWe급 원자로 건설계약을 체결하였고 이에 필요한 차관을 도입하기 위한 노력을 기울

---

203) 월간조선 편집부, "미군정보요원(주한 미 대사관 전 무관) 제임스 V 영의 격동기 한미 막후 비사 5: 1970년대 3대 사건의 막후 비화 최초 공개", 『월간조선』, 5월호 (1994), pp.484~511.

204) 조철호, 앞의 글, pp.45~46.

이기 시작하였다. 1973년 말에 석유파동을 겪으면서 박정희 정부
는 군사안보뿐만 아니라 자원과 에너지안보를 위한 타개책으로서
핵의 평화적 이용이라는 옵션역시 포기할 수 없는 중요한 대안이
었다.[205]

스나이더(Richard L. Sneider, 1922~1986) 주한 미 대사는 1974년
12월 2일, 미 국무부에 박정희 정부의 핵개발 의도에 대해 보고하
였다.[206] 이를 토대로 포드 정부는 박정희 정부의 핵개발 능력에
대한 연구를 실시하였다. 그리고 포드 정부는 이 연구를 통해 브라
질, 아르헨티나, 파키스탄, 리비아, 한국 등을 핵무기 개발 위험국
가로 분류하였다. 이후 포드 정부는 박정희 대통령이 국방과학연구
소를 통해서 미사일 개발을 지시하였음을 확인하고, 국방과학연구
수와 미국 록히드(Lockheed)사가 계약한 미사일 추진체 설비 판매
계약을 취소시켰으며, 급기야 1975년 2월에는 한국 판매를 금지하
기로 결정하고 이를 스나이더 주한 미 대사를 통해 한국 정부에 통
보하였다.[207]

박정희 정부의 핵무기 개발 의도와 능력에 대한 포드 정부의 연
구는 1975년 2월말에 완료되었다. 연구결과 포드 정부는 박정희 정
부가 제한적 수준의 핵무기와 미사일을 10년 내에 개발할 수 있을
것으로 평가하였고, 한국의 핵개발이 동북아 주변국에 미치는 영향
을 크다는 사실에 우려를 금치 못하였다. 그래서 포드 정부는 박정

---

205) 민병원, "1970년대 후반 한국의 안보위기와 핵개발: 이중적 핵정책에 관한 반사실적 분석", 『한국정
　　　치외교사논총』, 제26집 1호 (2005), p.132.

206) Telegram From SECSTATE to American Embassy Seoul "ROK plans to develop nuclear
　　　weapons and missile", Dec 11, 1974(State 271124), folder: Korea-State Department
　　　Telegram From SECSTATE-NODIS(2), box 11, NSA, PCF EA/P, Ford Library.

207) 김수광, 앞의 글, pp.329~330.

희 정부의 핵무기 개발 노력을 포기하도록 하기 위해 런던 공급국 회의에서 한국 정부에 핵시설 및 기술을 공급하기로 계약한 캐나다와 프랑스를 접촉하였다. 결국 캐나다는 한국 정부가 캐나다로부터 구입한 원자로에서 추출한 '사용 후 연료'를 재처리하기 전에 캐나다 정부의 동의를 받아야 하며, 한국 정부의 재처리시설 보유에는 반대하기로 미국과 합의하였다. 그러나 프랑스는 순순히 포기하지 않았다. 프랑스 정부는 4백만 달러의 개발을 보장받을 경우에만 계약을 포기할 수 있다며 미국 정부의 요구를 거절하였다. 또한 스나이더 주한 미 대사는 랑디(Pierre Landy) 주한 프랑스 대사를 만나 "미국은 한국 정부가 플루토늄을 군사적 목적에 사용할 것이라는 사실을 믿어 의심치 않는다"고 넌지시 경고하였다. 그러나 랑디 주한 프랑스 대사는 한국 정부가 포기하지 않는 한 먼저 핵기술 판매를 포기할 의사가 없다고 밝혔다.

프랑스가 포드 정부의 제안을 거절하자, 포드 정부는 박정희 정부가 재처리 열망을 포기할 때까지 한국의 제2원자로에 대한 재정 지원을 볼모로 삼기로 하였다. 이에 따라 미 수출입은행의 케이시(William J. Casey, 1913~1987) 총재는 남덕우(南悳祐, 1924~) 부총리에게 "우리는 당신네 정부가 사용 후 핵연료를 플루토늄으로 재처리하기 위한 시설을 손에 넣으려고 하는지도 모른다고 들었다"고 말했다. 그는 또 "이 점에 있어서 당신들의 계획이 무엇인지를 우리에게 알려주는 것이 중요할 것이며, 한국에서의 재처리 시설의 유효성은 이 차관에 대한 우리의 최종승인에 장애가 될 수도 있는 핵확산 잠재력을 창출하는 것으로 여겨질 수 있다"고 덧붙였다.[208]

---

208) Peter J. Hayes 저, 고대승 · 고경은 역, 『핵 딜레마: 한반도 핵정책의 뿌리와 전개과정』(서울: 한

한편 박정희 대통령은 1975년 6월 12일, 워싱턴포스트지와의 인터뷰를 통해 "한국은 이미 핵무기 개발 능력을 보유했지만 핵개발 계획에 착수하지는 않았다"고 말했다. 이어 그는 미국의 지속적인 지원을 당부하면서 "미국의 핵우산이 철수될 경우 우리는 자구책으로 핵무기 개발에 착수하지 않을 수 없다"고 덧붙임으로써 전형적인 이중적 핵정책을 구사하였다.[209]

박정희 대통령을 비롯한 여러 인사들이 한국의 핵무장 가능성을 시사하는 발언을 하자, 포드 정부는 박정희 정부를 달래기 위한 유화 제스처를 사용하였다. 이에 1975년 6월 20일, 슐레진저 미 국방부장관은 기자회견에서 "어떠한 선택도 배제할 수 없다. 이미 알려진 바와 같이 우리는 한국에 전술핵무기를 배치하고 있다. 1945년 이후 우리는 이 핵무기를 사용한 적이 없으며 이러한 역사적 기록이 계속 유지되기를 강력히 희망한다. 만일 핵무기를 사용해야 할 상황이 오면 이를 신중히 고려할 것이다"라고 말하며, 한국에 대한 적극적인 핵우산 제공의사를 밝혔다. 슐레진저 미 국방부장관은 한국 내의 전술핵무기의 확인과 유사시 핵무기 사용 가능성의 언급을 통해 미국의 대한안보공약이 확고함을 확인시켜줌으로써 베트남전쟁으로 고무된 북한의 오판을 견제하면서 박정희 정부의 안보 불감증으로 인한 독자적인 핵개발 움직임을 조기에 진화시켜야 할 필요성에서 이러한 발언을 한 것이었다.

1975년 6월 25일에는 포드 대통령이 직접 나서 북한이 한국을 공격해 오는 경우 미국은 전략 및 전술핵무기와 병력을 신축성 있

울, 1993), p.287.
209) Don Oberdorfer 저, 이종길 역, 앞의 책, p.117.

게 사용할 것이며, 미국의 현 정책은 핵무기 사용에 최대한의 신축
성을 부여함으로써 적의 공격에 적절히 대처하는 것임을 밝혀 유
사시 한반도에서의 핵무기 사용 가능성을 강력히 시사하였다. 포드
대통령과 슐레진저 미 국방부장관의 이러한 발언은 동맹국인 한국
과의 신뢰를 회복하고, 박정희 정부의 독자적인 핵개발을 사전에
차단하기 위한 것이었다. 이 외에도 포드 정부는 지속적인 원자력
장비와 연료의 공급 등을 약속하며 박정희 정부를 달랬다.[210]

포드 정부는 1975년 8월부터 박정희 정부에게 공식적으로 핵개
발 포기를 요구하는 양자접촉을 시작하였다. 1975년 8월 23일, 스나
이더 주한 미 대사는 최형섭 과학기술부장관을 만났다. 만남 목적은
박정희 정부의 핵개발을 포기시키기 위함이었다. 그는 한국이 재처
리시설을 도입하여 핵연료 재처리를 하면 핵무기를 제조한다는 오
해를 불러일으켜 소련이 북한에 핵무기를 제공할 빌미를 만들어 준
다고 언급하였다.[211] 이후 1975년 8월 26일, 제8차 SCM 참석을 위
해 방한한 슐레진저 미 국방부장관은 박정희 대통령과 서종철(徐鐘
喆, 1924~2010) 국방부장관과의 회담에서 박정희 정부의 핵개발을
우회적으로 제기하였다. 당시 박정희 대통령은 미국이 핵우산을 제
거할 것으로 생각하지 않는다고 전제하고, 한국 정부는 핵확산금지
조약(NPT: Non-Proliferation Treaty)을 준수할 것임을 보장하였다.
이에 슐레진저 미 국방부장관은 서종철 국방부장관에게 "만일 한국
정부가 핵무기 개발을 진행시키기로 결정한다면, 이는 양국 간의 정
치적 관계의 기초를 약화시킬 수 있다"고 언급함으로써 한국의 재

---

210) 문순보, 앞의 글, pp.363~364.

211) 중앙일보 특별취재팀, 앞의 책, p.269.

처리 시설 도입을 포기하도록 간접적으로 압박하였다.[212]

포드 정부는 스나이더 주한 미 대사를 활용하여 집요하게 박정희 정부가 재처리시설 도입을 포기하도록 압력의 수위를 높였다. 스나이더 주한 미 대사는 박정희 대통령과의 직접적인 대립은 피하고, 측근들을 통해서 간접적으로 압력을 행사하였다. 이후 스나이더 주한 미 대사는 1975년 12월 8일, 김종필 국무총리에게 재처리 문제를 제기하였고, 동년 12월 9일에는 하비브 미 국무부 동아시아·태평양담당차관보가 포드 대통령의 중국방문결과를 보고하기 위한 박정희 대통령과의 면담 뒤에 김정렴 비서실장에게 핵 재처리 시설문제를 제기하였다. 하비브 미 국무부 동아시아·태평양담당 차관보는 재처리 문제가 포드 정부에게 매우 중요한 사안이므로 프랑스와의 재처리 시설 계약을 취소할 것을 촉구하였다.[213] 그리고 다음 날에는 남덕우 부총리와 다시 재처리문제에 대한 포드 정부의 입장과 사안의 중요성을 설명하였다. 결국 포드 정부로부터의 계속된 압력[214]에 박정희 대통령은 한미 기본관계의 훼손을 막기 위해 프랑스로부터의 재처리시설 도입을 포기하기로 결심하였다. 그리고 포드 정부는 크러처(Myron Kritzer) 해양·국제환경·과학담당 차관보

---

212) Memorandum for Secretary Kissinger from Lodal, Elliot, "Approach to South Korea on Reprocessing", July 24, 1975, folder: Korea(9), box 9, NSA, PCF EA/P, Ford Library.

213) Telegram to SECSTATE from American Embassy Seoul, "ROK nuclear reprocessing", Dec 9, 1975(Seoul 9437), folder: Korea-State Department Telegram to SECSTATE - NODIS(8), box 11, NSA, PCF EA/P, Ford Library.

214) 1975년 12월, 한미 양국 사이에 핵개발과 관련하여 힘겨루기가 한창 고조된 가운데 스나이더 주한 미 대사는 한국의 한 고위관리에게 "미국과의 관계는 물론 원자력과 기타 과학 분야뿐만 아니라 보다 광범위한 정치 및 안보 분야에 있어 오직 미국만이 제공할 수 있는 최신 기술과 금융지원을 포기할 각오가 돼 있는지 진지하게 고려해야 할 것"이라고 지적하였다. 또한 한국 정부가 어느 쪽을 선택할지 최종적인 선택을 결정함에 있어 "미국 정부의 지원과 협력으로 얻을 수 있는 이익과 프랑스 재처리 플랜트를 선택할 경우에 얻을 수 있는 이익을 견주어 보아야 할 것"이라고 덧붙였다. Don Oberdorfer 저, 이종길 역, 앞의 책, pp.119~120.

서리를 단장으로 하는 교섭단을 파견해 1976년 1월 22일부터 23일까지 주한 미 대사관에서 최형섭 과학기술부 장관과 협상을 진행하였다. 이 자리에서 미 측은 한국 정부가 핵개발을 포기하지 않으면 고리 원자력발전소에 대한 핵연료 공급 및 군사원조를 중단하고, 핵우산까지 철거하겠다며 거의 협박조로 한 측을 압박하였다. 결국 박정희 대통령은 미국의 압박에 더 이상 저항할 수 없음을 인식하고, 미 측에 핵개발 포기 의사를 전달하였다.[215]

자주국방 추진의 최종목표로서 추진되던 박정희 정부의 핵정책은 한국 내에 부족한 전력을 확보하려는 평화적 목적과 핵개발을 통해 주한미군 없는 자주국방을 확립하려는 이중적 목적 아래 추진되었다. 물론 대외적으로 공표되는 이유는 평화적 목적을 위한 핵정책 추진이었다. 하지만 박정희 정부는 언제까지는 자국의 안보를 미국의 손에 맡겨 두지는 않겠다는 생각을 가지고 있었다. 주한미군의 철수와 남베트남의 붕괴과정에서 자국의 국익에 철저히 봉사하는 동맹의 진화와 해체를 목도하였기에, 그는 누구보다 핵개발에 대한 강한 열망을 가지고 있었다. 그는 독자적인 핵능력 보유를 통해 한반도 안보에 대한 독자적인 방위능력을 확보함으로써 한국 정부에 대한 미국 정부의 일방적 구속에서 벗어나 보다 동등한 입장에서의 동맹관계를 유지하고자 하였다.

박정희 정부가 이중적 핵정책을 한창 추진하던 1974년 5월, 인도의 갑작스런 핵실험으로 미국은 국제사회의 핵확산 방지에 노력을 집중하였고, 박정희 정부는 미국의 감시망에 걸려 지속적으로 포드 정부의 핵포기 압력을 받게 되었다. 박정희 정부는 핵개발을

---

215) 『중앙일보』, 1997년 11월 10일자.

계속 부인하였으나, 포드 정부의 집요한 압력으로 결국 핵개발을 시인하고 포기하게 되었다. 박정희 정부는 이중적 핵정책을 통해 자주국방을 완성하려 하였고, 핵만 보유하게 된다면 동맹의 이름 아래 한국 정부의 자율성을 침해하는 미국 정부의 간섭을 배제할 수 있을 것이라 판단하였다.

닉슨과 포드 정부시기에 걸친 박정희 정부의 이중적 핵정책 추진은 한미동맹의 기본성격을 변화시킬 만한 파괴력을 가진 중요한 안보현안이었다. 박정희 정부가 핵능력을 확보하게 된다면 박정희 정부는 더 이상 안보를 한미동맹에 의존하려 하지 않을 것이 분명했기 때문이다. 따라서 박정희 정부의 핵개발을 중단시키려는 닉슨과 포드 정부의 압력과 협박은 계속되었고, 결국 박정희 정부가 핵개발 추진을 포기하였지만, 이미 한미동맹은 갈등은 상당한 타격을 입은 상태였다.

4. 동맹 갈등 봉합과 극복 노력

박정희 정부와 닉슨 및 포드 정부 시기 한미동맹 관계는 그 이전의 존슨 정부 시기보다 악화된 것만은 분명한 사실이다. 앞에서 살펴본 바와 같이 한미동맹 관계의 형성 근간이자 공동의 위협인 북한에 대한 위협인식의 차이가 점차 심화되고 있었고, 박정희 정부가 대내외적인 위기상황 극복을 이유로 유신이라는 권위주의 체제를 구축하자, 미국 정부는 점차 박정희 정부의 권위주의체제에 대해 비판의 목소리를 높임으로써 한미 양국의 점진적인 가치 갈등을 겪게 되었다. 또한 1970년대 들어 본격화된 박정희 정부의 핵개발은 수직적인 한미동맹을 수평적인 한미동맹으로 동맹의 성격을 변화시킬 수 있는 사안이었다. 박정희 정부의 핵개발은 당시 그 어떤 요인보다도 동맹에 심각한 손상을 주는 갈등요소였다.

이 시기 한미동맹 관계에 있어서 한미 양국은 기본적으로 동맹관계가 점차 훼손되고 있었지만, 대부분의 동맹관계가 그러하듯이 이를 봉합하고 극복하려는 노력도 병행하였다. 그중에서도 동맹을 보다 견고하게 구축한 대표적인 사례는 바로 한미 1군단의 창설이라고 할 수 있다. 비록 한미 양국은 주한미군의 부분철수를 통해 양국 관계는 악화되었으나, 한미연합방위체제를 강화하기 위한 실체로서 한미 양국군으로 구성된 1군단을 창설함으로써 양국의 군사적 결속력은 보다 강화되게 되었다. 한미 양국의 정치적 동맹갈등은 점차 심화되고 있었고, 군사적 갈등도 이와 병행하기는 하였지만, 실질적인 군사적 동맹실체에 있어서는 한미 1군단과 같이 동맹의 결속을 인위적으로 강화하려는 노력이 병행되었기에 이는 한미동맹의 극단적 갈등을 완화시키는 윤활유와 같은 역할을 하였다.

닉슨독트린과 오랜 한미 간의 협의에 따라 1971년 2월 6일, 한미 양국은 마침내 미 7사단을 철수하는 것에 합의하였고, 이에 따라 미 7사단은 동년 3월 27일, 미 8군사령부 연병장에서 이한 고별식을 갖고 귀국하였다. 미 7사단이 철수하게 됨에 따라 동년 3월 10일, 한국군 1사단은 미 2사단 작전지역인 서부전선 20마일 지역의 진지와 작전권을 비롯한 모든 방위책임을 인수하였고, 미 2사단은 동두천으로 이동하여 미 7사단의 임무를 인수하였다. 한국에서 미

2사단과 미 7사단을 지휘하고 있던 미 1군단은 미 7사단이 철수함에 따라 해체가 불가피하였다. 그러나 박정희 정부는 북한의 군사위협이 점차 증대되고 있는 상황에서 북한의 전쟁도발을 억제하는데 중심적인 역할을 해왔던 미 1군단의 존속과 한국 주둔을 희망하였다. 이러한 양국 간의 입장 차이를 극복하기 위하여 한미 양국은 미 2사단의 전투능력을 높이고 한국군과의 연합작전을 강화하기 위하여 휴전선 서부지역에 배치되어 있는 미 1군단을 한미 혼성군단으로 개편하는 방안을 설정하고 작업에 착수하였다.

한미 1군단 창설과 관련하여 한미 양국은 주한미군 부분철수 논의와 연계하여 협의를 진행하였다. 주한미군 부분철수를 위한 한미 합동임시위원회 한 측 대표는 심흥선(沈興善, 1925~1978) 합동참모본부장이었고, 미 측 대표는 캐시디(Patrick F. Cassidy) 미 8군사령관이었다. 그러나 당시 한 측 실무를 담당하던 류병현(柳炳賢, 1924~) 육군본부 작전참모부장은 미 7사단의 철수와 미 2사단의 후방 이동에 대한 대책을 청와대에 보고하는 가운데, 수도 서울 북방인 서부지역 지휘체계를 한미 연합군단으로 대체하는 방안을 구상하여 건의하였다. 박정희 대통령은 류병현 육군본부 작전참모부장의 제의에 반신반의하면서 일단 승인을 해주었고, 대통령의 승인이 나자 이러한 사항을 미 측에 제안하였다.[216]

박정희 정부는 미 1군단의 계속적인 한국 주둔을 요청하고, 이에 대해 지속적으로 협의한 결과, 마침내 1970년 10월 23일, 육군본부

---

216) 당시 실무를 담당하던 류병현 육군본부 작전참모부장은 미측에 다음과 같은 논리로 제안하였다고 증언하였다. 이제 베트남전쟁이 곧 끝나면, 미 육군은 감군단계로 들어가게 될 것인데, 미 1군단을 연합체제로 개편하여 유지하면 군단장과 참모장의 두 장성직위를 유지하게 될 것이라는 농담을 섞어서 협의하였더니 미 측이 순순히 응하였다고 밝히고 있다. 류병현, 『한미동맹과 작전통제권』(서울: 대한민국재향군인회 안보복지대학, 2007), p.62.

와 미 8군사령부는 한국군과 미군 병력을 동수로 편성하고, 일부예
산을 한국 정부가 부담하는 조건으로 한미 1군단을 창설하기로 합
의하였다.[217] 닉슨 정부는 박정희 정부의 미 1군단을 대체할 한미
1군단 창설 제안에 쉽게 응하였다. 이는 한미 1군단을 구성할 미군
의 숫자가 소수에 불과하였고, 한미 1군단 창설과 운영을 위한 병
력 및 예산의 상당부분을 박정희 정부가 제공하기로 약속함으로써
닉슨 정부로도 굳이 거부할 이유는 없었다. 더군다나 닉슨 정부는
미 7사단 철수로 소원해진 한미관계를 한미 1군단 창설로 조금이
나마 회복시킬 수 있을 것이라 판단하였다.

박정희 정부의 이러한 제안에 닉슨 정부는 쉽게 동의하게 된 배
경은 1970년 11월 23일, 패카드(David Packard, 1912~1996) 미 국
방부차관이 키신저 미 국가안보보좌관에게 보고한 내용으로 유추
할 수 있다. 당시 보고내용은 다음과 같다.

> 합참의 제의에 따라 나는 주한미군 철수계획의 수정을 승인하였습니다.
> 최초 주한미군 철수계획에는 미 1군단과 1군단 포병사령부의 철수와 해체
> 를 포함하고 있었습니다. 최초 계획의 가정은 한국군사령부가 창설되고, 훈
> 련되어 미 1군단의 임무를 맡는 것이었습니다. 그러나 한국군의 훈련된 병
> 력과 장비의 부족으로 목표를 달성할 수는 없었습니다. 따라서 주한미군사
> 령관과 태평양사령관은 한국군이 임무를 완수할 수 있을 때까지 잠정적인
> 연합사령부로서 미 1군단과 1군단 포병사령부를 한국군 병력으로 충원시
> 키고, 미군과 같이 참여할 것을 제안하였습니다. 이를 위해서 주한미군
> 190명이 소요될 것이나, NSDM-48에 지시된 1971년 6월 30일 병력인
> 가 기준 내에서 조정이 가능할 것입니다. 그리고 이 연합사령부는 18개월
> 간 운영될 것입니다. 수정계획은 대통령이 주한미군 2만 명을 감축하고 비
> 무장지대에서 미군 사단을 빼내고 재배치하는 NSDM-48에서 지시한 목

---

217) 국방부 군사편찬연구소, 『국방편년사(1971~1975)』(서울: 국방부 군사편찬연구소, 2001), p.vi.

표의 달성에 영향을 끼치지 않습니다. 그러나 이는 차관위원회에서 1970
년 7월 1일, 제출한 계획에서는 변화가 발생할 것이므로 이에 대해서 보고
합니다. 국무부에도 통보하였고, 이러한 변화에 대해서 이의가 없었습니
다.[218]

1971년 2월, 한미 양국은 미 7사단 철수 및 후속조치에 진행되는
제반 군사적 현안 합의 시 미 1군단을 대체하여 한미 1군단을 창설
하기로 합의하였다. 합의에 따라 군단사령부 편성요원의 조정과 군
단운영에 필요한 예산의 일부를 한국 정부에서 부담하여 1971년 7
월 1일, 사상 최초로 한미 통합군단인 한미 1군단이 창설되었다. 이
틀 후인 동년 7월 3일, 의정부(議政府)에 위치한 군단사령부에서 한
측 대표로는 서종철 육군 참모총장, 한신 야전군사령관, 김태경(金
泰卿, 1935~2010) 경기도지사가 참가하고, 미 측 대표로는 마이켈
리스 주한미군사령관, 캐시디 미 8군사령관이 참가한 가운데, 한미
1군단은 창설식을 거행하였다. 그리고 한미 1군단의 초대 군단장으
로는 라우니(Edward L. Rowny, 1917~) 미 육군 중장이 취임하였고,
부군단장으로는 이재전(李在田) 한국군 육군 소장이 취임함으로써
각각 한미 양국을 대표하여 군단 지휘부를 구성하였다.[219]

---

218) Memorandum for the Assistant to the President for National Security Affairs from Packard,
"Combined US/ROK Corps and Artillery Headquarters (S)", Nov 23, 1970, folder: NSDM
48, box H-215, NSC H-files, NPM, NA Ⅱ.
219) 국방부 군사편찬연구소, 『국방사 ④』(서울: 국방부 군사편찬연구소, 2002), pp.687~688.

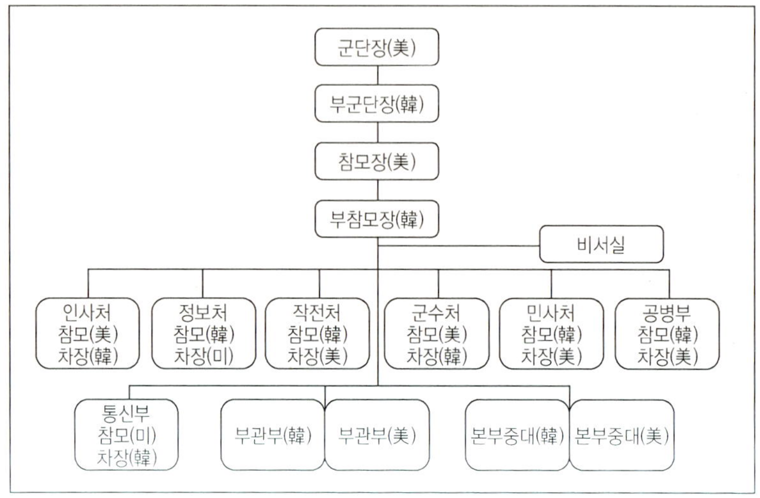

출처: 육군본부, 『육군조직 발전사』(충남 계룡: 육군본부, 1997), p.177.

<그림 3-1> 한미 1군단사령부 편성(1971. 7. 1)

1971년 12월 22일, 박정희 대통령은 한미 1군단을 방문하여 위문하면서 이재전 부군단장에게 18개월간 한시적으로 설치된 한미 1군단의 해체를 미 측이 보류하도록 당부하였다.[220] 박정희 정부는 북한의 주요 남침 경로인 서부축선에 한미 1군단을 배치함으로써 한미동맹 관계를 한미 1군단이 작전적 수준의 인계철선 역할을 하도록 만들었다. 미 7사단의 철수로 주한미군의 1/3에 달하는 병력이 철수하였음에도 불구하고, 한미 1군단이 한반도에 주둔함으로써 한미동맹은 급격한 붕괴 양상으로 치닫지 않았다.

역사상 최초의 혼성군단으로 NATO와 동일한 지휘형태로 구성된 한미 1군단은 한국군 6군단(20, 26, 28사단과 2기갑여단), 1사단,

---

220) 당시 박정희 대통령은 이재전 부군단장에게 다음과 같이 말하였다. "이 장군, 군단장 로우니 장군을 못 가게 붙들어 두시오. 정 안 되면 깃발이라도 잡아두시오." 박정희 대통령은 그만큼 미군의 한반도 주둔이 절실하였다. 『국방일보』, 2003년 2월 4일자.

25사단, 2해병여단과 미 2사단을 배속받았다. 이후 1973년 3월, 남베트남에 파병되었던 한국군 2개 사단이 철수하자, 박정희 정부는 미군이 서부전선에 대한 방어를 포기하는 경우에 대비하기 위해 동년 7월 2일, 3군을 창설하여 3군[221]이 문산(汶山)지역을 방어하는 한국군 1군단을 작전통제하고, 한미 1군단은 한국군 5군단과 6군단, 미 2사단을 통제하는 것으로 조정되었으며, 1980년 3월 14일에는 한미 연합야전군으로 승격되었다.

한미 1군단은 최초 미 7사단의 철수로 인해 한국군만의 휴전선 방어가 제한될 것을 우려하여, 1971년 7월에 18개월이라는 기간 동안 한시적으로 편성된 조직이었다. 그러나 한미 1군단은 1980년 3월, 한미 연합야전군으로 승격될 때까지 존재하였고, 1978년 11월, 한미 연합군사령부가 창설될 때까지 한미동맹 관계에 있어서 동맹유지의 상징적인 존재로서 역할을 수행하였다.

앞에서 살펴본 바와 같이 1968년 이후 한미동맹은 국제정세의 변화에 따라 한미 간에 이견이 발생하기 시작하였고, 이로 인해 양국의 동맹관계는 점차 악화일로를 걷게 되었다. 그 와중에 한미 양국은 NATO식의 지휘구조를 모방한 연합 군단을 창설하였고, 비록 소수이긴 하지만 한미가 동일한 사령부에서 같이 근무하며 같이 계획 수립과 작전을 수행하면서 한국군은 미군의 선진 지휘체계를 습득하였고, 이러한 경험은 후일 한미 연합군사령부를 창설하는 데

---

221) 3군은 1971년 3월, 미 7사단의 철수로 1군이 휴전선 155마일 전 전선을 담당함으로써 임무과중을 해소하기 위해 창설되었다. 창설작업은 한미 1군단의 임무가 종료되는 것을 대비하여 1971년 11월 22일에 발족한 '73계획조'와 1972년 3월 13일 발족한 '73공사통제단'에 의해 시작되었다. 이러한 과정을 거쳐 1973년 1월 22일, '73공사통제단'을 모체로 한 '제3군사령부 창설준비위원회'가 구성되었고, 이를 기반으로 1973년 7월 2일, 3군이 창설되었다. 국방부 군사편찬연구소, 앞의 책(2001), pp.442~443.

있어 긍정적인 역할을 하였다. 제한된 인원이긴 하지만 동일한 제대에서 한미 양국의 장교가 같이 근무하면서 서로 효율적인 군사작전 수행개념을 공유함으로써 한미동맹의 대립관계가 극단으로 치닫는 것을 방지하는 순기능적인 역할을 수행하기도 하였다.

적어도 한미 1군단 내에서만큼은 한미 양국이 공동의 위협인 북한에 대해 공동의 위협인식을 공유하였고, 서로 다른 사회·정치적 가치를 지니고 있음에도 좀 더 서로를 이해할 수 있는 여건이 조성되었으며, 나아가 한미동맹이 한반도의 안정과 서로의 국익을 위해 반드시 필요하다는 인식을 공유하게 된 것이다. 한미 1군단은 동맹의 갈등이 부각되면서 유지보다는 해체방향으로 다가가던 한미동맹의 진로를 어느 정도 완화시키는 데 긍정적인 역할을 한 것이다.

5. 동맹 갈등 평가

박정희 정부와 닉슨 및 포드 정부 시기 한미동맹은 이전과는 달리 동맹 갈등이 점차 발생하기 시작하였다. 1968년 북한은 1·21사태를 시작으로 푸에블로호 나포사건, 울진·삼척지역 무장공비 침투사건 등 일련의 군사도발을 감행하였고, 이 과정에서 한미양국은 공동의 위협인 북한에 대한 인식을 달리하였다. 기본적으로 동맹은 공동의 위협에 대응하기 위해 형성된 것이나, 1968년 이후 북한의 위협에 대한 한미의 인식은 점차 이견이 발생하고 있었다. 박정희 정부는 여전히 군사적 위협의 실체로서 북한의 위협을 심각하게 인식하고 있었으나, 닉슨 정부는 박정희 정부의 그것과 달랐다. 닉슨 정부는 한국의 경제력 향상에 기인한 한국군의 전력증강으로 인해 북한이 예전과 같이 더 이상 한국에 대한 심각한 위협이 되지 않을 것으로 판단하였다. 또한 닉슨 정부 이후 추진하던 데탕트 아래 냉전체제의 적대국이었던 소련과 중국과 화해협력정책을 추진함으로써 북한의 후견국인 소련과 중국이 찬성하지 않는 한, 더 이상 한국에 대한 무력도발을 감행하지 못할 것으로 판단하였다. 이렇듯 상호 북한에 대한 위협인식의 차이는 점차 한미동맹에 갈등을 야기하기 시작하였다.

박정희 정부는 닉슨 정부가 아시아방위의 아시아화로 대변되는 닉슨독트린을 주창하며 한국을 비롯한 아시아지역에서의 미군을 감축하려는 움직임을 보이자, 점차 안보에 대한 불안감이 증폭되었다. 더구나 박정희 대통령은 대내적으로 헌법개정 없이는 정권을 자신의 후계자 또는 야당에 넘겨주어야 할 정치적 결단의 시기에 봉착하게 되었다. 이에 박정희 대통령은 경제건설을 통한 조국근대화를 자신의 사명으로 인식하여 국가가 어느 정도 안정적 수준에 도달하기까지 자신이 권력을 계속 유지하고자 하였다. 그 과정에서 박정희 정부는 1969년 9월, 변칙에 의한 3선 개헌안을 국회에서 통과시키고, 국민투표에서 헌법개정안이 통과되자, 1971년 4월, 대통령선거를 통해 3번째 임기의 대통령에 선출되었다. 그러나 대통령선거를 통해 막대한 선거비용과 행정조직을 활용하였음에도 불구하고, 100만 표밖에 차이가 나지 않자, 현 체제에서의 선거에 의한 안정적인 정권유지는 불가능하다고 판단하여 1972년 10월, 보다 강력한 권위주의체제인 유신체제로의 전환을 단행하였다.

유신체제는 기본적으로 대통령에게 막강한 권한을 부여함으로써 위기상황을 극복하기 위한 비상조치상황이었다. 그러나 유신체제는 헌법 개정을 통해 장기적이고, 합법적인 권위주의 체제를 보장해줌으로써 근본적으로 민주주의 가치를 훼손할 수밖에 없었다. 그리고 유신체제에 대한 내부반발에 대해 박정희 정부는 강력한 탄압을 통해 정권을 유지함으로써 민주주의의 정치이념으로 하는 미국과의 갈등을 야기하였다. 비록 닉슨 및 포드 정부는 한국 정부와의 특수한 관계를 이유로 박정희 정부의 인권탄압을 직접적으로 문제시하지는 않았으나, 미 의회의 분위기는 달랐다. 따라서 박정희 정부는 1970년대 들어 미 의회를 대상으로 조직적인 로비활동을 전개하였으며, 그 과정에서 1976년 10월, 코리아게이트 사건이 폭로되면서 한미 간의 사회·정치적 가치가 한미동맹에 있어 본격적인 갈등요인으로 등장하였다.

박정희 정부는 닉슨 정부가 사전 아무런 상의 없이 주한미군 1개 사단의 철수를 결정하고, 통보함과 동시에 강행하자, 동맹 상대국으로서 불신과 함께 동맹에 의존한 안보에 위기의식을 느꼈다. 또한 더 이상 한미동맹이 한국의 이익에 미치는 영향이 전과 같지 않음을 직감하였다. 따라서 박정희 정부는 1970년 이후부터 동맹보다는 자주국방에 기반한 국방정책을 추진하게 되었고, 그 과정에서 미국의 원조에 의한 한국군 현대화계획과 독자적인 전력증강계획인 율곡계획을 수립하여 시행하였다. 또한 박정희 정부는 율곡계획을 통한 재래식 전력의 증강과 동시에 평화적 목적과 군사적 목적을 모두 충족시킬 수 있는 이중적 핵정책을 추진함으로써 동맹보다는 자주국방에 의한 안보를 확립하려 하였다. 하지만 박정희 정부가 독자적으로 재래식 전력을 확충하고, 특히 핵개발을 추진하자 닉슨과 포드 정부는 이를 한반도의 전략균형을 파괴하고 나아가 동북아의 핵 도미노 현상을 가져올 것을 우려하여 적극적으로 반대하였다. 결과적으로 박정희 정부는 미국의 기술지원과 감시 아래 재래식 전력을 개발하게 되었으며, 미국의 핵우산 보장에 따라 제한된 용도 내에서만 핵개발을 할 것을 약속하였다. 즉 박정희 정부는 군사적 용도로서의 핵개발은 포기한 것이다. 하지만 자주국방의 추구와 핵개발 과정에서 한미 양국은 심각한 논쟁을 전개하였으며, 이로 인해 한미동맹은 심각한 갈등이 전개되었다.

박정희 정부는 남베트남 파병으로 인해 존슨 정부와는 비교적 우호적인 동맹관계를 유지하였으나, 닉슨 정부에 들어오면서 한미동맹은 점차 갈등관계로 전환되었다. 1968년 이후 북한의 직접적 군사도발에 대한 한미 양국의 인식 차이와 유신체제 수립과 인권 문제로 정치·사회적 가치 갈등의 등장, 그리고 1971년에 단행된 미 7사단의 철수와 이를 보완하기 위한 자주국방 및 핵개발 추진 노력 등의 갈등요인이 등장하면서 한미동맹은 점차 위기에 직면하게 되었다.

한미동맹관계에 있어 갈등요인의 등장으로 한미 간의 갈등이 여러 분야에서 표출되었지만, 한미 양국은 여전히 동북아의 안정을 위해 한미동맹을 필요로 하였다. 비록 양국 간에 다양한 갈등이 나타났지만, 한미 양국 정부는 양국의 국익을 위해 한미동맹이 필요하다고 인식하였다. 한미 정부 모두 아시아 지역에서의 급속한 안보질서 변화를 원하지 않았고, 한미동맹은 이를 위해 여전히 중요한 요소였다. 1970년대 유럽에서의 냉전 대립은 점차 완화되어 가고 있었으나, 아시아 지역에서의 냉전대립은 여전하였다. 특히 1975년 남베트남이 붕괴하면서 아시아 지역에서의 냉전 대립은 절정에 달하였다.

닉슨과 포드 정부를 거치면서 한미동맹의 갈등이 증폭되었지만, 반면에 동맹관계를 보다 견고하게 위한 움직임도 전개되었다. 그 대표적인 사례가 바로 1971년 미 7사단의 해체 이후 주한미군 전력의 공백을 보충하기 위하여 1971년 7월에 창설된 한미 1군단이다. 한미 1군단은 과거 미 1군단의 지휘부에 한국군을 보충하고, 예하부대는 대부분 한국군 부대로 구성되었으나, 그 이전과는 달리 한미가 하나의 사령부에서 연합지휘부를 구성하였다는 점에서 한미동맹이 견고함을 대내외에 증명하는 상징적인 존재였다. 결론적으로 1970년대 전반기 박정희 정부와 닉슨 및 포드 정부 시기 한미동맹은 갈등요인이 보다 활성화되었으나, 이러한 갈등요인은 한미동맹을 해체할 만한 수준은 아니었으며, 반면에 동맹의 견고성을 강화시키는 요인도 동시에 존재함으로써 동맹이 갈등과 변화를 겪으면서 한 단계 성장해가는 모습을 보여주었다.

제4장

박정희 – 카터 정부의 동맹 갈등

1. 위협인식 변화의 심화

1) 북한의 군사위협 인식

1973년 8월, 북한의 일방적인 남북대화 거부로 남북 간의 공식 대화는 단절되었고, 이후 남북 간의 대립은 격화되었다. 이후 북한의 군사적 도발은 1974년 이후 지속적으로 증가하였고, 특히 1975년도에는 전년도에 비해 대폭 증가하였다. 이는 1975년 4월, 베트남이 공산화된 이후 김일성이 대남적화전략에 자신감을 갖게 되었기 때문이었다. 그러나 북한의 대남 군사도발은 1976년에 들어 카터 후보가 공약한 주한미군 철수를 저해하지 않기 위해 다시금 줄어들었다.

1970년대 중반에 들어서도 북한은 한국 국민들을 경악시킬 일련의 만행들을 감행하였다. 첫째, 1974년 8월 15일, 국립극장에서 거행된 제29회 8 · 15 경축식 행사에서 북한의 지령을 받은 조총련 출신 문세광(文世光, 1951~1974)이 박정희 대통령을 저격하려다 미수에 그치고 대신 육영수(陸英修, 1925~1974) 여사를 저격한 것이다. 둘째, 1974년 11월 15일, 고랑포(高浪浦) 동북방 8km 지점에서 비무장지대 군사분계선 남쪽을 순찰하던 민정경찰대원 9명에 의해 제1땅굴이 발견되었다. 이 터널 안에는 폭 1m, 높이 1.33m가량의 콘크리트로 구축되었고, 터널 안에는 220볼트의 전선에 60와트의 전등이 가설되어 있었다. 이어 1975년 3월 19일에는 철원(鐵原) 동북방 비무장지대에서 제2땅굴이 발견되었고, 1978년 10월 17일에는 판문점 남방 4km 지점에서 제3땅굴이 발견되었다. 셋째, 1976년 8월 18일, 판문점 공동경비구역 안에서 나ant가지 치는 작업을 하던 유엔군 측 경비병들이 북한 경비병 약 30명에게 도끼와 곡괭이 등으로 기습적으로 폭행을 당해 미군장교 2명이 피살되고 카투사 6명과 미군 4명이 중경상을 입었으며, 유엔군 측 차량 3대가 파손되었다. 특히 포드 정부는 사건이 발생하자 즉각 특별대책반을 가동하고, 키신저 미 국무부장관이 북한의 행위를 비난하는 한편, 북한에 대해 해명과 보상을 요구하는 등 강력한 대응에 나섰다. 또한 포드 정부는 주한미군에 예비경계령을 발동하고, 오키나와에 주둔 중인 F-4 전폭기 1개 대대와 미 본토에 주둔 중인 F-111 전폭기 1개 대대를 한국에 파견했으며, 미 7함대 소속 항공모함 미드웨이(Midway)호를 한국 해역으로 이동시킴과 동시에 B-52 폭격기의 한국 상공 비행훈련을 시작하는 등 대규모 무력시위를 벌였다.[222)

북한의 일련의 군사도발 행위를 목도한 박정희 정부의 대북위협 인식은 이전과 마찬가지로 매우 높았다. 특히 1974년 8월 15일, 박정희 대통령 저격 미수사건에 대해 박정희 정부는 문세광을 배후 조종한 재일조총련이 김일성의 명령 없이 단독으로 사건을 계획했을 리가 없다고 판단하였다. 이와 관련하여 박정희 정부는 1974년 8월 30일, 주한 일본 대사를 초치하여 다음과 같은 한국 정부의 입장을 전달하였다. 첫째, 일본 정부는 이번 사태에 대한 책임을 지고 사건해결에 적극적으로 협조해야 한다. 둘째, 북한에 대한 한국 국민들의 분노가 극도로 고조되어 있는 이때에 일본 수사당국의 무성의한 사건처리로 대일감정이 악화될 수도 있다. 셋째, 일본 정부는 한국 정부의 전복을 위한 북한의 기지로서 이용되고 있는 조총련의 방한활동을 금지해야 한다.[223]

북한의 위협에 대한 박정희 정부의 평가는 1974년 11월 22일, 포드 대통령의 방한 시에도 잘 나타나 있다. 박정희 정부는 북한이 대남적화통일을 위한 4대 군사노선을 지속적으로 추진하여 전쟁준비를 완료하였으며, FROG 유도탄, 전차, 항공기, 함정 등을 지속적으로 도입하여 군사력을 증강하고 있어 중대한 군사적 위협이 되고 있다고 강조하였다. 따라서 박정희 정부는 한국군이 자위능력을 갖출 때까지 주한미군의 주둔이 필요하며 미국의 주한미군정책은 실질적인 군사력의 감축이 이루어지지 않는 방향에서 검토되어야 한다고 역설하였다.[224] 그리고 박정희 정부는 1974년 11월에 발견

---

222) 이용필 외, 『위기관리론: 이론과 사례』(서울, 인간사랑, 1992), pp.256~257.

223) "8.15 대통령 저격사건 대책회의(1974.8.30)", 『박정희 대통령 저격사건, 1974.8.15. 전15권(V.1 사건일지)』, pp.159~160. MF, B-0020(6640), 외교통상부 외교사료관.

224) "정상회담에서의 아측 입장", 『Ford, Gerald 미국 대통령 방한, 1974.11.22.~23. 전6권 V.4 활

된 제1땅굴과 1975년 3월에 발견된 제2땅굴을 통해 북한의 대남적화 통일정책에는 변함이 없음을 재인식하였다.[225]

1975년 4월, 남베트남이 공산화로 인해 군사적 도발 가능성이 더욱 높아지자, 박정희 정부는 1975년 4월 29일에 주한미군 주둔의 필요성에 대한 보고서를 작성하였다. 이 보고서에 따르면 북한은 3대 혁명역량[226]을 토대로 결정적 시기를 조성하여 남한 정부를 전복하고 공산주의 정권을 수립하는 것을 기본전략으로 삼고 있으며, 이미 1970년대 초에 전쟁준비를 완료하였다. 그리고 북한의 남북대화 참여는 국제적인 평화공존과 긴장완화를 통해 남조선 혁명역량을 강화하기 위한 위장평화공세에 지나지 않았다. 따라서 동북아의 정세가 안정되고 한국이 자체적인 대북억지력을 갖출 때까지 주한미군의 주둔은 지속되어야 한다고 박정희 정부는 입장을 정리하였다.[227]

북한의 대남평화공세는 1977년도에 들어 카터 정부가 주한미군의 철수정책을 추진하면서 더욱 본격화되었다. 김일성은 1977년 1월 초에 미국에 대한 비난을 완화하고, "미제, 미제침략군"이란 용어 대신에 "미합중국, 미국 정부" 등의 유연한 호칭을 사용함과 동시에 비무장지대에 대한 도발을 자제하였다. 이와 더불어 북한은 동년 1월 25일에 소위 "제정당 사회단체 연석회의"에서 남한과의

동사항』, pp.27~28, MF, C-0078(6945), 외교통상부 외교사료관.

225) 박승호, 앞의 글, p.332.

226) 3대혁명은 사상혁명, 기술혁명, 문화혁명을 말하는데, 사상혁명은 모든 당원과 근로자들, 청년들을 당의 혁명사상과 주체사상으로 무장시키는 것을 말한다. 기술혁명은 북한의 경제적 토대를 강화하여 모든 근로자들을 일에서 해방시키는 것을 의미한다. 문화혁명은 모든 근로자들을 문맹에서 탈피하고 중학교 이상의 학력과 지식수준을 가지도록 하는 것을 말한다.

227) "주한미군 주둔 필요성과 관련한 재료(1975.4.29)", 『주한미군 철수(감축) 1975. 전7권(V. 2 4월)』, pp.52~62, MF, G-0040(8320), 외교통상부 외교사료관.

정치적 협상을 제시하는 등 위장평화공세를 제시하였다.[228]

　박정희 정부의 우려와는 달리 포드 정부와 그 뒤를 이은 카터 정부는 북한의 위협을 심각하게 인식하지 않았다. 비록 1970년대 후반으로 갈수록 데탕트의 기조는 약화되고, 냉전체제의 갈등이 다시 재개되는 조짐을 보였지만, 카터 정부는 한반도의 전쟁 가능성을 낮게 보았다. 더군다나 카터 대통령은 닉슨과 포드 정부의 무능력과 부패로 기존 정치세력을 불신하고 있던 미 국민들의 심리를 이용, 정치권의 도덕성을 강조한 참신한 이미지와 도덕성에 기반한 공약으로 대통령에 당선되었기에 한미동맹에 있어 냉정한 현실적 판단보다는 도덕성과 본인의 신념에 기반한 한미동맹 관계를 추구하였다.

　카터 정부는 북한의 군사적 위협을 심각하게 고려하지 않았는데, 이는 북한의 실질적인 군사력 수준이 중국과 소련의 군사적 지원 없이 독자적으로 전쟁을 감행할 수 없을 것이라는 나름대로의 판단이 있었기 때문이었다. 이러한 카터 정부의 대북 위협인식은 아래에 제시한 <표 4-1>을 통해 어느 정도 설명이 된다. 1972년부터 1976년까지 북한의 국방비는 남한에 근소한 우위를 유지하고 있었고, 1977년부터 남한의 국방비는 북한보다 오히려 우위를 보이기 시작하였다. 국가의 군사력 수준을 판단하는 중요한 기준인 국방비 규모를 볼 때, 1977년 이후 북한은 남한에 국방비 규모면에서 역전당하기 시작하였다. 이러한 현실적 분석은 카터 정부의 북한 인식에 상당한 영향을 주었다.

---

228) "북한관계 자료(1977)", 『북한의 대외활동 현황 및 동향, 1977)』, pp.82~83, MF, 2007-25(10543), 외교통상부 외교사료관.

〈표 4-1〉 남북한의 연간 국방비(1972~1979)

(단위: 1987년 불변 10억 달러)

구분	남한	북한		남/북 비율(%)	
		Ⅰ 229)	Ⅱ 230)	Ⅰ	Ⅱ
1972	2.143	2.819	2.289	76.0	93.6
1973	1.541	2.799	2.625	55.1	58.7
1974	1.948	2.917	2.808	66.8	69.4
1975	2.234	3.199	3.484	69.8	64.1
1976	3.320	3.212	3.386	103.4	98.1
1977	3.922	3.210	3.433	122.2	114.2
1978	4.751	3.268	4.061	145.4	117.0
1979	4.798	3.493	4.463	137.4	107.5

출처: 함택영, 『국가안보의 정치경제학: 남북한의 경제력 · 국가역량 · 군사력』(서울: 법문사, 1998), p.229.

카터 정부는 기본적으로 북한에 대해 관심이 없었기에 북한을 심각한 위협으로 인식하지 않았다. 오히려 카터 정부는 북한보다는 권위주의 체제 속에서 장기간의 독재를 유지하는 박정희 정부에 보다 큰 관심과 동시에 불만을 가지고 있었다. 따라서 그는 대통령에 취임하자마자 그의 선거공약이었던 주한미군 철수공약은 본격적으로 추진하였고, 그 과정에서 북한에 대한 위협인식은 고려하지 않았다.

박정희 정부와는 달리 한미동맹을 유지하는 실체적 존재로서의 주한미군 주둔정책에 변화를 초래하면서 공동의 위협인 북한의 군사위협을 고려하지 않은 카터 정부의 대북관으로 인해 주한미군 주둔정책을 둘러싼 한미 간의 갈등은 불가피하였다. 후보시절부터 도덕성을 강조한 카터 대통령은 북한보다는 장기간의 권위주의 체

---

229) 북한의 공식발표 국방비×1.5+군사원조액

230) 한국 정부가 공식 추정한 북한의 국방비로 국가예산의 30.9%를 적용하였다.

제를 유지해 온 박정희 정부를 보다 큰 문제로 인식하였다. 따라서 카터 정부는 주한미군 철수정책을 추진하면서 북한의 위협은 전혀 고려하지 않았다. 오히려 그보다는 자신의 선거공약인 주한미군 철수를 무조건 관철시키는 데 더 주력하였다.

2) 북한 군사력 재평가

　주한미군의 철수로 인한 한미 간의 군사적 갈등이 첨예화되던 1978년 5월, 주한미군 철수일정의 조정안이 발표된 이후, 미 DIA는 이전에 포착되지 않은 북한군 사단의 존재를 확인하였다고 NSC에 보고하였다. 즉 이전과 다른 새로운 방법을 동원한 결과 적게는 3개에서 많게는 7개의 새로운 북한군 사단의 존재가 확인되었다는 것이다. 이러한 미 DIA의 보고에 NSC는 다른 정보기관을 통해 사실 여부 확인 작업에 들어갔다. 1978년 6월 28일, 미 DIA 정보에 대한 중간검증결과 적어도 중무장한 6개의 새로운 사단의 존재 여부가 신빙성 있게 받아들여져, NSC는 이를 카터 대통령에게 보고하였다.[231]
　새로운 북한군 사단의 등장에 대한 내용은 최초 카터 정부의 주요 직위자와 핵심 의원들에게만 알려졌지만, 1979년 1월 2일자 '아미타임스(The Army Times)'에 분석내용이 게재되면서 주요 일간지를 통해 일반에게까지 그 내용이 공개되었다. 당시 보도된 기사 내용은 다음과 같다.

---

231) Memorandum for Zbigniew Brzezinski from Nick Platt, "Changed Assessment of North Korean Military Capabilities", June 28, 1978, NSC, DDRS.

미국의 정보분석가들이 한국에 대해 분명한 우위를 부여한 북한 지상군 병력에 대한 종전 평가에서 중대 오류를 발견. 30개 사단 및 여단 이하로 추정됐던 북한 지상군을 수십 명의 미 육군 북한 전문가들이 새로운 평가에 따라 적어도 40개 사단 및 여단으로 상향조정했다. 한반도의 군사력 균형이 어쩌면 결정적으로 북한 측의 우위로 기울어졌음을 보여주는 새 정보에 따라 미국 지도자들이 주한미군 철수를 계속하는 방법을 놓고 진퇴양난에 빠졌다.[232]

북한군 전력에 대한 새로운 평가가 언론에 공개되자, 미 의회의 반발도 거세졌다. 특히 미 DIA의 보고 내용이 일부 고위급 의원들에게만 극비로 공개되어 대다수 의원들은 모르고 있던 상황에서 언론을 통해 사실을 접한 대다수의 의원들은 카터 대통령의 처사에 불쾌감을 드러내었다. 이에 따라 미 의회 내에서 주한미군 철수 정책에 대한 철회 요구가 본격적으로 제기되기 시작하였다. 미 의회는 주한미군 철수에 20~25억 달러에 달하는 많은 비용이 들고, 철수전력을 다시 재무장하여 NATO에 활용하는 데 많은 시간이 걸리며, NATO 편성을 위해 요구되는 적절한 공군전력도 확보할 수 없다는 등의 이유를 들어 철수에 반대하였다. 이 외에도 미중 정상화, 중국과 베트남의 분쟁, 대만과의 국교 단절 등 일련의 사건으로 아시아 동맹국들의 우려가 있으므로 심리적 차원에서도 주한미군 철수정책의 철회가 필요하다고 주장하였다.

아미타임스지의 보도 이후 1978년 1월 9일, 미국의 각 신문들은 북한이 40개 사단과 2천6백 대의 탱크를 보유하고 있으며, 이는 카터 대통령이 철수를 결정하던 당시 북한이 보유했던 29개 사단에 비해 30% 이상 군사력이 증강된 수준이라고 연이어 보도하였다.

---

232) *The Army Times*, January 2, 1979.

이로 인해 카터 정부의 주한미군 철수정책은 북한의 군사적 위협을 고려하지 않은 비현실적인 정책이라는 비난이 더욱 강렬해졌다.

카터 대통령은 새로운 북한군 사단의 등장이 공개됨에 따라 불거진 논란을 잠재우기 위해 모종의 조치를 취해야만 했다. 그래서 카터 대통령은 1979년 1월 22일, PRM-45(U.S. Policy Toward Korea)를 통해 한반도 안보환경을 객관적으로 평가하고자 하였다. 카터 대통령은 PRM-45를 통해 다음의 6가지 한반도 변화의 평가를 지시하였다. 그 6가지는 ① 북한 군사력의 상향 평가, ② 미중관계 정상화, ③ 중일평화우호조약 체결, ④ 미일안보관계 증진, ⑤ 한국의 산업화와 자주 국방력 증대, ⑥ 한미관계 증진이었다.[233] 카터 대통령이 PRM-45를 시도한 직접적인 이유는 1978년에 이미 새로운 북한군 전력평가에 대해 알고 있었던 일부 의원들의 공세에 대한 대응 때와 마찬가지로 카터 정부가 한반도의 전략 상황에 대해 정치·군사적으로 바른 판단을 하고 있다는 모습을 보여주기 위해서였다. 즉 새로 평가된 북한 군사력 하에서 주한미군이 철수하여도 한반도 유사시 대응이 가능하다는 근거를 제시하고자 한 것이었다.

카터 정부의 주한미군 철수정책은 북한군 사단의 재평가와 더불어 점차 추진력을 잃어갔다. 또한 카터 정부의 주요 관료들도 북한군 전투력의 재평가와 더불어 주한미군 철수 강행에 부정적인 발언을 이어갔다. 카터(Hodding Carter Ⅲ, 1935~) 미 국무부 대변인은 1979년 1월 24일, 정오 브리핑을 통해 "주한미군의 추가 철수시기 및 규모는 새 정보평가의 영향을 받을 것입니다. 그러나 현재로

---

233) http://www.jimmycarterlibrary.org/documents/prmemorandums/prm45.pdf, 검색일(2010년 3월 11일)

서는 한국이 모든 침략에 대응할 수 있고, 안전한 방식으로 철수가 이루어져야 한다는 것이 미국의 방침이라는 것 이외에는 더 이상 언급할 수 없습니다"라고 기자들에게 답변하였다.

한편 1979년 1월 25일, 미 합동참모본부가 의회에 제출한 『FY 80 미 군사태세보고서』에서 존스(David C. Jones, 1921~) 미 합참 의장은 "예상외로 강력하다는 북한 군사력에 관한 보고서가 현재 검토되고 있으며, 완료되는 대로 적절한 정책적 평가가 뒤따를 것이다"라고 명시하였다. 그리고 동년 2월 2일, 베시(John W. Vessey, Jr., 1922~) 한미연합군사령관은 AP통신 기자와의 회견에서 북한의 군사력은 종전 평가보다 25~30% 증강되었으며, 북한 군사력의 증강은 한국군 현대화계획 및 주한미군 철수에 변화를 강요할 수 있을 것이라고 발언하였다.[234] 1979년 당시 미 의회에서 발간한 북한 군사력 재평가에 대한 보고서는 남북한의 군사력 균형에 대한 변화를 잘 반영하고 있다.

〈표 4-2〉 남북한의 군사력에 대한 미국 평가의 변화(1977~1979)

구분	1977년 평가		1979년 평가	
	북한	남한	북한	남한
군사력	0.9	1	1.1	1
탱크	1.5	1	2.1	1
대포	1.9	1	2.3	1
개인화기	1.9	1	2.3	1

출처: House Committee on Armed Service, *Report on Impact of Intelligence Reassessment on Withdrawl of U.S. Troops from South Korea by the Investigations Subcommittee* (Washington D.C.: U.S. Government Printing Office, 1979), p.2.

---

234) "철군문제에 관한 검토 추이(78. 12. 28.~)", 『주한미군 철수(감축) 1979, 전5권(V.2 2~4월)』, 729.23, pp.4~5, MF, 외교통상부 외교사료관.

새로운 북한 군사력의 재평가와 더불어 미 의회의 반발도 만만치 않았다. 스트래튼(Samuel S. Stratton, 1916~1990) 미 하원 조사소위 위원장은 1979년 2월 중에 주한미군 철수에 대한 청문회를 열어 주한미군 추가 철수를 봉쇄할 계획이라고 밝혔고, 월프(Lester L. Wolff, 1919~) 미 하원 국제관계 아·태소위원장은 기자회견에서 다음 단계의 철수 이전에 북한 군사력 증강에 관한 새로운 정보가 정부 및 의회에서 재평가되어야 한다고 밝혔다. 특히 월프 하원의원의 경우 기존에는 주한미군 철수를 지지하는 입장이었으나, 새로운 북한군의 위협 등장에 입장을 달리할 만큼 카터 정부의 주한미군 철수 강행에 대한 전반적인 미 의회의 반발은 심했다.

미 상원의 경우, 1979년 1월 18일에는 넌(Samuel A. Nunn, Jr., 1938~) 미 상원의원과 글렌(John H. Glenn, Jr., 1921~) 미 상원의원이 밴스 미 국무부장관을 방문해 정부의 주한미군 철수 연기를 공식적으로 요구하기도 하였다. 특히 넌 미 상원의원은 밴스 미 국무부장관과의 면담 직후인 1월 23일, 미 상원군사위 비공개회의에서 6가지의 이유를 들며 주한미군의 철수 중지를 요구하였는데, 그 6가지는 다음과 같다. 첫째, 한국군이 계획대로 증강되어도 미 2사단의 철수를 보완시키지 못한다. 둘째, 북한 군사력의 재평가는 한반도의 군사균형에 의문을 제기한다. 소련과 중국의 지원이 없어도 북한은 독자적인 침략이 가능하다. 셋째, 주한미군의 철수에 의해 한반도 전쟁 시 미국의 자동개입을 회피한다는 이론은 적합하지 않다. 넷째, 주한미군의 철수가 경비를 절감한다는 이론은 타당치 않다. 다섯째, 미 지상군의 계속적인 주둔은 북한의 침략 가능성을 감소시킨다. 여섯째, 미 지상군의 철수는 한국 정부의 핵무기 개발

을 고무시킬 수 있다는 것이었다.[235]

　PRM-45의 결과가 제출되지 않았지만, 북한군에 대한 새로운 평가는 카터 정부의 주한미군 철수정책이 상정하고 있는 기본 전제인 한반도 안보상황의 안정적 관리를 흔들었고, 카터 정부의 외교적인 노력도 사실상 실효를 거두지 못하고 있었다. 남북대화의 경우 서로 원하는 조건이 다르기 때문에 성사 가능성이 희박하였고, 중국을 통한 설득도 힘든 상황이었다. 그 결과 카터 대통령은 1979년 2월 9일, 워싱턴 지역의 언론인을 대상으로 한 기자회견에서 증강된 북한의 군사능력, 미중관계, 남북한관계 등 PRM-45의 주요 내용에 대한 평가결과가 나올 때까지 주한미군 철수일정을 재검토하고 있다고 발표하였다. 이는 북한의 군사력 재평가 이후 주한미군 철수정책 재검토와 관련되어 발표된 카터 대통령 최초의 발언이었다. 그리고 박동진(朴東鎭, 1922~) 외무부장관 방미 시 박정희 대통령에게 보낸 1979년 2월 20일자 친서를 통해 주한미군의 철수를 북한 군사력 증강에 대한 분석 완료 시까지 중지하라고 최근 지시하였음을 밝혔다.[236]

　북한의 군사적 위협에 대해 일관되게 위기의식을 가지고 있던 박정희 정부와는 달리 카터 정부는 데탕트의 기조 속에서 북한의 실질적인 위협을 그리 높게 평가하지 않았다. 새로운 북한군의 실체가 보고되었음에도 불구하고, 카터 대통령은 이를 미 군부의 정보조작으로 인식[237]하였고, 일관되게 주한미군 철수정책을 추진하

---

235) 외교통상부 외교사료관, 앞의 자료, pp.7~9.

236) "철군문제에 관한 검토 추이(78. 12. 28. ~)", 『주한미군 철수(감축) 1979, 전5권(V.2 2~4월)』, 729.23, p.2, MF, 외교통상부 외교사료관.

237) 카터 대통령은 1994년 지인에게 보낸 편지에서 당시 일을 회상하며, 그렇게 짧은 시간에 기밀정보가

고자 하였다. 하지만 카터 정부 내 미 군부의 반발과 미 의회의 비협조 속에 카터 대통령은 주한미군 철수정책 추진에 한계를 느끼게 되었고, 현실적 이유에서 점차 철회의 가능성을 고려하기 시작하였다.

2. 정치·사회적 가치 갈등의 심화

1) 도덕성에 기반한 카터 정부의 등장

1954년 7월, 제네바협정으로 프랑스가 인도차이나 반도에서 떠나기로 결심하자, 대소봉쇄정책의 일환으로 미국 정부는 베트남에 개입하기 시작하였다. 그리고 해가 거듭될수록 남베트남에 대한 미국의 지원은 급증하였다. 그러나 전황은 미국의 지원규모증가와 비례하지는 않았다. 특히 1968년 1월, 구정대공세 시 북베트남군과 NLF가 사이공(Saigon) 한복판에서 총격전을 전개하고, 일부 병력이 미국대사관 정문까지 진출해 치열한 총격전을 벌이는 모습이 미국 전역에 방송되자, 미국 국민들은 큰 충격에 빠졌다. 지금까지 천문학적인 비용을 들여 남베트남을 원조했음에도 불구하고, 전황은 일반 국민들이 생각하는 바와 너무나 달랐던 것이다.238) 더군다나 대다수

유출된 사실과 그 보고서가 몰고 왔던 정치적 파장을 언급하면서 "나는 예나 지금이나 그 보고서는 DIA를 비롯한 여러 관련기관들에 의해 조작된 것이라고 생각한다. 그러나 진실을 확실히 밝혀내는 일은 대통령의 권한으로서도 어쩌지 못하는 것이었다"라고 썼다. Don Oberdorfer 저, 이종길 역, 앞의 책, p.165.

238) 엄밀하게 말하면 구정대공세는 실패였다. 구정대공세 기간 중에 미군은 2,500명을 잃은 반면, NLF

의 미국인들은 북베트남이 어디에 있는지도 모를 정도로 조그만 약
소국임에도 불구하고, 미군이 쩔쩔매는 모습에 미국 국민들은 존슨
정부를 비난하기 시작하였고, 곧 전국적인 반전시위가 급증하였다.

존슨 정부에 대한 미국 국민들의 분노는 곧 투표로 나타났다. 구
정대공세 이후 1968년 3월 12일에 있은 뉴햄프셔(New Hampshire)
예비선거에서 베트남전쟁 종전을 약속한 매카시(Eugene J. McCarthy,
1916~2005) 후보가 현직 대통령인 존슨에 필적할 만한 지지를 받
은 것이다. 당시 존슨 대통령은 48%의 지지를, 매카시는 42%의 지
지를 확보하였다. 지지율의 급격한 하락과 언론의 공격, 급기야 동
년 2월 29일, 베트남전쟁의 실질적인 설계자 역할을 수행하던 맥나
마라 미 국방부장관의 사임에 충격을 받은 존슨 대통령은 결국
1968년 3월 31일, 대통령 출마 포기를 선언하였다. 그리고 베트남
전쟁은 존슨 대통령뿐만 아니라 민주당 정권도 낙마시켰다. 결국
공화당의 닉슨이 민주당의 험프리(Hubert H. Humphrey, Jr., 1911~
1978) 후보를 50만 표(0.7%) 차이로 누르고 승리한 것이다.

베트남전쟁은 미국의 정치 판도를 바꾸어 놓았을 뿐 아니라 경
제에도 상당한 영향을 주었다. 베트남전쟁 수행을 위해 미국 정부
가 지출한 막대한 전비는 미국 경제의 쇠락을 가져왔다. 그리고 미
국 경제의 쇠락이 본격적으로 가시화된 것은 1969년 이후부터였다.
1970년 미국의 국민총생산은 처음으로 1조 달러를 돌파했고, 수출
또한 1950년에 비하여 5배로 늘어 1,070억 달러에 달했다. 그러나
베트남전쟁에 대한 과도한 미국의 군사지원은 미국의 경제를 점차

는 37,000명을 잃었다. 또한 북베트남군과 NLF가 기대했던 민중봉기는 일어나지 않았으며, 북베트
남조차 패배를 시인하였다. 강준만, 『미국사 산책 10: 베트남전쟁과 워터게이트』(서울: 인물과사상
사, 2010), pp.20~21.

위협하기 시작하였고, 그 결과 마구 발행된 달러의 가치가 급락하여 국제통화체제인 금태환 달러본위제가 흔들리기 시작하였다.[239] 특히 이러한 미국 내 경제사정의 악화와는 달리 제3세계 지역에 대한 미국의 경제·군사적 원조에 따른 달러의 해외유출 급증으로 달러가치의 하락은 가속화되었다.

1971년 2/4분기 들어 미국은 전후 최초로 무역적자를 기록하였다. 그러나 닉슨 대통령은 닉슨독트린을 근거로 국방비를 급격히 감소시킬 수는 없었다. 더군다나 기존의 달러화 금태환 본위제에서 미국 정부는 의무적으로 금 1온스당 35달러의 교환비율로 교환에 응해야 했다. 그러나 당시 미국의 금보유고는 110억 달러 수준이었으나, 금태환 의무를 지는 대외공적채무는 300억 달러를 초과해 대외채무의 감당이 어려운 상황이었다. 이를 감지한 대규모 투기자본은 달러화의 금태환을 요구하거나 미국을 이탈하여 독일로 옮겨 미국의 금태환 부담을 가중시켰다. 결국 닉슨 대통령은 1971년 8월 15일, 재선을 위해 달러 가치를 절하하기로 결정한 긴급경제조치를 발표하고, 금태환 본위제 대신 변동환율제를 선택하였다. 그와 동시에 닉슨 대통령은 미국으로 수입되는 모든 상품에 대해 전폭적으로 10%의 관세를 부과하였으며, 이러한 관세는 모든 선진국들이 달러에 대한 자국통화를 평가절상할 때까지 없어지지 않을 것이라고 천명하였다. 이는 신보호주의시대의 서막을 여는 일대기적인 사건이었다. 이후 닉슨 정부는 1973년에 들어 달러화의 평가절하를 다시 단행하였다. 이에 따라 달러화는 당시 독일의 마르크 및 일본의 엔화에 비해 24%나 평가절하됨에 따라 미국 경제는 인플레이션

---

239) 권용립, 앞의 책, p.600.

이 심화되었다. 설상가상으로 1970년대 자원민족주의에 의해 1973년 10월, 제4차 중동전쟁의 발발에 기인한 석유파동은 취약한 미국 경제에 설상가상의 타격을 입혔다.[240]

닉슨 대통령의 긴급경제조치 이전에도 금의 이중가격제 도입 등으로 달러화에 대한 불신은 이미 국제금융시장에 팽배하였다. 당시 미국은 경쟁력 약화와 쌍둥이 적자 등의 누적되어 온 구조적인 문제를 안고 있었고, 닉슨 대통령의 긴급경제조치는 이것이 현실화된 것에 불과하였다. 제2차 세계대전 이후 미국은 공산주의 확산을 억제하고 미국 주도의 세계질서를 유지하기 위해 대규모 경제원조와 군사비를 지출하였다. 미국은 1947년부터 1951년까지 마샬플랜을 통해 서유럽의 16개국에 113억 달러를 지원하였고, 1961년부터 1973년까지의 베트남전쟁에는 1천6백억 달러의 전쟁비용을 부담하였다. 그럼에도 불구하고, 전황은 나아지지 않았다. 오히려 밑 빠진 독처럼 더 많은 병력과 비용을 투입할수록 베트남전쟁은 이를 계속 흡수하기만 하였다. 결국 미국인들의 인내심은 점차 바닥을 드러내었고, 세계패권국으로서의 자존심에도 치명적인 상처를 입게 되었다.

〈표 4-3〉 미국의 해외 군비지출(1962∼1970)

(단위: 100만 달러)

구분	1962	1963	1964	1965	1966	1967	1968	1969	1970
군비지출	2,718	2,850	2,816	2,730	3,350	4,168	4,502	4,732	4,952
군비수입	922	1,429	1,245	1,337	1,204	1,775	1,239	1,524	1,871
국제수지적자	1,796	1,421	1,571	1,393	2,146	2,393	3,263	3,218	3,081

출처: U.S. Congress(Joint Economic Committee, Subcommittee on International Exchange and Payments), *The Balance of Payment Mess* (Washington D.C.: USGPO, 1971), p.115.

---

240) 박현채 외, 『한국경제론』(서울: 까치, 1987), pp.207∼208.

닉슨 대통령의 긴급경제조치에도 불구하고 달러화의 평가절하는 계속되었다. 1971년 12월, 금태환 중지의 충격을 극복하기 위해 국제사회는 달러화의 추가적인 평가절하와 환율 변동폭 완화를 골자로 하는 스미스소니언 체제(Smithsonian System)를 채택하였다. 이를 통해 닉슨 정부는 달러화 평가절하를 단행하고 동시에 국제사회의 흑자국인 일본과 독일 통화에 대해서는 평가절상 조치를 단행하였다. 그러나 이러한 조치에도 불구하고 미국의 무역수지는 개선되지 않았고, 국제자본의 대규모 달러화 매도를 이겨내지 못한 미국은 1973년 2월, 다시 달러화 평가절하를 단행하였다. 또한 금의 공정가격을 온스당 38달러에서 42.22달러로 인상하였다.

미국의 변동환율제 채택에 이어 유럽과 일본 등의 주변국들로 점차 통화 공급의 급증에 따른 물가가 급등하자, 변동환율제로 전환을 시도하였다. 당시 독일 마르크화의 평가절상을 예상하는 국제투기 자본 약 100억 달러가 독일로 유입되었고, 독일 정부는 고정환율제도 유지를 위해 달러화를 매입하고 마르크화를 매도하는 시장 개입을 단행하였다. 그러나 이는 통화증발을 야기하여 물가급등으로 이어졌고, 결국 1973년 3월, 독일은 경제교란을 피하기 위해 고정환율제도를 포기하였다. 1973년부터 본격화된 변동환율제도의 전환으로 1944년부터 30년간 지속된 브레턴우즈체제(Bretton Woods System)가 완전히 붕괴되었고, 달러화 약세현상은 이어졌다. 1973년을 전후하여 영국, 프랑스, 스위스, 벨기에, 이탈리아 등 유럽의 대부분 국가들이 변동환율제도로 전환하였고, 공식적인 브레턴우즈체제의 붕괴선언은 1976년 1월, 킹스턴회의에서 이루어졌다.

경제적 변환기인 1970년대 미국의 경제정책은 경기활성화를 위해 금융완화정책을 실행하였다. 대내적으로는 실업 및 빈곤문제 해결, 대외적으로는 경제 및 군사원조 확대를 위해 재정확대정책이 주류를 이루었다. 이는 과도한 복지정책과 과중한 세금 부담으로 저축 및 근로의욕 감퇴를 가져왔고, 기업들의 투자마인드도 위축되는 부작용까지 양산하였다. 결과적으로 닉슨 정부시기 미국경제는 고인플레이션으로 고통받았다.

1974년 8월, 닉슨 대통령의 뒤를 이은 포드 대통령은 석유파동으로 인한 고인플레이션 문제를 해결하기 위해 긴축정책을 채택하여 연방준비은행으로 하여금 은행 신용대출을 줄이도록 유도하였으나, 고물가 문제를 해결하지 못한 채 경기는 더욱 침체되었다. 그리고 긴축정책으로 실업문제가 심화되자, 재정지출을 확대하는 바람에 오히려 재정적자는 더욱 악화되었다.

미국의 경제악화로 인한 직접적인 피해는 고스란히 일반 미국 국민들에게 돌아갔다. 또한 남베트남에서도 미국이 철수한 이래 2년만인 1975년 4월, 남베트남이 붕괴되면서 국제사회를 이끌어가던 종주국으로서의 권위도 손상을 입게 되었다. 전후 세계패권국가로서 절대적 지위를 유지하던 미국 국민들의 자존심과 경제위기가 결국 공화당 정권의 퇴진을 가져오게 된 것이다. 기존 정치세력에 상처 입은 대다수의 미국 국민들은 새롭고 참신한 인물인 카터를 그들의 지도자로 선택한 것이다.

카터가 대통령에 출마하겠다고 선언하였을 때, 전체 유권자의 2%만이 그의 이름을 알았다. 그러나 미국인들은 베트남전쟁의 실패와 워터게이트 사건으로 기존 정치권에 환멸감을 느끼고 있었다. 또한 1970년대 들어 시작된 세계적 경제위기는 미국인들의 자신감을 상실하게 만들었다. 그런 일반 미국인들 앞에 카터라는 새로운 인물이 등장해 더 이상의 베트남전쟁과 워터게이트 사건은 없을 것이라고 말하면서 앞으로는 정직하고 공정한 정부만이 있을 것이며, 결코 거짓말을 하지 않을 것이라고 맹세함으로써, 그는 미국인들의 지지를 얻어 대통령에 당선될 수 있었다. 카터는 대통령직에 대해 정치적인 정책을 비전으로 제시하기보다는 현재의 문제점을 도덕적이고 종교적으로 치유를 해야 한다는 진단에 초점을 맞추었다. 그는 모든 문제를 도덕적인 입장에서만 판단했지, 그가 제시하는 정책의 효율성에 대해서는 관심을 갖지 않았다. 이것은 카터의 선거전략으로 당시 미국인들은 기존 정치권에 대한 불신으로 그의 선거전략에 넘어들어 갔다.[241]

미 국민들은 전통적으로 리더십과 경험이 풍부한 인물을 그들의 지도자로 선택하는 경향을 가지고 있었으나, 당시 미국인들은 공식적인 직함이라야 조지아(Georgia) 주상원의원(1963～1966)과 조지아 주지사(1971～1975) 경험밖에 없는 정치신인 카터를 대통령으로 선택하였다. 하지만 많은 미국인들은 카터의 연설에 확신을 가지고 있었다. 미국 역사상 전무후무한 대통령 탄핵사태로 현직 대통령이 사퇴하는 초유의 사건이 발생하고, 세계 최강의 미군이 막대한 전쟁비용과 병력을 전쟁에 투입하였음에도 아시아의 소국인 북베트남에게 패배함으로써 미국인들은 완전히 자신감을 상실하고 전통적인 기존 정치세력에 심한 불신감을 가졌던 것이다.

기존 정치권에 대한 미 국민들의 불신은 닉슨과 포드 대통령에 국한된 것은 아니었다. 1971년 6월, 뉴욕타임즈에 국방부 비밀문서

---

241) 김형곤, "지미 카터 대통령의 지도력에 관한 소고", 『중앙사론』, 제18집(2003), p.182.

인 "베트남정책에 대한 미국 정부의 의사결정절차의 역사(History of the United States Decision Making Process on Vietnam Policy)"의 발췌본이 공개되면서 케네디와 존슨 대통령이 어떻게 국민들을 기만하면서 베트남전에 대한 미국의 부도덕한 개입과 작전을 지시했는지 드러났다. 그 결과 미국의 베트남전쟁 개입은 정책상 실수이며, 전쟁 개입 그 자체가 비도덕적이라는 여론이 급등하였다. 특히 케네디 대통령이 1963년 11월, 오랫동안 지지해왔던 남베트남의 응오딘지엠 정부의 붕괴에 어떻게 개입하였는지, 또 존슨 대통령이 1964년 8월, 동낀만 사건을 어떻게 조작하였는지가 드러나면서 기존 정치권에 대한 불신은 극에 달하였다.242)

카터가 대통령에 당선되는 배경으로 가장 큰 영향을 끼친 사건은 포드 대통령의 닉슨 사면이었다. 포드 대통령은 닉슨 대통령이 워터게이트 사건으로 사임한 다음 날인 1974년 8월 9일, 대통령에 취임하여 한 달여 만인 9월 8일, 닉슨에 대해 전면적인 사면을 단행함으로써 국민들의 정치 불신을 야기하였다. 포드 대통령의 행동은 대다수 국민들에게 사면과 대통령직을 교환한 음흉한 거래라는 의구심을 가지게 하였다. 비록 포드 대통령이 하원조사위원회에 나가서 거래는 없었다라고 증언을 하고, 또 하원조사위원회가 그의 증언에 대해서 반박할 증거를 제시하지 못했음에도 불구하고 사면의 결과는 포드 대통령에게 많은 비난을 가져왔다. 사면 발표 이후 포드 대통령의 언론담당비서인 테르호스트(Jerald F. terHorst, 1922~2010)는 포드의 결정에 항의하고 사퇴하였으며, 백악관 근처를 지나는 운전자들은 경적을 울려대기까지 하였다.243)

<hr>

242) 권용립, 앞의 책, pp.614~615.

닉슨이 유죄라고 믿고 있었던 많은 미국인들은 포드 대통령에게
의혹을 가지게 되었고, 그로 인해 포드 대통령은 대통령직 승계 이
후 급격한 지지도 하락을 경험하였다. 포드 대통령에 대한 지지도
하락은 민주당 후보로 대통령 선거에 출마한 카터에게 유리하게
작용하였다. 워터게이트 사건으로 미국인들은 정책의 효율성보다
는 도덕성을 중시하게 되었다. 당시 미국인들은 전체적인 미국의
체제는 잘 작용하고 있었으나, 이를 책임지고 있는 사람들이 서툴
고 신뢰할 수 없기 때문에 국가가 삐걱거리고 있다고 보았다.[244]
그래서 미국인들은 기존의 정치인들과는 다른 새롭고 참신한 인물
을 찾고 있었고, 정치경험이 거의 없던 민주당의 카터 후보는 그
적격자였다.

예비선거 기간 동안 카터는 대중이 무엇을 원하는 지를 정확하
게 간파하였고, 기존의 정치가들과는 달리 기존 주류정치세력에 비
판을 가하는 동시에 미국인들로부터 신뢰가 땅바닥에 떨어진 정치
지도자로서 신뢰회복과 믿음이 무엇보다 중요함을 강력하게 역설
하였다. 그리고 워터게이트 사건으로 흥분된 국민들에게 자신은 조
지아 주의 조그마한 농장주에 불과하며 오랜 기간 농장경영에만
관심을 가져왔기에 기존의 워싱턴 정가에서 오랜 관례에 물들어
온 기존 정치인들과는 다르다며 그 차별성을 강조하였다. 오히려
카터는 그 자신도 기존 정치인들에 느끼는 국민들의 배신감을 자
신도 느끼고 있다며, 정책적인 제안을 통한 국민들의 지지보다는

___

243) 강준만, 앞의 글, pp.272~273.
244) Alan Brinkley, David Dye, *The Reader's Companion to the American Presidency* (New
York: Houghton Mifflin Company, 2000), p.477.

국민들의 감성에 호소하는 연설로 국민들의 마음을 사로잡았다. 카터가 대통령에 당선된 것은 기존 정치가들을 압도할 만한 능력과 자질 때문이 아니었다. 다만 미국인들이 카터의 도덕적 호소력에 넘어간 것이었다.

카터는 후보지명과 대통령 당선과정에 있어서 각종 현안에 뚜렷한 자신의 목소리를 내기보다는 중도적인 입장을 표명함으로써 양쪽의 지지를 확보하였다. 그는 낙태나 인종차별과 같은 민감한 사안에 중립적인 입장표명으로 교묘히 피해감으로써 양측의 지지를 확보하였다. 또한 정치·경제적으로 상처받은 미국인들을 종교와 결합시켜 국민들을 감동시킴으로써 전폭적인 지지를 획득할 수 있었다.245)

민주당은 여러 가지 상황인식을 통해 대통령선거에서의 승리를 확신하였다. 1976년 8월에 실시한 여론조사에서 카터는 현직 대통령인 포드를 30%나 앞서고 있었고, 포드 대통령은 당내 강력한 후보인 레이건(Ronald Reagan, 1911~2004)조차도 버거워하는 상태였다. 특히 1976년 11월의 대통령 선거 당시 54%라는 저조한 투표율은 카터에게 더욱 유리하게 작용하였다. 지금까지 결집력이 강한 미국의 남부인들은 1948년 트루먼 이후 한 번도 대통령을 배출하지 못함에 따라 이번만큼은 남부 출신을 대통령으로 배출하고자 단결하였다. 실제 카터는 남부 주 13개 중에서 오클라호마(Oklahoma)와 버지니아(Virginia)를 제외한 11개 주에서 승리하였다.246)

---

245) 김형곤, 앞의 글, p.186.

246) Kenneth E. Morris, *Jimmy Carter, American Moralist* (Athens: University of Georgia Press, 1996), pp.224~225.

카터는 결국 태생적 상처를 안고 시작한 포드 대통령에게 승리하였다. 대통령 선거에서 카터는 40,830,763표(50.1%)를, 포드 대통령은 39,147,793표(48%)를 얻었다. 그리고 선거인단에서는 카터는 297표를, 포드 대통령은 240표를 얻었다. 카터는 선거인단 투표가 도입된 1916년 이래 가장 근소한 차로 승리하기는 하였지만, 미 의회에서는 민주당이 압승함으로써 비교적 순조로운 출발을 할 수 있었다. 카터 대통령은 시대적 행운아였다. 그의 놀라울 만한 정치적 무경험은 예외적으로 1976년 11월 미국의 제39대 대통령을 선출하는 그 순간에는 가장 큰 무기가 되었다.

2) 인권외교의 추진과 갈등의 대두

기존 정치세력과는 차별되는 고도의 도덕성으로 대통령에 당선된 카터는 외교문제를 다룸에 있어서도 기존 미국정치의 기본과는 달리 도덕적이고 종교적인 차원으로 일을 처리하였다. 그는 취임식에서 "우리는 세계 그 어느 곳이든 자유의 종말에 대해 절대적으로 무관심할 수가 없다. 인권에 대한 우리의 책임은 절대적이다"라고 말할 정도로 인권의 가치를 중요하게 생각하였다. 그러나 인권과 평화를 주장하는 카터의 외교정책에 대해 미국의 기존 주류정치인들은 냉혹한 비판[247]을 가하였다. 그들은 카터의 외교노선은 너무

---

247) 카터 정부 당시 주한 미 대사였던 글라이스틴(William H. Gleysteen, Jr., 1926~2002)은 그의 회고록에서 카터 대통령의 인권관에 대해 혹평을 가하였다. "카터는 인권문제에서는 병적일 정도였다. 그는 인권문제 기구를 신설하고, 미국 내에서 인권운동에 가담했던 인사들을 주로 끌어들여 인권문제 전도사 역할을 하게 했다. 그는 그들에게 의회 내 동조그룹과 긴밀한 협조를 지시하고 행정부 내 인사들에게도 인권문제에 대한 관심이 업무평가의 주요 척도가 될 것임을 분명히 했다." William H.

순진하고 도덕적이어서 위험하다고 주장하였다. 그러나 카터 대통령은 주변의 비판에도 아랑곳하지 않고 기존의 다른 대통령들과는 달리 다른 지도력으로 외교문제를 해결하였다. 즉 그는 정치적이고 군사적인 해결이 아닌 도덕적인 지도력을 바탕으로 하였다.

카터 대통령은 1977년 5월 22일, 노트르담대학교(University of Notre Dame)에서 행한 연설에서 도덕외교에 기반한 그의 외교정책 기조를 밝혔다. 그는 "우리는 민주적 방법이 가장 효과적이라는 것을 믿고, 부도덕한 방법을 동원하지 않겠다. 또한 우리는 우리의 미래에 대한 자신감을 갖고 더 이상 공산주의에 대한 터무니없는 공포 때문에 우리 편에 서기만 하면 어떤 독재자도 받아들이던 관행에서 벗어날 것이다"라고 하였다. 카터 대통령은 연설을 통해 자유민주주의에 역행하고 비민주적인 방법으로 자국민을 탄압하는 기존의 우방에 대한 동맹정책의 재고를 공개적으로 밝힌 것이다. 카터 정부는 복합화된 세계의 평화를 협력적 방법으로 이루겠다는 목표를 위해 도덕외교의 일환으로 인권정책과 비군사화정책을 추진하였다.[248]

카터 대통령의 인권관은 앞에서 언급된 바와 같이 새로운 세계관에 기초한 것이었다. 카터 대통령은 빠르게 변화하고 있는 현재,

---

Gleysteen, Jr. 저, 황정일 역, 『알려지지 않은 역사』(서울: 중앙 M&B, 2000), p.61 ; 하버드대 교수였던 호프만(Stanley Hoffmann, 1928~)은 카터 대통령의 인권외교를 의도만 좋은 재앙이라고 지적하면서, 카터 대통령은 자신의 신념을 외교에 접목시키고자 했지만 그것을 집행할 수단이나 그것이 가져올 폐해에 대해서는 무지했다고 비판을 가하였다. Stanley Hoffmann, "The Hell of Good Intentions", *Foreign Policy*, Vol. 29 (Winter 1977~78), pp.3~26 ; 레이건 정부시절 유엔주재 미 대사를 역임했던 커크패트릭(Jeane J. Kirkpatrick, 1926~2006)은 카터 대통령의 인권정책은 미국에 우호적인 정부를 고립시켰고, 이는 이란과 니카라과에서처럼 반미정권이 등장하는 빌미를 제공했다며 끊임없이 그의 인권정책을 비판하였다. Jeane J. Kirkpatrick, *Legitimacy and Force* (New Brunswick: Transaction Books, 1988), p.144.

248) 박원곤, 『카터 행정부의 대한정책 1977~1980: 도덕외교의 적용과 타협』(서울대학교 대학원 박사학위논문, 2008), p.1.

더 이상 전쟁과 평화의 문제를 정의, 평등, 인권 등의 문제와 분리하여 다룰 수는 없다고 판단하였고, 미국에는 새로운 세계에 걸맞은 새로운 외교정책이 필요하다고 보았다. 이러한 관점에서 그는 기존에 적대시하고 대립하던 공산진영과도 협력이 가능하고, 세계가 상호의존과 협력을 강화하는 방향으로 움직이기 때문에 민주주의가 결국 세계의 협력을 증진시킬 것이라는 믿음을 가지고 있었다. 카터 대통령의 인권관은 도덕적 신념을 반영한 확대된 국가이익차원에서 표출되었는데, 그는 정치적인 고려에 따라 인권정책에 차등을 두기보다는 인권의 보편적 원칙에 따른 적용을 모색하고자 하였다. 카터 대통령은 법 앞에서의 만민 평등, 통치자보다 우선하는 법의 전통, 인간의 존엄성에 대한 관념, 인간의 양심 등 인권에 관한 현대적 개념을 성경에서 찾았다. 이와 같이 카터 대통령은 인권정책의 추진이 도덕적으로, 역사적으로 옳은 것이라는 신념하에 이를 국가이익과 연계하였다.

카터 대통령이 인권정책을 소신껏 추진할 수 있었던 것은 당시 1974년 11월, 중간선거를 통하여 진보성향의 인사들이 상당수 미의회에 진출하였기 때문이었다. 이들 진보성향의 의원들이 가장 큰 관심을 가진 것은 인권문제였다. 특히 미 하원에서는 하킨(Thomas R. Harkin, 1939~) 의원과 프레이저 의원이, 상원에서는 먼데일 (Walter F. Mondale, 1928~) 의원이 깊은 관심을 보였다. 그중 프레이저 의원은 미 하원 국제기구 소위원회 위원장을 맡으면서 의회 내에서의 인권문제를 전담하는 핵심적인 역할을 수행하게 되었다. 프레이저 의원은 키신저 미 국무부장관의 현실외교에 직접적인 비판을 가하면서 동료 의원들에게 인권외교의 필요성을 계몽하기 시작하였다. 그는 인권이 그동안 미국 외교에서 높은 우선권을 갖지 못했다는 점을 지적하면서, 인권외교는 도덕적으로 회피할 수 없는 것이며 실질적으로도 필요한 것이라고 주장하였다. 이렇게 변화된 의회분위기는 인권정책을 추진하고자 하던 카터 정부의 정책 방향과도 부합하였다.249)

대통령 선거과정에서 카터 후보의 외교정책팀이 작성한 대한정책문서에서는 정책의 핵심을 철군정책, 한반도 평화체제, 인권문제를 포함한 민주주의 등으로 제시하였지만, 안보적 차원의 전략적 고려를 인권보다 우선시하는 논조를 보였다. 또한 한국의 민주주의에 대해서는 전통적 관습과 신념, 급격한 사회 변화 등으로 인해 민주주의 정착이 어렵다면서 한국의 인권에 대한 문제를 제기해야 하지만, 이것이 미국과 한국의 안보를 해쳐서는 안 된다고 주장하였다. 특히 카터 후보의 외교정책팀은 군사원조를 수단으로 하여 인권문제로 압력을 가하는 것에 박정희 정부가 굴복하리란 보장이 없고, 박정희 이후의 정부가 이전보다 더 권위적일 수 있다면서 반대하였다. 당시 카터 후보의 외교정책 참모들은 안보를 인권보다 우선시하는 현실주의적 시각을 갖고 안보이해의 허용 범위 내에서만 인권정책이 가능하다는 것이 지배적인 입장이었다.250)

선거에서 승리한 카터 대통령은 그의 외교정책 참모들과 생각이 달랐다. 그는 취임사에서 "우리가 자유롭다 하여 세계 다른 곳의 자유의 문제에 결코 무관심할 수 없다. 우리의 도덕적 감정은 우리와 함께 인간의 권리를 존중하는 사회들의 편에 확실히 서 있다"며

---

249) 김봉중, "카터 인권외교에 대한 재조명", 『미국사연구』, 제10집 (1999), pp.193~194.
250) 박원곤, 앞의 글, pp.81~82 재인용.

세계의 인권개선이 자신의 주요 목표의 하나임을 강조하였다. 그리고 카터 대통령의 취임 직후, 박정희 정부에 대한 한국 인권탄압에 대한 압력이 곧 현실로 나타났다. 1977년 1월말, 카터 대통령은 새 정부의 의도를 우방에 전할 목적으로 먼데일 부통령을 대통령 특사로 유럽과 일본을 순방케 하면서 동경에서 불과 두 시간 거리에 있는 한국은 의도적으로 배제시켰다. 박정희 정부는 먼데일 부통령이 서울을 방문해 줄 것을 정중히 요청하였으나, 카터 정부는 카터 정부의 인권정책을 위배하고 있는 한국에 특사를 보낼 수 없다는 이유로 거절하였다.[251]

카터 후보의 참모들과 달리 카터 대통령은 대통령 당선 직후인 1977년 1월 26일, PRM-13(Korea)을 통해 한국의 다음 분야에 대한 정책 검토를 지시하였다. 첫째, 한반도에서 미국의 이해와 목표를 일본과의 관계와 연동하여 도출하도록 하였다. 둘째, 남한과 북한의 군사력 균형과 외교 대결, 주변 강대국의 대한반도 정책, 한미관계의 현 상황 등의 주요 안건을 분석하도록 지시하였다. 셋째, 구체적인 미국의 대한정책을 제시하면서 전개방법과 미치는 파장에 대해 보고하도록 하였다. 여기에서 말한 구체적인 정책은 주한미군의 감축, 주한미군의 한수 이남으로의 이동 배치, 전술핵문제, 미국의 대한국 군사원조 수준, 한국의 핵무장 의도와 미사일 기술획득 노력, 한반도 긴장완화를 위한 외교구상, 미국의 대북관계, 한국의 인권문제와 한국 정부의 대미로비문제 등이었다.[252] PRM-13의 주 내

---

251) *New York Times*, January 29, 1977; 문창극, 앞의 책, p.283 재인용.

252) http://www.jimmycarterlibrary.org/documents/prmemorandums/prm13.pdf. 검색일(2010년 3월 10일)

용은 안보외교적인 문제에 치중하고 있으나, 중점검토문제에 인권 문제가 포함되어 있다는 사실만으로 카터 대통령이 인권정책에 얼마나 비중을 두었는지 알 수 있다. 이는 기존 미국 정부가 인권문제에 대한 포괄적인 전략을 수립하지 못한 채 사안별로 임시방편으로 대응하던 것과는 분명히 차별되는 모습이었다.

카터 대통령은 인권 개선과 같은 도덕성과 관련된 보편적인 미국적 가치를 주요 선거 공약으로 채택하여 국민적 지지를 얻음으로써 정치적 신인이라는 제한사항에도 불구하고 대통령에 당선될 수 있었다. 그래서 카터 대통령은 박정희 정부의 인권탄압에 대해 후보시절부터 관심을 가져왔고, 대통령 당선 직후에는 박정희 대통령에게 보내는 친서를 통해 박정희 대통령에게 한국의 인권상황에 대한 우려를 표명하였다.

> 나는 개인의 인권, 특히 개인의 자유, 적법 절차, 구금 등의 문제에 관심이 큽니다. 특정한 정치구조의 변화를 원하는 것은 아닙니다. 또한 다른 국가의 내정에 간섭하는 것도 원치 않습니다. 다만 우리의 친구가 이런 문제에 대해 사려 깊은 모습을 보여주어 우리 행정부의 지지가 미국 의회와 국민에게 정당한 것으로 받아들여지기를 바라는 것입니다. 우리가 한국과의 관계, 특히 안보분야에서의 관계를 보존하는 것처럼 한국도 인권분야에서 무엇을 할 수 있는지 관심을 보여줄 것을 요구합니다.[253]

카터 대통령은 친서를 통해 내정에 간섭을 하는 것은 원치 않지만, 박정희 정부가 인권분야에 있어 개선을 할 것을 부드럽고도 강력하게 요구하였다. 카터 대통령은 후보 때와는 달리 한국의 인권

---

253) Telegram from Secretary of State to Embassy Seoul, "Letter to President Park", February 14, 1977, Dos, DDRS.

상황에 있어 구체적인 개선조치를 요구한다는 의지를 표명하였다. 카터 대통령은 안보적 이해를 첨예하게 반영하고 있는 한국의 특성을 감안하여 인권정책에 있어 분명한 단기적 차원의 목표를 제시하였다.

카터 대통령의 대한인권정책은 1977년 3월 8일, 방미중인 박동진 외무부장관과의 면담을 통해 다시 한 번 강조되었다. 카터 대통령은 박동진 외무부장관에게 "인권문제는 개인적으로 큰 관심사이나 대한군원을 심의하는 데 영향을 미칠 것을 우려해 공개적인 발언은 회피하고 있으므로 한국 정부가 상징적인 조치를 취해주길 바란다"고 언급하며 박정희 정부의 인권개선을 압박하였다.[254]

카터 정부는 대한인권정책의 1차 목표를 '명동사건 구속자 석방'에 두었다. 그리고 카터 정부는 단순한 외교적 수사에 머물지 않고 구체적인 정치범의 실명을 거론하면서 구체적으로 박정희 정부에 압력을 가했다. 그러나 카터 정부는 박정희 정부의 대내·외적 입장과 불필요한 내정간섭의 오해를 피하기 위해 비공식적 채널에 의한 협상을 주로 선호하였다. 카터 대통령은 미 측 비공식채널로 주로 스나이더 주한 미 대사를 활용하였으나, 때로는 베시 주한미군사령관을 활용하기도 하였다. 실제 1977년 2월, 베시 주한미군사령관은 박정희 대통령과의 면담에서 주한미군 철수보다는 인권문제에 대해서 논의하였다.[255]

밴스 미 국무부장관은 1977년 4월, 연설을 통해 외교정책에서

---

254) Memorandum of Conversation, meeting with South Korean Foreign Minister Pak Tong-Chin, March 8, 1977, White House, DDRS.

255) 박원곤, 앞의 글, pp.94~95 재인용.

인권정책의 중요성을 강조하였지만, 정책 실행에 수반되는 복합성과 어려움 등도 제시하면서 인권정책의 목표와 기대수준을 낮추어야 한다고 주장하였다. 또한 미국이 가지고 있는 능력 및 지혜의 한계도 인정해야 한다면서 주어진 상황에 따라 최대한 효과적인 정책을 추구하되 다른 국가적 이해와도 균형을 맞추어야 한다고 밝혔다.256) 그러나 이러한 타협적인 정책은 실제 정책을 수행하는 과정에서 혼란으로 이어지는 양상도 보였다. 미 국무부관료들은 구체적이고 엄격한 원칙의 적용보다는 사례와 사안별로 융통성을 확보하고자 하는 정부 방침에 따라 주재국과의 관계를 우선시하여 카터 정부가 새롭게 강조하는 도덕외교의 인권정책 추진에 적극적이지 않았다.

카터 정부가 출범직후부터 적극적으로 추진하던 인권정책은 소련과의 데탕트를 추진함에 있어 상호 모순된다는 비판에 직면하였다. 따라서 카터 정부는 인권정책과 다른 정책 간의 우선순위 및 관계에 대한 기본적인 방침을 수립하였다. 첫째, 카터 정부는 인권문제와 다른 주요 정책의 갈등에 대한 대처방안을 정립하였다. 그래서 인권문제와 다른 중요한 의제가 연계되어서는 안 되며, 어떤 한 문제에 대한 문제제기가 다른 의제에 영향을 주어서도 안 된다고 강조하였다.257)

둘째, 카터 정부는 인권정책과 기존의 무기이전정책과의 관계를 재정립하였다. 무기이전정책의 경우 국가 간의 안보이해관계를 반

---

256) U.S. Department of State, *Department of State Bulletin, Vol. 76* (Washington D.C.: Government Printing Office, 1977), pp.505~508.

257) Jimmy Carter, *Public Papers of the President*, 1977~1982 (Washington D.C.: Government Printing Office), pp.219~220.

영하고 있기에 인권정책과의 갈등 가능성이 있으므로 우선적인 검토가 필요하였다. 그래서 1977년 2월, 브레진스키 미 국가안보보좌관의 주도로 인권침해가 심각한 국가에 대한 무기지원을 삭감하는 방침을 정하였다.

이러한 방침은 1977년 5월 13일, PD-13(Conventional Arms Transfer Policy)으로 작성되었다.[258] PD-13을 통해 카터 정부는 정책의 성패 여부를 떠나서 안보적 이익에 작동하는 군사적인 측면의 비중을 줄이는 동시에 인권요소를 고려하도록 하는 정책원칙을 수립하였다. 이에 따라 무기수출통제국(Arms Export Control Board)은 무기 이전 시 인권문제와의 연계성을 검토하기 시작하였다. 결국 카터 정부는 기본적으로 안보적 이해와 인권이 서로 상충되지 않기에 안보와 인권이 서로 연계되지 말아야 한다는 입장을 가지고 있었다.

1977년 5월 26일, 카터 정부는 주한미군 철수계획을 설명하기 위해 하비브 미 국무부차관을 대통령 특사로 파견하였다. 하비브 미 국무부차관은 박정희 대통령과의 본회담이 끝나자, 카터 정부가 추진하고 있는 인권정책에 대해서도 박정희 대통령과 의견교환을 하였다. 특히 하비브 미 국무부차관은 갓 출범한 카터 정부가 의욕적으로 추진하고 있는 인권외교에 대해서 박정희 정부도 협조해줄 것을 정중히 요청하였다. 특히 그는 1971년부터 1974년까지 한국에서 미 대사로 근무한 경력이 있었기에 한국의 특수한 정치적 상황을 누구보다도 잘 이해하고 있는 지한파 인물이었다. 그러나 하비브 미 국무부차관의 요청은 박정희 대통령의 거절로 대화가 종결지어졌고, 박정희 대통령의 설득에 하비브 미 국무부차관도 박정

---

258) http://www.jimmycarterlibrary.org/documents/pddirectives/pd13.pdf, 검색일(2010년 3월 8일).

희 대통령의 논리에 동의하였다. 세부 대화록은 아래와 같다.

하비브) 카터 대통령의 국내정치적 입장이 어렵다는 것을 각하께서 잘 좀 이해해 주십시오. 카터 대통령의 국내정치적 입장이나 얼굴, 체면을 세워주시기 위해 간청합니다. 무언가 제스처를 좀 써 주십시오.

박정희) 스나이더 대사에게는 이야기했지만 한국에 소위 인권문제는 존재하지 않습니다. 카터 대통령의 입장을 고려하고 이해해 달라는 이야기는 같은 정치인으로서 이해가 갑니다. 그러나 근본적인 문제는 한국 내에 소위 인권문제는 존재하지 않는다는 겁니다. 물론 대통령에게 사면권은 있습니다. 또 나 자신 대통령으로서 사면권을 과거 몇 차례 행사했습니다. 대표적인 것이 민청학련 사건입니다. 그러나 대통령의 사면권 행사 여부는 본인들, 즉 복역자들의 자세에 달려 있습니다. 그 사람들이 개과천선하고 개전의 정을 엿보이고 복역자세가 좋을 경우 내가 사면을 해왔고, 사면을 할 것입니다. 그런데 복역자들의 자세가 마치 영웅이나 된 것처럼 경고망동하고 있는 게 문젭니다. 당신들이 온다니까 구세주나 온 것처럼 기대하고 있다는 이야기가 있습니다. 이런 상황에서 어떻게 사면을 하겠소? 사면은 못 합니다.

하비브) 알겠습니다. 다음 3가지를 각하에게 말씀드리겠습니다. 첫째, 소위 인권문제가 한국에 없다는 것에 동의합니다. 둘째, 미국 정부는 이제부터 대외적으로 인권문제를 공식 논평하거나 언급하지 않겠습니다. 셋째, 이른바 반한 인사들이나 또 한국 내의 반정부 인사들을 부득이 만나게 되어 무엇인가를 요청받는 경우라도 미국 정부는 이제 이 문제는 저희가 어디까지나 대한민국 법 절차에 따라 처리될 문제이기 때문에 우리에게 그릇된 기대를 하지 말라고 얘기하겠습니다.[259]

카터 대통령의 PD-13에 의거 1977년 7월 8일에는 PRM-28(Human Rights)이 완성되었다. 카터 정부는 PRM-28을 통해 그동안 행정부

---

259) 선우련, "박정희 육성증언下", 『월간조선』, 4월호 (1993), pp.630~631.

내에서 논의되어 온 인권외교정책의 목표, 원칙, 수단 등 다양한 분야를 망라하여 정리함으로써 인권외교정책의 기조를 아래와 같이 제시하였다. 첫째, PRM-28은 인권외교의 목표를 도덕적 가치의 실현이라는 이상주의적 측면과 냉전의 전통에서 국익추구라는 현실적 측면 모두에게서 찾았다. 둘째, 국가의 다른 정책과 인권정책과의 우선순위 및 관계를 정립하였다. 셋째, PRM-28은 제3세계 인권외교정책의 기조를 밝히고 있다. 넷째, 인권외교정책을 세부적으로 시행하는 데 필요한 구체적인 방법을 제시하였다.

PRM-28의 기본 입장은 전적인 인권외교를 주창하는 그룹과 인권을 이데올로기적 수단으로 간주하는 세력의 중간 형태에서 타협한 것이다. 즉 인권정책의 도덕적 목표를 강조하지만 동시에 인권을 도구로 소련과의 이데올로기적 경쟁의 가능성도 배제하지는 않았다. 카터 대통령은 인권과 다른 정책과의 우선순위 문제에 대해서는 인권을 우선적으로 고려해야 한다고 주창하면서도 실제 정책의 실행은 다양한 외교목표를 총괄하여 융통성 있게 판단하도록 하였다. 카터 정부의 인권정책이 타협적인 모습을 보인 것은 정책의 현실성을 높이기 위한 것이었다.[260]

한편 하비브 미 국무부차관의 약속과 달리 1977년 6월, 코리아게이트로 인한 의회청문회[261]는 미국 내 반한분위기를 고조시켰다. 박동선의 코리아게이트로 인해 미국 내에서는 3가지의 조사가 동시에 진행되었다. 이는 미 법무부의 박동선 관련 부정조사, 미 하원

---

260) 박원곤, 앞의 글, pp.61~69.

261) 중앙정보부 요원으로서 주미 초대 공보관장을 지낸 이재현은 1973년 6월, 갑자기 미국으로 망명하였으며, 1975년 6월부터 시작된 프레이저 청문회간 증인으로 참석하여 중앙정보부가 미국 내 반 박정희 여론과 활동을 무마하기 위한 로비활동과 공작을 폭로하였다.

윤리위원회의 미 하원의원 및 가족의 한국 정부로부터의 수뢰혐의 조사, 소위 '프레이저 소위'라고도 불리는 하원 국제관계 위원회 산하 국제기구 소위원회의 한국 정부기관의 미국 내 활동조사였다. 그러나 사건의 핵심인물인 박동선은 1977년 8월, 미 의회의 증언요청을 거부하고 한국으로 귀국하였다. 이에 카터 정부는 스나이더 주한 미 대사를 박정희 대통령에게 보내 박동선의 미 의회 증언에 협조하도록 요청하였으나 실패하였다. 1977년 9월 6일, 미 대배심은 박동선을 뇌물, 선거유세에 대한 불법기부, 우편물 사기, 공갈 등 36건의 혐의로 기소하였다. 그러나 주미 한국대사관은 이에 대해 박동선 사건은 한국 정부와 무관하다는 성명을 발표하였고, 미 여론과 의회의 반한적 분위기는 최고조에 달하였다.

박동선 사건은 점차 한미관계 전반으로 확산되어 카터 정부를 곤혹스럽게 만들었다. 일련의 미 의회 의원들은 박동선이 미국으로 소환되지 않을 경우 주한미군 철수에 따른 대한국 보상조치의 의회 승인이 어려울 것이라며 박정희 정부를 압박하였다. 이러한 미 의회의 요구에 박정희 정부는 코리아게이트에 한국 정부가 연루되지 않았다고 강조하면서 박동선을 최대한 설득하여 미국에 협조하도록 하겠다고 밝혔으나, 박동선을 강제로 미국으로 소환할 수는 없다고 함으로써 사실상 미 의회의 요구를 거부하였다.

카터 정부는 주한미군 철수정책으로 이미 안보적 위기감을 느끼고 있는 한국을 박동선 사건으로 더욱 곤경에 빠뜨릴 경우 동맹관계의 근본이 훼손될 것을 우려하였다. 특히 미 법무부가 박동선의 소환에 대해 원칙적인 입장을 고수하자, NSC를 중심으로 하는 카터 정부는 한미동맹의 부정적 인식이 동북아 전체에 미칠 악영향을 고려하여 적극적인 문제해결에 나서게 되었다. 결국 미 국무부의 중재로 한미 양국은 박동선을 한국에서 심문한다는 것에는 합의하였으나, 박정희 정부는 박동선의 미국 소환만큼은 완강하게 반대하였다. 일단 박동선이 미국으로 소환되면 미 의회의 소환장을 받아 의회에 출석하여 의원들로부터 박동선과 한국 정부와의 연계를 집중적으로 추궁받을 것을 우려하였기 때문이었다.[262]

1977년 12월 30일, 마침내 한미 양국은 면책특권이 부여된 상태에서 박동선의 증언을 청취하기로 합의하였고, 카터 대통령은 박동선 사건을 포함한 그간의 한국문제에 자신의 견해를 피력하였다. 이후 카터 대통령과 박정희 대통령은 서신을 교환하면서 박동선 사건으로 겪은 양국의 입장을 수용하고 문제를 일단락하였다. 카터 정부는 박동선 사건을 해결하기 위해 미 법무부와 미 의회, 한국 정부를 상대하면서 의견을 조율하였고, 그 과정에서 인권문제를 적극적으로 제기하지는 않았다. 하지만 카터 대통령이 한국의 인권문제에 대해 완전히 손을 뗀 것은 아니었다. 카터 정부는 주한 미 대사관을 통해 지속적으로 명동사건 관련자의 석방을 박정희 정부에게 요구하였고, 1977년 12월, 김대중을 제외한 대부분의 명동사건 관련자가 마침내 석방되는 결실을 얻기도 하였다.

카터 정부는 1978년 2월 17일, PD-30(Human Rights)을 통해 다시 한 번 인권정책의 중요성을 천명하였다. PD-13은 다음과 같은 내용을 담고 있었다. 첫째, 인권정책의 목적은 전 세계를 대상으로 인간의 존엄성과 시민·정치적 권리, 경제·사회적 권리 등을 증

---

262) Memorandum for Zbigniew Brzezinski from Far East, "Weekly Report", November 10, 1977, NSC, DDRS.

진하는 것이다. 둘째, 인권증진을 위해 미국은 동원 가능한 모든 외교적인 수단을 사용할 것이다. 여기에는 직접적인 외교접촉, 공공성명, 상징적인 행위, 동맹국과의 협의, 비정부기구, 국제기구와의 협력 등이 포함된다. 셋째, 긍정적인 반응을 이끌어내기 위한 방안에 집중한다. 예를 들면, 인권이 향상된 국가에는 미국의 해외원조를 증대하고, 매년 인권상황에 따라 해외원조 프로그램을 재검토한다. 넷째, 단기간의 성과보다는 장기 및 종합적인 상황에 집중하고자 한다. 다섯째, 미국은 극단적인 상황을 제외하고는 인권을 침해하는 정부의 공권력을 경제적으로 지원하지 않는다. 여섯째, 국제금융기구를 활용하여 인권의 향상을 모색하되 국제금융기구의 본질적 존재 이유인 경제기구로서의 기능을 훼손하지는 않는다. 그중에서도 특히 인권과 해외원조를 연계하겠다는 방침은 한국 정부에게 상당한 의미를 주는 내용이었다.[263]

카터 대통령은 1978년에 들어서도 인권정책과 주한미군 철수정책을 대한정책의 양대 축으로 추진하였다. 특히 카터 대통령은 1977년 12월, 박정희 정부의 명동사건 관련자들의 석방을 인권정책의 성공적인 사례라고 생각하면서 보다 적극적으로 박정희 정부에 강온양면정책을 추진하였다. 그리고 카터 대통령은 1978년 1월 17일자 친서를 통해 인권정책의 비중을 상당히 강조하였다.

> 지난 12월 나는 귀하의 정부가 1976년 3월 서울에서 시도된 명동선언 관련자를 포함한 위반 구금자를 석방한 것을 알고 있습니다. 이것은 인권과 관련하여 긍정적인 조치입니다. 비록 이와 관련하여 아직도 취해야 할 조치가 남아 있지만 나는 대통령께서 취한 조치에 경의를 표합니다. 양국

---

263) http://www.jimmycarterlibrary.org/documents/pddirectives/pd30.pdf, 검색일(2010년 3월 11일)

카터 대통령은 서신을 통해 박정희 정부가 비록 김대중을 제외한 명동사건 관련자들만 석방하기는 했지만, 그 자체만으로도 카터 정부의 인권정책이 박정희 정부에게 나름대로 효과가 있음을 인지하고, 한미관계에 있어 인권의 비중을 지속적으로 강조함으로써 박정희 정부에게 무언의 압력을 주었다.

카터 정부는 인권정책 추진에 어려움과 한계가 있음을 인정하기는 했으나 도덕적 주도권, 실제적인 적용, 다른 국가이익의 저해 여부 등의 측면에서 성과를 거두어 정책추진의 동력을 형성했다고 평가하였다. 특히 인권정책의 추진이 현실적 이해를 반영한 다른 국가이익을 저해하지 않았다고 봄으로써 인권과 안보를 독립적으로 보는 인식을 나타내었다. 이러한 인식은 인권을 안보적 이해의 범위 내에서만 보는 것과는 차별화되는 것으로 도덕적 고려를 중시하는 시각이다. 따라서 카터 대통령을 비롯한 정부의 주류는 1978년 초부터 세계적 차원에서 지속되는 현실적 이해를 통제하고 인권에 비중을 두는 경향을 보였다.

1977년과 비교해볼 때, 1978년 전반기에는 1977년 한 해 동안 누적되어 온 카터 대통령의 아시아 정책에 대한 아시아 동맹국의 비판적 견해가 현실적 고려 및 현실주의자의 입장을 강화시켜 인권문제 제기를 보다 어렵게 하였다. 전반적으로 일본을 비롯한 아시아 지역 동맹국들은 미국이 아시아 지역을 중시하고 있다는 증

---

264) Letter for Park Chung-hee from Jimmy Carter, January 17, 1978, The White House, DDRS.

거를 보기 원하였다. 그래서 카터 정부의 아시아정책은 비판에 직면하였다. 카터 정부의 도덕외교는 냉전논리 속에서 안보를 우선시하는 아시아 국가들에게는 받아들여지지 않았다. 즉 군사적 수단을 줄이고 대화와 협상을 통해 전략적 문제를 해결하려는 카터 정부의 기본 입장이 소련, 중국, 베트남, 북한 등과 같은 공산진영의 위협에 직면하여 군사적 수단에 의한 안보를 가장 중시하는 역내 국가의 논리와는 많은 이질감이 존재하였다.

1978년 들어 동맹국들의 안보논리에 밀려 인권정책이 유보되는 어려운 상황에서도 카터 대통령은 인권정책을 완전히 포기하지는 않았다. 기존에 비해 전반적으로 빈도수가 줄어들었고, 이전과 같은 다양한 경로를 통해 인권문제를 제기하거나 보상조치를 압력수단으로 사용하지는 못하였지만, 1978년 5월 25일자 친서를 통해 박정희 대통령에게 다음과 같이 인권문제를 제기하였다.

> 나는 최근 수개월 사이 한국에서 정치적 표현에 대한 제재가 완화된 것에 만족감을 표합니다. 나는 귀하의 정부 내정에 직접적인 관심은 없지만 귀하가 미국 국민의 인권에 대한 강한 헌신을 알고 있으리라 봅니다. 나는 자유로운 사상의 상호작용이 한국 사회와 정부를 강화할 것으로 믿습니다. 또한 귀하가 시작한 정치적 진전과 자유를 향한 전개를 지속하기를 고대합니다.[265]

박정희 대통령은 카터 대통령의 인권문제 제기에 1978년 6월 8일자 답서를 통해 다음과 같이 정중하게 한국의 특수한 정치적 상황에 대한 양해를 요청하였다.

---

265) Letter from President Jimmy Carter, May 17, 1978, DDRS.

본인은 한국을 포함한 개발도상국의 정치발전문제에 관하여 미국이 가지고 있는 견해를 모르는 것이 아닙니다. 우리는 미국과 같은 정치목표를 추구하고 있지만, 본인은 북한의 집요한 군사력 도발에 직면하여 국가안보를 보전하고 우리 국민의 복지를 증진하는 것이 이 나라의 대통령으로서 본인의 중요한 직무라고 생각합니다. 휴전협정과 투철한 경계태세 그리고 우리의 억지력만이 한반도의 불안정한 평화를 유지하고 있는 여건 하에서는 완벽한 평화와 안정을 향유하고 있는 다른 나라에서는 필요가 없는 특수한 조치를 불가피 취할 수밖에 없는 실정입니다. 당면한 국가안보요구를 효과적으로 충족시키기 위하여는 자유방임된 정치토론에 있어서도 어느 정도의 자제가 불가피하다는 것을 우리는 과거의 경험을 통하여 잘 알고 있습니다. 그러나 본인은 본인이 설정한 국가 현대화의 목표를 추구함에 있어서 경제적, 사회적 발전에 병행하여 우리 국민의 정치생활도 계속 착실하고 건전하게 발전시켜야 한다고 생각하고 있음을 말씀드리는 바입니다.[266]

1978년 후반 이래 카터 정부의 대한정책에서 도덕외교의 비중을 높일 수 있는 여건이 조성됨으로써 전반적인 정책의 비중이 인권정책을 중시하는 방향으로 전환되었다. 우선 코리아게이트와 관련하여 김동조 전 주미 한국 대사의 증언과 이로 인한 미 의회의 보상조치 승인거부문제가 해결되었다. 즉 1978년 4월 21일, 카터 대통령의 주한미군 철수일정 조정방안이 발표된 후, 카터 정부의 중재로 김동조 전 주미 한국 대사의 증언이 가시화되어 동년 8월, 박정희 정부는 미 의회의 질의서에 김동조 전 주미 한국 대사의 답변을 제출하기로 합의하였고, 그리고 동년 9월 18일, 김동조 전 주미 한국 대사가 미 하원윤리위원회에 답변서를 제출함으로써 그동안 한미 양국 간의 갈등이 해결되었다.[267] 이에 호응하여 미 의회는

---

266) "박정희 대통령 친서(1978.6.8)", 『Brzezinski, Z. 미국 대통령 안보담당 보좌관 방한, 1978.5.24.~25. 전2권 V.1 기본문서』, MF, 721.42US, pp.3~4, 외교통상부 외교사료관.

267) 미 하원윤리위원회는 1978년 10월 13일, 3명의 의원에 견책이라는 미약한 처벌로 막을 내렸고, 미 상원 윤리위도 10월 16일, 보고서를 채택하는 것으로 끝냈다. 미 하원 외무위의 프레이저소위원회도 11월 1일, 이 사건을 중심으로 한미관계를 정리한 보고서를 채택하는 것으로 코리안게이트는 공식적

1978년 9월 26일, 1978년도 국제안보원조법안을 통과시켜 1982년 12월 31일까지 카터 대통령이 요청한 총 8억 달러 상당의 주한미군 장비의 한국군 이전을 승인하였다.[268]

김동조 전 주미 한국 대사의 질의서 제출 및 보상조치 문제의 해결과 병행하여 카터 정부의 대한국 인권정책도 강화되었다. 카터 정부는 코리아게이트의 해결 조짐, 미 의회의 주한미군 철수 보상조치, 김대중의 건강 등을 이유로 지금이 박정희 대통령의 관대한 조치를 기대할 시기라고 판단하고 인권문제 제기를 본격화하였다. 특히 박정희 정부가 카터 정부의 오랜 인권외교에도 불구하고, 권위주의 체제를 점진적으로 강화하자, 카터 대통령은 박정희 정부의 긴급조치 9호[269]의 적용상황에 관해 보고하도록 지시하였다. 그리고 이러한 지침에 따라 1978년 9월, 스나이더의 후임으로 새로 부임한 글라이스틴 주한 미 대사는 인권에 대한 관심을 공개적으로 표명하였다. 그는 취임 직후 한미협회에서 행한 연설에서 이에 대해 다음과 같이 밝혔다.

으로 종결되었다. 문창극, 앞의 책, p.263.

268) Memorandum for Zbigniew Brzezinski from Nick Platt, "Your Appointment with Korean Foreign Minister Park Tong-chin September 29", September 28, 1978, NSC, DDRS.

269) 긴급조치 9호는 남베트남이 붕괴된 직후인 1975년 5월 13일, 국가안보를 위한 불필요한 국력 낭비, 국론 분열, 국민총화 달성을 위해 발표되었다. 긴급조치 9호는 긴급조치 1호의 내용을 확대, 보강한 것으로 사회통제의 수준을 유신체제 초기의 초강경 수준으로 환원한 것이었다. 긴급조치 9호가 금지하는 주요행위는 다음과 같다. ① 유언비어를 날조·유포하거나 사실을 왜곡하여 전파하는 행위, ② 집회, 시위 또는 신문, 방송, 통신 등 공중전파수단이나 문서, 도화, 음반 등 표현물에 의하여 대한민국 헌법을 부정, 반대, 왜곡 또는 폐지를 주장, 청원, 선동 또는 선전하는 행위, ③ 학교 당국의 지도·감독 하에 행하는 수업, 연구 도는 학교장의 사전 허가를 받았거나 기타 의례적, 비정치적 활동을 제외한 학생의 집회, 사위 또는 정치관여 행위, ④ 이 조치를 공연히 비방하는 행위 등 크게 4가지이다. 합동통신사, 『합동연감』(서울: 합동통신사, 1976), p.12.

박정희 정부의 장기 집권에 따른 국민들의 반발과 카터 정부의
대한 인권외교가 강화됨에 따라, 박정희 정부의 오히려 권위주의
체제를 강화하였다. 박정희 정부는 점진적으로 긴급조치를 공표하
여 반정부 활동을 탄압하였다. 급기야 긴급조치 9호에 의해 1975년
5월 이후부터는 정부에 대한 어떠한 비판도 금지되는 상황까지 이
르고 말았다. 이에 따라 한미 간의 동맹 갈등은 점차 심화되고 갔다.

3) 정상회담의 추진과 인권갈등의 심화

카터 대통령은 한미정상회담을 대한국 인권 압력의 수단으로 활
용하였다. 당시 박정희 대통령은 카터 대통령과의 정상회담을 원하
였는데, 이를 간파한 카터 대통령은 정상회담의 전제조건으로 박정
희 정부의 인권 개선을 전제조건으로 요구하였다. 특히 김대중의 석
방과 긴급조치 9호의 해제를 추진하면서 글라이스틴 주한 미 대사
를 통해 박정희 정부에 압력을 가하였다. 글라이스틴 주한 미 대사
는 1978년 10월, 박정희 대통령을 만나 정상회담에 대해 논의하였
고, 본국의 훈령에 따라 인권문제도 제기하였다. 이러한 카터 정부
의 다각적인 대한국 인권정책의 추진 결과 마침내 박정희 정부는

---

270) Telegram to SECSTAT from Gleysteen, "Ambassador's address in Korea/American association",
DoS, September 8, 1978, DDRS.

1978년 12월 27일, 김대중을 비롯한 107명의 정치범을 석방하였다.

카터 대통령의 인권정책은 1979년 1월 23일, 의회에서 발표한 연두교서에서도 다시 한 번 강조되었다. 카터 대통령은 "미국이 존중하는 제 가치(개인의 자유, 자결, 자유 속에서의 인간의 잠재력 인정 등)는 세계 어디서나 구현되어야 하며, 미국은 인권문제에 관해 지도적인 역할을 수행하고 있다"라고 밝혔다.[271] 이후 박정희 정부의 전격적인 인권개선에 대해 카터 대통령은 1979년 1월, 한국을 방문한 넌 미 상원의원 일행 편을 통해 김대중을 포함한 정치범의 대규모 석방 조치에 경의를 표하였고, 이러한 조치가 앞으로도 지속되기를 희망한다는 메시지를 전달하였다. 또한 박정희 정부의 이러한 인권개선은 박정희 정부에 대한 카터 정부의 인식에 중요한 영향을 준다고도 밝혔다. 1979년 3월에는 대한정책의 핵심인사인 홀브룩(Richard C. Holbrooke, 1941~2010) 미 국무부 동아시아·태평양 차관보가 한국을 방문하여 인권문제를 제기하였다. 홀브룩 미 국무부 동아시아·태평양 차관보는 박정희 대통령을 면담한 자리에서 한미정상회담을 위해서는 긴급조치 9호의 해제와 구금자 석방을 포함한 가시적인 인권문제의 개선이 필요하다고 밝혔다. 또한 김재규(金載圭, 1926~1980) 중앙정보부장과의 회담에서도 박정희 정부의 인권상황은 한미관계에 영향을 준다면서 인권문제를 제기하였다.[272] 이후 박정희 정부는 1979년 3월 21일, 6명의 긴급조치 9호 위반자의 석방을 발표하였다. 그리고 박정희 정부의

---

271) "카터 대통령 연두교서 내용", 『Carter, Jimmy 미국 대통령 연두교서, 1979』, MF, 721.4US, p.6, 외교통상부 외교사료관.

272) Telegram from American Embassy in Seoul to Secretary of State, "Holbrooke Meeting with ROK Foreign Minister", March 17, 1979, DOF, Box 2.

이러한 모습은 카터 대통령에게 박정희 대통령이 한미정상회담을 간절히 원한다는 인식을 심어주게 되었다.

한미정상회담을 추진함에 있어 크리스토퍼(Warren M. Christopher, 1925~) 미 국무부차관은 1979년 3월말, 최종적으로 정상회담 개최장소와 시간을 확정하기 전에 한국 인권을 향상시킬 수 있는 방안에 대해 보고토록 주한 미 대사관에 훈령을 내렸다. 특히 한미정상회담의 개최가 박정희 정부의 정치적 자유 허용정도에 미국이 만족하고 있다는 잘못된 인상을 주면 안 된다고 강조하였다. 카터 정부는 한미정상회담 개최의 주요 전제로 박정희 정부의 인권요소를 고려하는 한편, 필요에 따라 회담을 인권상황의 진전에 따른 조건부로 한다는 입장이었다.[273]

글라이스틴 주한 미 대사는 한미정상회담 추진과 관련하여 본국 정부와는 다른 생각을 가지고 있었다. 그는 카터 대통령의 방한을 주한미군 철수정책으로 손상된 한미관계를 회복하는 계기로 삼고자 함으로써 박정희 정부와 갈등의 소지를 갖고 있는 인권과의 연계를 반대하였다. 즉 정상회담은 지도자 간의 만남이 아니라 국가 대 국가 간의 행사라면서 정상회담 전에 인권과 관련된 가시적 성과를 요구하거나, 조건부 정상회담이 되어서는 안 된다는 것이 그의 일관된 생각이었다.[274] 또한 글라이스틴 주한 미 대사는 기본적으로 권위주의 성격을 가지고 있는 박정희 정부가 현실적으로 카터 대통령이 바라는 만큼 자유주의 체제로 전환될 가능성이 없다

---

273) Telegram from Secretary of State to American Embassy in Seoul, "Human Rights and the Summit", March 31, 1979, DOF, Box 3.

274) Telegram from American Embassy in Seoul to Secretary of State, "ROK Summit Need for a Decision", March 21, 1979, DOF, Box 2.

는 시각을 갖고 있었다. 카터 정부도 박정희 정부의 획기적인 인권 개선조치가 이루어지기 힘들다는 글라이스틴 주한 미 대사의 의견을 인정하였지만, 한미정상회담 전까지 최대한 박정희 정부에 압력을 가하도록 지시함으로써 마지막까지 박정희 정부의 가시적인 조치를 이끌어내기 위하여 노력하였다.[275] 하지만 글라이스틴 주한 미 대사는 카터 대통령에게 인권관련 문제에 대해 구체적인 요구가 아닌 일반적 견해만 피력하도록 제안하였다. 즉, 인권과 관련되더라도 특정 정치인, 정당, 교회 등을 지칭하지 말도록 제안하는 한편 반정부인사 석방, 긴급조치 9호 해제 등의 요구 없이 미국은 한국의 인권상황을 중시하며 일반 국민의 정치참여를 확대하라는 등의 원론적인 이야기만 하도록 건의하였다.[276]

1979년 6월 30일, 역사적인 한미정상회담에서 인권정책은 다시 도마 위에 올랐다. 카터 대통령은 긴급조치 9호의 폐지와 가능한 많은 정치범의 석방을 요구하였다. 카터 대통령은 박정희 대통령의 결정에 영향을 줄 수 있는 의도와 능력은 없지만, 위와 같은 조치가 이루어진다면 한미관계는 엄청나게 향상될 것이라고 밝혔다. 이에 대해 박정희 대통령은 한국적 특수한 상황을 설명하면서 긴급조치 9호를 해제할 경우 반정부 세력이 정부를 전복하려 들 것이라고 비난하면서 이해를 부탁하였다. 이러한 카터 대통령의 인권관련 요구는 현실주의적 시각을 가진 글라이스틴 주한 미 대사의 제안을 부정한 것이었다. 앞에서 밝힌 바와 같이 그는 카터 대통령에게

---

275) Telegram from American Embassy in Seoul, "U.S-ROK Summit Meeting", April 10, 1979, DOF, Box 2.

276) Telegram from Secretary of State to American Embassy in Seoul "Summit Background Paper3: Human Rights", May 25, 1979, DOF, Box 2.

정상회담에서 반정부 인사 석방, 긴급조치 9호의 해제 등의 구체적인 요구가 아닌 일반적인 견해만 피력하도록 제안하였지만, 카터 대통령은 인권관련 문제를 직접적으로 제기하였다.[277]

단독회담 이후에도 카터 대통령은 인권과 관련된 많은 일정을 소화하였다. 한국 국회연설을 통해 인권의 중요성을 강조하고, 야당인 김영삼(金泳三, 1927~) 신민당 총재를 면담했으며, 밴스 미 국무부장관을 통해 100명 이상의 정치범 명단을 박정희 정부에 전달[278]하면서 석방을 요청하는 등 많은 인권관련 일정을 진행하였다. 한편 박정희 대통령은 카터 대통령 방한 마지막 날인 7월 1일 오후, 밴스 미 국무부장관과 글라이스틴 주한 미 대사를 청와대로 불러 한미정상회담 간 논점이었던 방위비 지출을 GDP의 6% 이상으로 올릴 것을 약속하고, 카터 대통령의 인권에 관한 생각을 이해한다면서 가능한 조속히 민주화 조치를 취하겠다고 약속하였다.[279] 카터 대통령의 인권외교 개념은 결국 한미정상회담 이후 발표된 공동성명에 포함되었다.[280] 그리고 4일 후인 7월 5일, 박정희 대통령은 글라이스틴 주한 미 대사를 불러 향후 6개월간 180명의 정치범을 석방하겠다는 메시지를 전달하였다. 또한 반정부인사인 이태영(李兌榮, 1914~

---

277) 박원곤, 앞의 글, pp.226~227.

278) 밴스 미 국무부장관은 1979년 7월 1일, 오후 2시에 신라호텔에서 이한직전 가진 기자회견에서 미 국무부와 국제사면위원회(Amnesty)에서 작성한 인권관련 억류자 2개의 명단을 전달하였음을 밝혔다. "Vance 미 국무장관 기자회견 내용(요약)", 『Carter, Jimmy 미국 대통령 방한, 1979.6.29.~7.1. 전11권(v.3 결과보고)』, 724.12US, p.4, MF, 외교통상부 외교사료관.

279) William H. Gleysteen, Jr. 저, 황정일 역, 앞의 책, p.85.

280) 카터 대통령은 이한 직전인 1979년 7월 1일, 발표된 공동성명 15항에 "양국 대통령은 국제적으로 인정된 인권의 존중이 모든 나라에 중요하다는 데 유념하였다. 카터 대통령은 한국의 정치 성장과정이 한국민의 경제·사회성장에 계속 상응할 것이라 희망을 표시하였다. 이와 관련하여 박정희 대통령은 한국이 직면하고 있는 현재의 특수한 상황과 아울러 이 문제에 대한 그 자신의 견해를 설명하였다"라고 명시함으로써 카터 대통령의 인권에 대한 집념을 엿볼 수 있다.

1998) 여사의 방미를 허용하고, 7월 17일에는 86명의 정치범을 석방하는 등 나름대로 인권관련 완화조치를 취하였다.[281]

한미정상회담 이후 일시적으로 해빙무드로 접어들던 한미관계는 곧 경색국면으로 바뀌었다. 박정희 정부는 1979년 7월 31일, 신민당 기관지인 『민주전선』의 문부식(文富植, 1929~1996) 주간을 긴급조치 9호 위반으로 체포하고, 동년 8월 11일에는 신민당사에서 농성 중인 YH무역 소속 여성근로자를 강제 연행하던 도중 근로자 1명이 사망하는 사건이 발생하였다. 이로 인해 신민당은 대여 강경투쟁으로 전환한 가운데, 일부 신민당 의원이 제출한 김영삼 총재직 정지 가처분 신청이 1979년 9월 8일 법원에 의해 받아들여졌다.[282]

카터 정부는 이러한 한국 내 상황에 대해 적극적으로 의견을 개진하면서 박정희 정부에 압력을 가하였다. 문부식 주간의 체포에 대해 미 국무부는 유감을 표명하면서 언론 자유에 반하는 조치라는 논평을 내는 한편 주한 미 대사관을 통해 문부식의 체포와 긴급조치 9호에 대한 미국의 비판적 입장을 전달하였다. 또한 YH무역 노동자 사건에 대해서도 미 국무부는 공권력이 과도하고 잔인하게 투입됐다면서 철저한 진상조사와 처벌이 이루어지기를 바란다는 내용의 논평[283]을 발표하였다.[284] 박정희 정부는 이를 내정간섭이

---

281) 박원곤, "카터 행정부의 대한정책: 10·26을 전후한 도덕외교의 적용", 『한국정치학회보』, 제43집, 제2호 (2009. 6), p.219.

282) 김영삼, 『김영삼 회고록: 민주주의를 위한 나의 투쟁』(서울: 백산서당, 2000), pp.145~150.

283) YH무역사건에 대해 당시 미 국무부는 1979년 8월 14일, 대변인 성명을 통해 "농성 중인 YH무역 종업원을 해산시키려고 한밤중에 경찰이 신민당사에 강제로 진입한 것은 지나치고 잔인한 행동이었음이 의심할 여지없이 명백하다. 우리는 이 사건에 관해 주한 미 대사관의 보고를 받았을 뿐 아니라 여러 신문보도에도 접했다. 한국 정부당국이 과도한 경찰행동의 책임자에 대해서는 적절한 징계조치를 위하기 바란다"고 강력하게 비난하였다. 이상우, "70년대 한국의 민주화와 미국의 압력", 『신동아』, 4월호 (1987), p.203.

284) Telegram from American Embassy in Seoul to Secretary of State, "Police Assault on NDP

라고 반발[285]하였으나, 미 국무부는 "미국은 소련이 자국 내의 유태인을 투옥했을 때도 여러 차례 항의성명을 낸 바 있고, 그때마다 그와 같은 행동을 중지하기 바란다는 희망을 표명했었다"고 반박하였다.[286]

글라이스틴 주한 미 대사는 김영삼 문제를 제기하는 것에 최대한 신중해야 할 것을 본국에 요청하면서 고위 차원에서 상세한 비판을 가하는 것은 상황을 안정시키는 데 도움이 되지 않고, 한국내 모든 세력들이 자제해야 한다는 성명을 발표하는 것이 바람직하다고 건의하였다. 그러나 카터 정부는 글라이스틴 주한 미 대사의 현실주의적 시각에 따른 건의를 수용하지 않고, 현 상황이 악화되어 인권이 더욱 억압받는 것을 막기 위한 미국의 건설적 역할이 필요하다면서 여러 분야에서 구체적이고 석극석인 조치를 취하였다.

1979년 10월 4일, 박정희 정부는 김영삼 신민당 총재가 뉴욕타임즈지와의 인터뷰에서 "카터 정부가 박정희 정권에 대한 지지를 종식해야 하며, 미국이 근본적으로 독재체제여서 국민들로부터 점점 외면당해가고 있는 박정희 정부와 민주주의를 열망하는 다수 국민 가운데서 명백히 선택을 해야 할 시기가 왔다"는 발언을 빌미로 김영삼 신민당 총재를 국회에서 제명하자, 이를 재앙이라고 평가하면서 민주정부의 원칙에서 벗어나는 일이라는 성명을 발표하

Headquarters", August 14, 1979, DOF, Box No. 3.

285) 1977년 8월 15일, 박정희 정부는 내무부 대변인 성명을 통해 다음과 같이 카터 정부에 항의하였다. "남의 나라 국내문제에 대해 정확히 알지도 못하면서 왈가왈부 언급한다는 것은 남의 나라에 대한 내정간섭이라며 도덕적으로도 비난의 대상이 된다는 것을 깨닫지 못한 것을 유감스럽게 생각한다." 이상우, 앞의 글, p.254.

286) Telegram from American Embassy in Seoul to Secretary of State, "Early Assessment of Impact of Y.H. Incident", August 17, 1979, DOF, Box 2.

였다. 그리고 보다 강력한 조치의 필요성에 따라 1979년 10월 5일, 글라이스틴 주한 미 대사를 본국으로 송환하였다. 미국 정부는 이승만 정부 말 이래로 한국 정부의 내정에 대한 불만으로 주한 미 대사를 소환한 사례가 없었기 때문에 이번 조치는 박정희 정부에 강력한 압박으로 작용하였다. 그리고 1979년 10월 13일에는 밴스 미 국무부장관이 김용식 주미 한국 대사를 불러 총체적인 실망감을 표명하는 미 의회의 분위기를 전하는 한편, "한국 정부가 자유화 조치를 위하지 않을 경우" 안보협력분야를 비롯한 다양한 분야에서 문제가 발생할 것이라고 압력을 가했다.[287]

카터 대통령도 박정희 대통령에게 직접적으로 문제를 제기하였다. 글라이스틴 주한 미 대사는 10월 16일, 한국으로 귀환하면서 카터 대통령의 친서를 박정희 대통령에게 전달하였다.

나는 최근 한국 상황에 대해 우려를 금치 못하고 있습니다. 특히 김영삼 씨의 의원직 박탈은 미국 내에서 귀하의 이미지와 대한국 지지여론에 큰 상처를 내고 있습니다. 정치적 비판에 따른 체포와 제재가 지속된다면 최근 귀하께서 이룩한 진보에 누가 될 것입니다. 나는 가장 빠른 시일 내에 제재를 완화하는 조치를 시행할 것을 강력히 요구합니다.[288]

카터 대통령의 친서 전달과 함께 제12차 SCM 참석차 1979년 10월 18일, 방한한 브라운(Harold Brown, 1927~) 미 국방부장관도 박정희 대통령과의 면담을 통해 그를 압박하였다. 브라운 미 국방부장관은 "현 한국의 상황이 양국 안보관계에 영향을 주는 것은 원

---

287) Telegram from Secretary of State to American Embassy in Seoul, "Secretary Concerns to Attention of ROK Ambassador", October 15, 1979, DOF, Box No. 3.

288) Letter from Jimmy Carter to Park Chung-hee, October 13, 1979, The White House, DDRS.

치 않지만, 한국 정부가 자유화 조치로 다시 돌아서지 않으면 어쩔 수 없이 어려움이 있을 수밖에 없다”는 미국의 입장을 전달하였다. 동석한 글라이스틴 주한 미 대사도 미 의회의 분위기를 전하면서 친한파 의원들조차 김영삼 의원직 제명 조치에 반대하며, 야당과 타협하기를 원한다고 밝혔다.[289]

1979년도에 들어서 나타난 카터 정부의 대한국 인권정책은 카터 정부 출범 이후 가장 강력한 양상을 보였다. 카터 정부는 인권정책을 추진함에 있어 공개, 비공개 문제제기 및 안보협력카드와 경제 원조 등 동원 가능한 모든 수단을 사용하였다. 특히 대한국 인권정책은 비공개 압력을 사용한다는 원칙에도 불구하고, 이 시기에 수차례 공개적으로 박정희 정부의 내정에 대해 즉각적인 비판이 이루어졌다. 카터 정부는 이러한 공개적인 문제 제기가 박정희 정부에 대한 한국 내 정쟁을 강화시켜 내정불안으로 이어질 것을 예견하고 있었다. 그럼에도 불구하고 이러한 즉각적이고 공개적인 비판을 지속한 것은 체제성격과 상관없는 한국의 안정보다는 인권향상을 통한 대중의 지지확보를 보다 중시한 결과였다.

카터 정부가 이와 같이 도덕적 고려를 중시하고, 비공개원칙에서도 비교적 자유롭게 행동하는 등 강력한 인권정책을 추진할 수 있었던 것은 카터 대통령의 방한시점에서 목격되던 도덕적 고려와 현실적 이해의 비중이 크게 변하지 않고 지속되었기 때문이다. 우선 주한미군 철수정책의 중지가 발표됨으로써 동맹국의 안보우려가 감소되어 인권정책의 재부상이 더욱 용이해졌기 때문이었다.

---

289) Telegram from Secretary of State to American Embassy in Seoul to SECATATE Washington, “Meeting with President Park Regarding Domestic Political Crisis”, October 18, 1979, DOF, Box No. 3.

카터 정부의 인권정책 중심의 도덕외교 추진은 한미동맹관계에 많은 갈등을 야기하였다. 근본적으로 박정희 정부는 1972년 10월 이래 권위주의적 체제인 유신체제를 적용하고 있었고, 이에 반대하는 한국 국민들에 대해서는 9차례에 걸쳐 긴급조치를 발령함으로써 강력하게 탄압하였다. 반면 태생적인 도덕성을 중시하는 공약으로 대통령에 당선된 카터 대통령은 집권 이후에도 그의 도덕성에 기반한 외교정책을 추구하였고, 이는 미국의 대외정책에 고스란히 반영되었다. 한미 간의 이러한 사회·정치적 가치의 불일치는 한미동맹을 갈등관계로 몰아갔으며, 상당히 약화시켰다.

박정희 정부와 카터 정부 간의 도덕외교를 둘러싼 갈등은 안보 분야에까지 영향을 미쳐 브라운 미 국방부장관마저 이를 언급하기에 이르렀고, 1979년 8월, YH무역사건부터 김영삼 신민당 총재의 제명사태에 이르기까지 박정희 정부와 카터 정부가 펼친 외교행태는 때때로 양국의 동맹관계를 의심케 할 정도였다. 결론적으로 카터 정부의 일방적인 인권외교는 박정희 정부가 수용할 수 없는 사회·정치적 가치였기에 동맹의 파기를 불러올 만큼 심각한 위기 국면까지 조성하였다.

사회·정치적 가치를 놓고 전개된 한미 양국의 동맹 갈등은 주한미군 철수가 결국 철회된 것과는 달리 점점 갈등이 고조되었다. 이는 박정희 정부의 마지막 순간까지도 계속되었다. 만약 박정희 정부가 좀 더 오래 지속되었다 하더라도, 한미동맹의 갈등은 인권 문제로 인해 최정점으로 치달았을 것이고, 동맹은 붕괴의 심각한 갈등을 겪었을 것이다. 그러나 박정희 대통령의 급서로 인해 1972년 10월 이래 지속되어 온 유신체제는 하루아침에 붕괴되었고, 카터 정부로서도 더 이상 한국 정부에 인권문제를 제기할 수 없었다. 결국 박정희 대통령의 서거는 외형적으로는 사회·정치적 가치의 불일치로 존폐위기에 놓인 한미동맹을 다시 제자리로 되돌려 놓기는 했으나, 한번 균열된 동맹 갈등은 쉽게 치유되지 않았다.

3. 주한미군 철수와 자주국방의 본격화

1) 주한미군 철수 추진

선거공약으로 주한미군 철수를 주장하던 카터 대통령이 공개적으로 밝힌 주한미군 철수의 배경은 북한의 군사적 위협 약화보다는 한국군의 능력증강이었다. 실제 1977년 5월, 주한미군 철수와 관련하여 대통령 특사 자격으로 방한한 하비브 미 국무부차관은 박정희 대통령을 만난 자리에서 "자주국방 노력과 한국의 경제발전으로 한국의 안보능력이 증대되어, 미국 내에서 주한미군 주둔의 정당성을 유지하기가 힘들다"고 밝히고 있다.[290]

외형적으로 알려진 철군의 배경과 달리 카터 정부의 주한미군 철수정책 추진배경은 크게 두 가지로 나누어 볼 수 있다. 첫 번째 동기는 베트남전쟁의 여파로 인한 개입축소에 기인한다. 카터 대통령은 새로운 세계에서 미국의 적극적인 역할 수행이 필요하다는

---

290) Telegram from American Embassy to SECSTATE, "US Ground Force Withdrawal: Second Meeting with President Park", May 26, 1977, DoS, DDRS.

세계관을 갖고 있었지만, 동시에 베트남전쟁의 여파에 따른 연루의 가능성도 우려하였다. 카터 정부 출범 직후인 1977년 2월 1일, 일본을 방문한 먼데일 부통령이 주한미군 철수정책에 대해 "베트남전쟁 경험을 통해 미국이 방어 부담을 전적으로 맡는다고 하여 반드시 그 국가를 효과적으로 보호할 수는 없다는 것을 깨닫게 되었다"면서 주한미군 철수도 이러한 맥락에서 추진되는 것임을 밝히고 있다.[291]

두 번째 동기는 국내정치적 목적이 작용하였다. 카터 대통령은 1975년 1월, 민주당 대통령 후보로 지명된 직후부터 선거공약으로 주한미군 철수를 주장하였다. 당시 카터가 대통령 선거 유세를 하고 있던 1975년 4월은 사이공이 함락됨으로써 미군의 해외파병에 대한 반대여론[292]이 절정에 달한 시점으로서 주한미군 철수는 베트남전쟁 패배의 충격에서 벗어나지 못한 미국 국민들에게 지지를 받을 수 있는 좋은 이슈였다.

카터 대통령은 취임 직후인 1977년 1월 26일, PRM-13(Korea)을 통해 대한정책을 포괄적으로 재검토할 것을 지시하였다. 카터 정부의 각료들은 검토라는 중립적인 의미의 표현에도 불구하고, 근본적으로 카터 대통령이 원하는 것은 철수라는 것을 이미 알고 있었다. 특히 밴스 미 국무부장관은 백악관에서 돌아온 후 '검토'란 한국에서의 주한미군 철수 여부가 아니라 철수 방식을 의미하는 것이라

---

291) Memorandum of Conversation, "Vice President Mondale–Prime Minister Fukuda Conversation Ⅱ", February 1, 1977, DoS, DDRS.

292) 1975년 4월, 루이스 해리스(Louis Harris)사에서 실시한 여론조사에 따르면 북한이 한국을 남침할 경우 미군이 참전해야 한다고 응답한 사람은 불과 14%였고, 참전에 반대한다는 의견은 무려 65%에 달했다. 카터 대통령은 이 여론결과에 깊은 인상을 받았다고 후일 증언하였다. Don Oberdorfer 저, 이종길 역, 앞의 책, p.140.

는 지시를 내렸다.[293]

1977년 2월 15일, 카터 대통령은 안보 공약을 확인하면서도, 한국 내 인권문제 개선을 요구하는 내용이 포함된 서한을 스나이더 주한 미 대사를 통해 박정희 대통령에게 전달하였다. 친서의 주요 내용은 다음과 같았다. 첫째, 한국과의 전통적 우호관계를 앞으로도 계속 유지해나갈 것이다. 둘째, 대한방위공약이나 한반도의 군사적 균형을 깨뜨리지 않는 방법으로 주한미군 철수문제를 처리할 것이며, 늦은 봄부터 한국 정부와 협의를 시작할 계획이다. 셋째, 1978년 회계연도에 2억 7천5백만 달러의 군사차관을 미 의회에 요청할 것이며, 한미 안보관계를 더욱 강화해나갈 방침이다. 넷째, 인권문제에 대해 관심은 많지만 이는 개인의 기본권에 대한 관심을 의미하며 정치체제의 재편과는 무관하다.

카터 대통령의 친서에 박정희 대통령은 깊은 관심에 사의를 표하면서 한국 정부의 입장을 다음과 같이 표명하였다. 첫째, 주한미군의 현 수준이 상당기간 유지되기를 희망하나, 미 측의 사정으로 단계적인 감축이 이루어져야 한다면, 미 측의 기본구상을 알려주길 바란다. 둘째, 주한미군 수준의 변동에 대한 결정은 한국 정부와의 협의가 이루어진 후에 내려져야 한다. 왜냐하면 주한미군은 한미상호방위조약에 의거하여 주둔하고 있으며, 한국군의 작전지휘권이 주한미군사령관에게 위임되고 있기 때문이다. 셋째, 명동사건[294]은 국민 다수의 절대적 지지를 받은 한국의 헌법규정에 의해서 취해

---

293) Don Oberdorfer 저, 이종길 역, 앞의 책, pp.140~141.

294) 명동사건은 1976년 3월 1일, 명동성당 기념미사에서 윤보선, 함석헌(咸錫憲, 1901~1989), 문익환 (文益煥, 1918~1994), 김승훈(金勝勳, 1939~2003) 등의 재야인사들이 민주주의, 경제입국 구상 재검토, 민족통일 등을 주장하는 3·1 민주구국선언을 발표해 긴급조치 9호 위반으로 구속된 사건이다.

진 조치이므로 이에 대한 타국의 간섭은 있을 수 없다. 이에 대해 스나이더 주한 미 대사는 인권문제에 관해 한국 국내문제에 관여할 의사가 없음을 천명하였다.[295]

1977년 2월 28일에는 박정희 대통령과 스나이더 주한 미 대사, 베시 주한미군사령관의 면담이 있었다. 이 자리에서 베시 주한미군사령관은 대한방위공약을 이행하겠다는 확고한 결의와 한국의 안보에 불리한 영향이 미치지 않도록 한국과의 협의를 통해 주한미군 감축을 진행하겠다는 카터 대통령의 강력한 의사를 분명히 전달하였다. 또한 그는 카터 대통령에게 주한미군의 계속 주둔의 필요성과 소위 한국의 인권문제가 미국 국민의 오해에서 비롯되었음을 역설하였다고 설명하였다. 이에 박정희 대통령은 주한미군의 감축문제에 대한 협의가 가급적 빨리 진행되기를 희망하고, 명동사건의 범인들에 대한 재판은 한국 내 헌법에 의거한 적법한 집행이므로 결코 인권문제가 될 수 없다고 재천명하였다. 이에 대해 베시 주한미군사령관은 카터 대통령은 그의 친서에서와 같이 소위 인권문제에 대해 영향력을 행사하거나 간섭할 생각은 추호도 없음을 명백히 하였다.[296]

박동진 외무부장관은 1977년 3월 7일, 한미현안문제 협의차 미국을 방문하여 밴스 미 국무부장관과의 면담을 갖고 주한미군의 철수와 관련하여 한국 정부의 기본입장을 전달하였는데, 주요 내용

---

295) "대통령 각하의 스나이더 미국대사 접견기록(1977.2.16)", 『주한미군 철수(감축): 한·미국(행정부) 간 협의, 전7권(V.1 1~4월)』, pp.84~96, MF, 2007-27(10574), 외교통상부 외교사료관.

296) "대통령 각하의 스나이더 주한미국대사 및 배씨 주한미군사령관 면담기록(1977.2.28)", 『주한미군 철수(감축): 한·미국(행정부) 간 협의, 전7권(V.1 1~4월)』, pp.123~135, MF, 2007-27(10574), 외교통상부 외교사료관.

은 다음과 같았다. 첫째, 감축계획에 있어서 한국 정부와 사전에 긴밀한 협의를 해야 한다. 둘째, 남북불가침조약 체결로 평화정착이 보장되어야 한다. 셋째, 한국의 방위능력을 향상시키는 작업이 선행되어야 한다. 넷째, 주변정세가 호전되어야 한다. 다섯째, 주한미군의 감축에는 원칙적으로 반대하지 않지만 언제 어떠한 방식으로 감축되느냐가 문제다.[297]

이에 대해 밴스 미 국무부장관은 주한미군 철수문제는 결정을 내리기 전에 한국 정부와 충분히 협의할 것이고, 그 시기는 5월 또는 6월이 될 것이라고 의사를 표명하였다. 한편 다음 날인 1977년 3월 8일, 브라운 미 국방부장관은 박동진 외무부장관과 면담을 갖고 미 지상군의 감축안이 완성되면 상세한 계획을 가지고 한국 정부와 협의할 것이며, 그 과정에서 한국군 소요장비 문제도 함께 고려할 것이고, 남북한의 공군력 격차를 감안하여 미 공군력을 계속 주둔시킬 것임을 언명하였다.[298] 이후 3월 9일, 카터 대통령과의 면담에서 카터 대통령은 주한미군 철수결정을 최종적으로 내리기 전에 한국 정부와 충분한 사전 협의를 통해 철수계획을 공동으로 작성할 것을 밝혔다.[299]

한편 1977년 3월 9일, 홀브룩 미 국무부 동아시아·태평양 차관보는 미 하원 국제관계위 청문회에서 주한미군 철수에 관해 다음과 같이 구체적으로 증언하였다. 첫째, 주한미군의 철수는 단계적

---

297) "외무장관의 미행정부고위층과의 협의계획서(1977.3.7.~10)", 『박동진 외무장관 미국방문, 1977. 3.7.~22. 전2권(V.1 기본문서)』, pp.12~13, MF, 2007-16(10382), 외교통상부 외교사료관.

298) "착신전보(USW-03178)", 『박동진 외무장관 미국방문, 1977.3.7.~22. 전2권(V.1 기본문서)』, pp.58~60, MF, 2007-16(10382), 외교통상부 외교사료관.

299) "착신전보(USW-03210)", 『박동진 외무장관 미국방문, 1977.3.7.~22. 전2권(V.1 기본문서)』, pp.49-57, MF, 2007-16(10382), 외교통상부 외교사료관.

으로 이루어질 것이며, 한반도의 군사력 균형과 북한의 대남도발을 억지하기 위해 미 공군력을 그대로 유지하고 한국군의 능력을 향상시킬 수 있도록 대한군사차관을 계속 제공할 것이다. 둘째, 한국은 현재 자체적인 전력증강계획을 추진 중에 있는데, 이는 경제·군사적으로 달성 가능할 것으로 보인다. 그런데 이 계획을 위해서는 약 50억 달러가 소요되며, 이 중에서 35억 달러는 차관으로 충당되어야 한다는 것이다. 이와 같이 카터 정부 주요 인사들의 청문회 발언을 통해 주한미군 철수는 점차 가시화되고 있었다.[300]

카터 대통령은 1977년 5월 5일, 'PD-12(US Policy in Korea)'를 통해 마침내 주한미군 철수정책을 확정하였다. 그 내용에 따르면 미 2사단의 1개 여단과 지원부대는 1978년 말까지 철수하고, 또 다른 여단과 전투지원부대는 1980년 6월말까지 철수함으로써 주한 미 지상군을 모두 철수시킨다는 것이다. 또한 한국에 배치된 미국의 핵무기는 미군 철수와 함께 단계적으로 감축하고, 궁극적으로는 완전 철수한다는 방침을 수립하였다. 그리고 미 국방부에게 주한미군 철수를 위한 구체적인 계획을 5월 16일까지 보고하도록 하였다.[301]

카터 대통령은 PD-12에 의해 결정된 주한미군 철수계획을 한국과 일본 정부에 알리기 위해 1977년 5월 24일, 하비브 미 국무부차관과 브라운(George S. Brown, 1918~1978) 미 합참의장을 파견하였다. 하비브 미 국무부차관과 브라운 미 합참의장은 5월 25일과 26일 양일간, 박정희 대통령을 예방하고, 주한미군 철수와 관련하

---

300) "미행정부 중요인사의 대한관계. 인권 및 미외교정책 등에 관한 발언 발췌 및 연설문(1977.1.20.~6.13)", 『미국의 대한국 관계 연설문 및 자료, 1977』, pp.52~54, MF, 2007-12(10351), 외교통상부 외교사료관.

301) http://www.jimmycarterlibrary.org/documents/pddirectives/pd12.pdf, 검색일(2010년 3월 13일)

여 미국 측의 입장을 크게 3가지로 전달하였다. 첫째, 주한미군은 향후 4~5년 내에 철수한다는 것이 미국의 방침이며, 이러한 철수는 한반도의 균형을 깨뜨리거나 북한의 오판을 야기하지 않도록 단계적으로 신중하게 진행될 것이다. 둘째, 미국은 철수보완책으로 한국의 자체 방위능력을 증강시키기 위해 한국군 전력증강계획을 적극 지원할 것이다. 셋째, 미국의 대한안보공약은 변함이 없으며 주한미공군은 계속 한국에 잔류할 것이다.

박정희 대통령은 주한미군 철수에 관한 미 측의 입장에 대해 한 측의 기본입장을 다음과 같이 밝혔다. 첫째, 한반도의 평화가 정착될 때까지 혹은 한반도의 긴장이 완화되고 전쟁위험이 현저히 감소될 때까지만이라도 주한미군의 현상유지를 희망한다. 둘째, 미국 정부가 주한미군을 향후 4~5년 내에 철수하겠다는 입장을 수차례 표명한 바 있으므로 한국은 이를 미국의 방침으로 인정하고 이에 대한 대비책을 강구하지 않을 수 없다. 셋째, 주한미군의 철수가 완료되기 이전에 한국군 증강에 대한 보완조치가 취해져야 한다.[302]

한편 카터 대통령의 주한미군 철수정책에 대한 고위 각료들의 의견도 다양하였다. 브라운 미 국방부장관은 대통령의 명령에는 복종하되, 그의 마음을 돌리기 위한 노력을 계속한다는 원칙 아래 주한미군 철수정책을 추진하였고, 밴스 미 국무부장관은 대통령의 마음을 바꿀 수 있는 방법을 찾아야 한다는 다짐 하에 양심의 범위 내에서 주한미군 철수문제에 대응하였다. 완전히 카터 대통령의 입장에서 철저하게 그를 옹호했던 사람은 브레진스키(Zbigniew K.

---

302) "Briefing Material by the Blue House(May 25, 1977)", 『주한미군 철수(감축): 한·미국(행정부) 간 협의, 전7권(V.3 특사방한 II (결과보고))』, pp.150~153, MF, 2007-27(10576), 외교통상부 외교사료관.

Brzezinski, 1928~) 미 국가안보보좌관뿐이었다. 또한 미 합동참모본부는 주한미군 중 전투지원부대를 잔류시키고, 한국이 주한미군 감축에 대한 보상으로 병력강화를 지원받는다는 조건 하에 카터 대통령의 철수정책을 수용하였다.

한국에 배치된 일선 미군 지휘관들의 생각은 카터 대통령과 완전히 달랐다. 당시 주한미군사령부 참모장이던 싱글러브(John K. Singlaub, 1921~) 소장은 1977년 5월 19일자 워싱턴포스트지와 인터뷰에서 "미국의 지상군이 예정대로 4~5년 동안에 철수할 경우 전쟁이 촉발될 것이고, 지난 12개월 동안 정보수집결과 북한 전력은 계속 증강되고 있는 것으로 드러났다"면서 카터 대통령의 주한미군 철수정책에 정면으로 반박하였다.[303]

카터 대통령은 싱글러브 소장의 발언을 항명으로 매우 불쾌하게 생각하였다. 그래서 그를 워싱턴으로 소환하여 5월 21일 직접 면담하였다. 그 자리에서 싱글러브 소장은 자신은 그러한 발언을 한 적이 없으며, 다만 자신이 한국 관료로부터 들은 말을 했을 뿐이라고 해명하였다. 또한 그는 절대로 대통령에게 불충할 의도를 갖고 있지 않다고 해명하였다. 하지만 카터 대통령은 싱글러브 소장의 말을 신뢰하지 않았고, 결국 그를 문책하는 대신 한반도 외부의 한직으로 좌천시키는 것으로 논란을 매듭지었다.[304]

싱글러브 소장은 카터 대통령과의 면담 시와는 달리 5월 25일, 미 하원 군사위 청문회에서 주한미군의 철수가 6·25전쟁 재발을 야기할 가능성이 있다고 다시금 증언하였다. 그의 핵심 증언내용은

---

303) Don Oberdorfer 저, 이종길 역, 앞의 책, pp.145~146.
304) Jimmy Carter, *White House Diary* (New York: Farrar Straus Giroux, 2010), pp.55.

다음과 같았다. 첫째, 주한미군 고위 장교들, 주한 미 대사를 포함한 주한 미 대사관 직원, 그리고 한국군 지도자들은 주한미군의 철수로 인해 한반도에서 전쟁이 재발할 가능성이 있다고 생각한다. 둘째, 현재와 같은 군사정세 하에서 왜 철군해야 하는지 그 이유를 모르겠다. 셋째, 북한의 불가침조약 없이 주한미군을 철수하는 것은 현명하지 못한 처사이다. 넷째, 주한미군의 철수를 위해서는 한국군 전력강화가 전제되어야 하는데, 한국군을 북한군에 상응한 전력으로 향상시키기 위한 무기와 장비의 지원은 약 8년 정도가 소요될 것이며, 그 후 제공된 무기와 장비에 대한 훈련도 상당기간 요할 것이다. 다섯째, 한국군 60만 명에 비해 북한군은 50만 명이나 한국군은 지원병력이 많은 부분을 차지하고 있을 뿐만 아니라, 베트남전쟁에 참전했던 많은 병사들이 제대한 점을 고려할 때, 병력 측면에서 북한보다 우세하다고 볼 수 없다. 여섯째, 주한미군을 주둔시키는 것이 철수시키는 것보다 경비절감효과가 높고, 미국 내에는 철수한 사단을 인수할 만한 유휴시설도 없는 실정이다.[305]

싱글러브 소장이 자신의 소신을 공개적으로 표명할 수 있었던 것은 베시 주한미군사령관도 그에 동조하였기 때문이었다. 당시 베시 주한미군사령관은 철수문제와 관련하여 크게 3가지 입장을 견지하고 있었다. 첫째, 그는 브라운 미 합참의장에게 건의한 내용에서 1차적으로 주한 미 지상군의 수준을 현재 상태에서 동결시키고 어떠한 규모의 감축에도 반대한다는 입장을 명확히 밝혔다. 그와 함께 베시 주한미군사령관은 한국 관료들에게 자신의 기본입장을

---

305) "착신전보(USW-05533)", 『주한미군 철수(감축): 미국 의회에서의 논의, 1977. 전3권(V.1 1~5월)』, pp.153~155, MF, 2007-26(10566), 외교통상부 외교사료관.

감안하여 카터 정부와 주한미군 철수협상을 전개하면서 자신보다 더 강경한 주장을 할지언정 온건한 주장을 개진하지는 말 것을 요청하였다. 둘째, 베시 주한미군사령관은 카터 정부가 주한미군 철수를 부동의 정책으로 확정해 놓았다면 가급적 1979년 6월 이후, 빨라도 1978년 9월 이후에 우선 미 2사단에서 2개 대대만 철수시키고 나머지 부대는 무기한 잔류시켜야 한다고 주장하였다. 셋째, 베시 주한미군사령관은 카터 정부의 주한미군 철수정책이 강행된다면 신뢰성 있는 보완조치를 확보함으로써 철수 이후에도 한반도에 효과적인 전쟁억지력의 존재가 유지되도록 해야 한다는 입장을 고수하였다.[306]

한미 양국의 주한미군 철수일정과 보완조치는 1977년 7월 25일부터 26일까지 서울에서 개최된 제10차 SCM에서 최종적으로 합의되었다. 주한미군의 철수일정은 1차는 1978년 말까지 6천 명이 철수하고, 2차는 1980년 말까지 9천 명이 철수하며, 3차는 1982년까지 잔여 지상병력이 철수하는 것이었다. 보완조치로는 8억 달러에 해당하는 주한미군의 장비를 한국군에 무상으로 이양하기로 하였으며, 4년간 11억 달러에 달하는 군사판매차관을 제공하기로 하였다.

카터 정부는 1977년 8월 31일, 박정희 정부와 합의된 대로 대한 추가군원과 주한미군의 장비이관계획을 작성하여 의회에 제출하였다. 하지만 미 의회는 금년 회기(1977년 회계연도) 잔여기간 중에 처리해야 할 안건이 너무 많아 추가군원에 대한 심의는 곤란하다는 입장을 표명하였다. 이에 대해 미 국방부는 금년 회기 중에 적

---

306) 이동복, "베시 사령관, 카터에 항명하고 박정희를 도와 주한미군철수계획을 좌절시키다", 『월간조선』, 7월호 (2001), pp.265~272.

어도 장비이관만이라도 통과시키고자 노력하였다.[307] 그래서 이와
관련하여 카터 대통령은 1979년 9월 20일, 미 의회지도자들과 면
담도 실시하였다. 그러나 미 의회지도자들은 금년 회기 중에는 심
의가 곤란하다는 입장을 재차 표명하였다. 이와 같이 미 의회지도
자들은 금년 회기 내에 주한미군 철수에 대한 보완책을 심의할 의
사가 없음을 분명히 하였고, 이는 카터 정부의 주한미군 철수계획
에 간접적인 반대의사 표명이었다.[308]

　미 의회가 카터 정부의 주한미군 철수정책을 지지하지 않았던
중요한 이유 중의 하나는 바로 미군 고위장성들이 철수로 인한 북
한의 도발가능성을 우려하고 있었음에도 불구하고, 카터 대통령은
철수계획 수립 시 이들의 의견을 수렴하지 않았기 때문이었다. 실제
1978년 1월 14일, 미 하원 군사위는 와이즈너(Maurice F. Weisner,
1917~2006) 미 태평양사령관에 대한 청문회를 개최하였는데, 이
청문회에서 와이즈너 제독은 군사적 관점에서 주한미군의 잔류를
희망하였고, 주한미군의 철수는 북한의 모험가능성을 더욱 높이게
될 것이라고 강조하였다. 또한 그는 최근 북한의 병력이 대폭 증강
한 것과 관련해, 주한미군은 이러한 북한의 군사적 위협에 대한 정
치·심리적 억지력임을 인정하였다. 이와 더불어 그는 만약 의회가
주한미군이 보유했던 장비를 한국에 이양하는 것을 미 의회가 승
인하지 않는다면 주한미군 철수계획을 재고할 필요가 있다고 그의
소신을 밝혔다.[309]

---

307) "착신전보(USW-09015)", 『주한미군 철수(감축): 미국 의회에서의 논의, 1977. 전3권(V.3 8~12
　　월)』, pp.55~56, MF, 2007-26(10566), 외교통상부 외교사료관.
308) "착신전보(USW-09395)", 『주한미군 철수(감축): 미국 의회에서의 논의, 1977. 전3권(V.3 8~12
　　월)』, p.97, MF, 2007-26(10566), 외교통상부 외교사료관.

　1978년에 들어 미 의회는 코리아게이트의 영향으로 청문회 관련 사안을 제외하고는 한국과 연관되는 것을 피하는 분위기가 팽배하였으며, 이로 인해 카터 정부가 추진하는 주한미군 철수와 관련된 보상조치에 대해서도 부정적인 견해가 우세하였다. 특히 1977년 5월, 하원 윤리위원회가 김동조 전 주미 한국 대사의 법정증언을 요청함으로써 미 의회와 박정희 정부의 갈등은 심화되었다. 카터 정부는 미 의회의 요구대로 박정희 정부에 김동조 전 주미 한국 대사의 증언요청을 위해 압력을 행사할 경우, 한국으로부터 심각한 반발을 받을 것이고, 이로 인해 다른 아시아 국가와의 관계 악화도 우려하였다. 또한 반대로 미 의회의 요구를 무시할 경우, 주한미군 철수의 전제조건으로 제시한 한국군 현대화계획의 지원을 위한 예산확보가 어렵게 될 것을 우려하였다. 이러한 어려움에 처하자 카터 정부 일각에서는 조심스럽게 주한미군 철수일정의 조정 가능성이 제기되기 시작하였다. 즉 미 의회의 보상조치 승인 가능성이 낮은 상황을 타파하기 위한 대안 중 하나로 주한미군의 철수 일정을 조정하는 방안이 고려되기 시작한 것이다.

　미 하원 군사위원회는 1978년 4월 6일, 주한미군의 주력 전투부대를 남북한이 정치적인 타협을 볼 때까지 한국에 계속 주둔시키기로 결정하였다. 이와 더불어 1978년 안에 주한미군 6천 명을 철수시키되, 그 대가로 철수병력이 사용하던 9천만 달러 상당의 장비를 한국에 이양하는 결의안을 채택하였다.[310] 이에 카터 대통령은 1978년 4월 21일, 주한미군 철수계획 조정안을 발표할 수밖에 없

---

309) 대한민국국회도서관, 『주한미지상군철수에 관한 청문록』, 해외자료 제48호, pp.637～667.
310) 박승호, 앞의 글, p.310.

었다. 이는 미 의회의 철수보완조치 지연과 군부 및 일부 의원 등 국내 보수파들의 철수반대로 인한 것이었다. 이 조정안에 따르면 1차 주한미군 철수를 2단계로 나누어 1단계는 전투병력 800명에 지원병력 2천6백 명을 포함, 총 3천4백 명을 1978년 말까지 철수하기로 하였고, 2단계에는 나머지 2천6백 명을 1979년 말까지 철수시키기로 하였다. 그리고 2차와 3차는 계획대로 철수하기로 하였다.[311] 결국 카터 정부의 주한미군 철수정책은 미 의회의 비협조로 1978년 4월, 1차 수정되기는 했지만, 주한미군 철수 기조가 바뀐 것은 아니었다. 주한미군 철수라는 카터 정부의 일방적 결정과 강요 속에 박정희 정부는 어쩔 수없이 끌려갈 수밖에 없었고, 동맹 상대국의 입장을 고려하지 않은 카터 정부의 독선 속에 한미 간의 동맹 갈등은 정점으로 치닫고 있었다. 특히 북한에 대한 위협인식의 정도 차이는 주한미군 철수에 대한 양국의 입장을 분명히 구분 짓고 있었다.

2) 주한미군 철수 보류

출범 초부터 한반도의 실질적인 위협의 가능성은 크지 않다고 판단한 카터 대통령의 인식은 1978년 5월, 새로운 북한군 사단의 등장에도 불구하고 변하지 않았다. 따라서 카터 대통령이 주한미군의 철수일정을 조정하면서까지 보상조치에 매달린 것은 한국에 대

---

311) "주한미군 철수정책에 관한 주요 일지", 『주한미군 철수(감축) 1979, 전5권(v.2 2~4월)』, 729.23, pp.2~3, MF, 외교통상부 외교사료관.

한 안보우려에 기인하기보다는 아시아 정책 전반에 대한 비판과 동맹국에 대한 미국의 신뢰 상실 등 정치적인 이유에서였다.

글라이스틴 주한 미 대사도 카터 대통령과 비슷한 시각을 보였다. 글라이스틴 주한 미 대사는 카터 정부의 동아시아정책에 대한 낙관론에 문제가 없는 것은 아니지만, 전체 상황이 호전되고 있다고 밝혔다. 그는 북한의 동맹국인 소련과 중국의 갈등이 지속되고 있어 하나의 공산주의 공동체를 형성할 가능성은 크지 않으며, 동아시아 일부 국가가 내부적으로 어려움을 겪을 가능성도 완전히 배제할 수는 없지만 이러한 것들은 일시적인 이탈이고 동아시아의 기본적인 상황은 지속될 것이라고 주장하였다. 특히 미중 간의 관계개선은 한국의 안보에 긍정적으로 작용할 것으로 평가하였다.[312] 그러나 한국을 비롯한 일본과 같은 미국의 동맹국들은 증강된 북한군 사단의 존재를 한반도 및 지역안보차원에서 위협으로 인식하였고, 미 의회도 기본적으로 주한미군 철수정책에 부정적인 인식을 바탕으로 남북한 군사력 균형을 우려하였지만 실제 정책을 담당한 카터 정부의 고위층과 실무자는 실질적인 위협으로 받아들이지 않았다.

북한의 군사적 위협 증가와 주한미군의 철수에 대해 한국 정부 못지않게 이를 심각하게 인식한 것은 일본 정부였다. 1975년 4월, 베트남의 공산화 이후, 점증되는 공산권의 위협과는 반대로 미국은 점차 아시아에서의 역할을 축소하려 하고 있었고, 이에 대해 일본 정부는 여러 차례 미국 정부에 아시아에서의 현상 유지와 주한미군 철수계획의 재고를 미국 정부에 요청하였다. 실제 1979년 4월 6

---

312) Telegram to SECSTAT from Gleysteen, "Ambassador's address in Korean/American association", DoS, September 8, 1978, DDRS.

일, 소노다 스나오(園田直, 1913~1984) 일본 외상은 방미하여 밴스 미 국무장관과 면담 시 북한의 최근 군사력 증강을 감안하여 주한 미 지상군의 삭감계획을 신중히 행하도록 요청하였다.[313] 실제 이러한 일본 정부의 적극적인 대미외교노력으로 한 달 뒤인 5월 2일, 오히라 마사요시(大平正芳, 1910~1980) 일본 총리의 미국 방문 시 미일 양국은 정상회담 직후 밝힌 공동성명에서 주한 미 지상군의 철수정책은 한반도의 평화와 안전을 유지하는 데 부합하는 방법으로 추진될 것이라고 밝혔다.[314] 그리고 주한미군의 철수에 대한 일본 정부의 조심스런 우려는 카터 대통령의 방한 직전인 6월 26일, 실시된 미일정상회담에서 다시금 거론되었다.

한미정상회담 준비과정에서 카터 대통령은 박정희 대통령과 주한미군 철수규모 및 수준을 논의하지 않고, 한미정상회담에서 공식화하지 않기로 결정하였다. 그러나 카터 대통령과 브레진스키 미 국가안보보좌관을 제외한 대부분의 정부 관료들은 주한미군 철수정책의 추가적인 조정을 기정사실화하였다. 1978년 5월, 새로운 북한군 사단의 식별로 주한미군 철수정책은 이미 대내외적으로 추진력을 상실해가고 있었기 때문이었다.

주한미군의 철수정책의 조정이 불가피한 상황에서 글라이스틴 주한 미 대사는 한미정상회담을 통해 철수정책이 조정되도록 본국에 지속적으로 건의하였다. 그는 주한미군 철수정책의 조정이 이루어지지 않으면 박정희 정부에게 치명타가 될 뿐 아니라, 미국의 동

---

313) "소노다 외상 방미 (언론보도)", 『오히라(大平) 일본 수상 미국 방문, 1979.4.30.~5.7』, p.15, MF, 2009-08(12713), 외교통상부 외교사료관.

314) "미·일 정상회담 공동성명", 『오히라(大平) 일본 수상 미국 방문, 1979.4.30.~5.7』, p.90, MF, 2009-08(12713), 외교통상부 외교사료관.

북아안보에도 심각한 타격이 될 수 있다고 주장하였다. 또한 스나이더 前 주한 미 대사도 미 국무부 아시아정책 자문관의 입장에서 브레진스키 미 국가안보보좌관에게 보낸 메모를 통해 남북협상의 획기적 진전 또는 한국군 전력 증강의 가시화 등이 이루어질 때까지 주한미군 철수를 연기해야 한다고 건의하였다.[315]

미 회계감사원도 1979년 6월 1일, 의회에 제출한 『주한 미 지상군 철수 영향요인 분석』 보고서에서 주한미군 철수에 따른 전력 공백의 가능성을 지적하면서 철수정책의 조정을 건의하였다. 상기 보고서는 주한 미 지상군이 철수한 후, 장비가 한국군에 이양되더라도 미군의 전투력을 한국군이 대체하지 못한다고 평가하였다. 이에 따라 주한 미 지상군의 철수는 미국과 한국 모두에게 또 다른 부담이 될 것으로 분석하였다. 특히 새로운 북한군 사단의 전력 평가와 관련하여 북한군이 수적으로 확실한 우위를 점한 것이 사실이며, 이에 따라 주한 미 지상군의 전투력이 현재는 보다 중요한 의미를 갖는다고 최종 결론을 내렸다.[316]

주한미군 철수정책의 재검토 요청이 여야 안팎에서 빗발치는 가운데 미 하원 군사위 소속의 애스핀(Les Aspin, 1938~1995) 의원은 1979년 6월 6일, 카터 대통령의 방한을 앞두고 주한미군 철수를 반대하는 서신을 아래와 같이 카터 대통령에게 보냈다. 특히 그는 카터 대통령과 같이 기존에 주한미군의 철수를 지지하던 입장에서

---

315) Memorandum for Zbigniew Brzezinski from Nick Platt, "Sneider's Recommendations", June 1, 1979, NSC, DDRS.

316) General Counting Office, *General of the United States: Factors Affecting the Withdrawal of U.S. Ground Combat Forces From the Republic of Korea*, (Washington D.C.: General Counting Office, 1979).

생각을 바꾼 이유를 분명하게 전달하였다.

> 각하의 주한미군 철수계획을 초기부터 그리고 강력히 지지하여 오던 본인은 이제 당분간 추가철수를 진행하는 것이 적절치 않다고 믿게 되었습니다. ……(중략)…… 본인이 태도를 바꾼 가장 큰 이유는 북한 군사력에 관한 새로운 정보평가가 갖는 정치적 중요성 때문입니다. 최근의 정보평가는 북한의 지상군이 수적으로 우세하고 또한 탱크, 포병화기, 장갑차 등의 수효가 전에 생각했던 것보다 훨씬 많다는 것을 표시하고 있습니다. ……(중략)…… 본인은 각하와 같이, 한반도에서 미군을 완전 철수시키는 것이 우리가 적극적으로 추구해야 할 궁극적인 목표라고 아직도 믿습니다. 그러나 지금은 군사적 상황이 달라졌으니 이에 따라 다른 전략이 필요하다고 믿습니다. 결국 1977년 각하의 철수계획이 발표되었을 당시의 북한의 군사력은 오늘날 평가된 것보다 지상군은 15~22%, 탱크는 거의 30%, 포병화기와 장갑차는 거의 20% 과소평가되었던 것으로 믿어집니다. ……(중략)…… 철군을 계속한다면 아시아 우방 국가들은 동 지역에 있어서 미국 공약의 본질에 대하여 의구심을 갖게 될 것입니다. 또한 철수는 한국정부로 하여금 국내 반정부 인사들을 더욱 탄압하도록 유도할 것이며, 한국의 핵무기개발을 촉진시킴으로써 결과적으로 인권문제와 핵확산 금지를 위한 각하의 인도적인 노력에 중대한 타격을 주게 될 것입니다.[317]

정상회담을 목전에 앞둔 1979년 6월 7일, 카터 정부의 고위 정책결정자들은 정책검토회의를 통해 주한미군 철수정책의 철회를 사실상 결론짓고, 카터 대통령에게 건의하였다. 그러나 이 회의에서 밝힌 철수정책 중지의 이유는 군사적 균형에 따른 직접적인 안보 이해보다는 정치적인 고려에 더 큰 비중을 두었다. 밴스 미 국무부 장관 주재로 실시한 PRM-45 검토회의에서 북한의 위협과는 무관하게 한국과의 관계를 고려한 정치적 동기, 예산상의 부담, 평가방

---

317) "Les Aspin 의원의 카터 대통령앞 서신(79. 6. 6일자)", 『주한미군 철수(감축) 1979, 전5권(V.3 5~6월)』, 729.23, pp.1~4, MF, 외교통상부 외교사료관.

법의 변화에 따른 정치적 파장 등이 철수정책 조정의 근거로 제시
되었다. 지금까지 논란이 되어 온 북한군 전력은 새로운 위협의 등
장이 아닌 평가방법의 변화에 따른 결과로 보았다. 또한 북한군 전
력 증강의 추세도 축소되었다고 하면서 향후 수년간 약간의 질적
증강 정도에 그칠 것으로 전망하였다. 이에 따라 카터 대통령이 주
한미군 철수정책을 조정할 경우 북한위협 고조에 따른 대응이 아
닌 아시아에서 동맹국으로서의 미국의 책임, 정책결정자로서 대통
령의 신뢰성, 한국의 자주국방 유도, 외교적 방법을 통한 한반도 긴
장완화에 있어 북한의 동참 등 국내정치 및 외교적 요인을 고려해
야 한다고 제안하였다.[318] 주한미군 철수정책에 관련하여 카터 정
부 고위관료들의 의견이 종합된 가운데 최종 결론은 이젠 카터 대
통령의 몫이 되었다.

　1979년 6월 30일, 역사적인 한미정상회담이 청와대에서 실시되
었다. 오전 10시 55분부터 12시 20분까지 개최된 전체회담에서 박
정희 대통령은 전체회담 1/3 이상을 카터 정부의 주한미군 철수정
책의 문제점을 조목조목 비판하면서 정책의 철회를 요구하는 일방
적인 공세에 할애하였다. 박정희 대통령은 카터 정부의 외교적 업
적인 미중관계 정상화, 중일우호조약 등에도 불구하고 한반도의 안
보는 당장 개선되지 않을 것이라면서 소련의 팽창주의와 북한의
군사력 증강 등의 상황을 설명하였다. 또한 북한이 얼마나 믿을 수
없는 존재인가를 길게 언급하면서 주한미군 철수는 한반도의 불안
정뿐 아니라 아시아 전반의 평화와 안정에도 부정적인 영향을 줄

---

318) Memorandum for Zbigniew from Nick Platt, "PRC Meeting on PRM-45 Thursday June 7,
　　 1979", June 7, 1979, NSC, DDRS.

것이라고 경고하였다. 이는 한미정상회담 이전에 한미가 합의한 사항을 뒤집는 것이었다. 사전에 양국이 정상회담 의제를 합의한 것은 한국군의 전력증강계획에 대해 청취한 후, 본국에서 최종적으로 결정할 것이라는 방침을 양측이 인정한 것이었다.[319]

전체회담 후 정상회담은 각각 기록자 한 명만을 대동한 단독회담으로 1시간 정도 진행되었다. 오전회담과는 달리 카터 대통령이 박정희 대통령을 상대로 압력을 가하는 양상이 전개되었다. 카터 대통령은 우선 남북한 군사력 불균형에 대한 박정희 정부의 극복 노력을 의제로 삼았다. 카터 대통령은 한국의 월등한 경제력에도 불구하고, 북한과 군사력 불균형이 지속되는 이유에 대해 추궁하면서, 한국군의 전력증강계획과 국방비 증액에 관한 박정희 대통령의 입장을 물었다. 구체적으로 그는 현재 GNP의 5% 수준인 한국 정부의 국방비를 6% 수준으로 증액할 것을 요구하고, 특히 미 지상군을 대체할 수 있도록 한국 육군의 발전을 도모하는 등 한국은 최대한 남북한 군사력 격차를 극복하기 위해 노력해야 한다고 주장하였다. 그리고 카터 대통령은 군사력 격차를 극복하지 못한다면 미국은 영원히 철군하지 못할 수 있다면서 한국 정부의 책임을 강조하였다.

카터 대통령은 주한미군 철수를 중지하라는 박정희 대통령의 요청에 대해 중지를 약속할 수는 없다고, 회담 모두에 밝혔지만, 이와 같은 요구는 사실상 주한미군의 철수를 전제로 한 것이었다. 박정희 대통령은 카터 대통령의 이전과 다른 미묘한 입장 변화를 감지하고, 오전회담과는 달리 수용적인 태도를 보였다. 박정희 대통령

___

319) 박원곤, 앞의 글(2008), p.224.

은 국방비 증액과 한국군 전력 증강에 대한 카터 대통령의 요구를 받아들였고, 최선을 다해 남북한 군사력 불균형을 극복하겠다고 약속하였다. 실제 박정희 정부는 한미정상회담 이후, 1980년 국방예산을 전년 대비 37.61%를 증가시킨 20조 865억 원을 배정함으로써 GNP 대비 5.95% 수준(정부재정 대비 35.95%)으로 국방예산을 증가시켰다.[320]

카터 대통령이 한국에서 박정희 대통령과 정상회담을 가질 시간에 미 본토에서는 글렌 미 상원의원이 1979년 7월 1일, 또 다른 주한미군 철수를 반대하는 보고서를 미 의회에 제출하였다. 그는 보고서에서 한국에 대한 북한의 군사우위는 미군 철수의 무기한 중지를 정당화하며, 철군의 재개는 한국 문제의 평화적 해결 시까지 현상유지를 수락하는 북한의 행동과 한국군 증강계획의 진전과 직접적으로 관련이 있어야 한다고 밝혔다. 또한 한국에 대한 미국 공약의 신뢰성을 강조하고 오해를 피하기 위하여 미국은 한미연합군사훈련을 계속하고, 효과적이고 계획적인 안보원조를 확실히 하며, 한국문제의 평화적 해결의 필요성을 강조하는 정책적 성명을 선언해야 한다고 카터 정부에 권고하였다.[321]

한미정상회담 이후에도 미 의회에서 주한미군 철수문제는 뜨거운 논란을 가져왔다. 1979년 7월 17일, 미 하원 군사위 조사소위는 홀브룩 미 국무부 동아시아·태평양 차관보와 존스 미 합참의장, 메이어(Edward C. Meyer, 1928~) 미 육군참모총장, 베시 한미연합

---

320) 국방부, 『1998 국방백서』(서울: 국방부, 1998), p.267.

321) "John Glenn 상원의원, 주한미군 문제에 관한 보고서", 『주한미군 철수(감축) 1979, 전5권(V.4 7월)』, 729.23, p.5, MF, 외교통상부 외교사료관.

군사령관 등이 참가한 가운데 증언을 청취하였다. 이 자리에서 존스 미 합참의장은 1979년 4월, 주한미군 중 특정부대만 철수하고, 한국군의 전력증강을 지원하며, 1981년경에 군사균형 상태를 재검토함으로써 실질적으로는 현 시점에서의 주한미군 철수 중지를 카터 대통령에게 건의하였으며, 만약 카터 대통령이 철수를 재개하겠다고 결정하다면 언제라도 다시 재건의할 것이라고 밝혔다.[322]

1978년 5월, 북한군 사단의 추가 식별로 불거진 주한미군 철수 중지 논란은 결국 1979년 7월 20일, 카터 대통령이 주한미군 철수 계획의 전면 중단을 선언[323]하면서 일단락되었다. 카터 대통령은 브레진스키 미 국가안보보좌관이 대독한 성명서를 통해 3가지 고려사항으로 인해 주한미군 철수를 중단한다고 밝혔는데, 첫째는 최근의 북한군 분석 결과 북한 지상군의 규모, 장비, 화력 및 기동력이 전보다 훨씬 증가되었다는 것이 확인되었기 때문이고, 둘째는 남북한의 긴장완화를 위한 3자회담을 제의하였는데, 이는 남북한 간에 만족할 만한 군사균형이 회복되고, 긴장완화가 진행되고 있다는 객관적인 확증이 선행되어야 하는 것이며, 셋째는 동아시아, 특히 공산화 이후의 베트남에 소련의 군사력이 꾸준히 증강[324]됨에

---

322) "미 하원 군사위 조사소위의 주한미군 관계 청문회 내용 보고", 『주한미군 철수(감축) 1979, 전5권 (V.4 7월)』, 729.23, p.6, MF, 외교통상부 외교사료관.

323) 1979년 7월 20일, 오전 11시 10분에 백악관에서 가진 기자회견장에서 브레진스키 국가안보보좌관은 아마코스트(Michael H. Armacost, 1937~) 미 국무부차관보와 플랫(Nicholas Platt, 1936~) NSC위원이 참석한 가운데 대통령의 성명서를 대독하였다. 이 자리에서 기자들의 보충질문에는 아마코스트 미 국무부차관보와 플랫 NSC위원이 보충답변을 하였다.

324) 카터 정부시기에 들어 소련은 중동, 아프리카 등으로의 진출을 모색하며 미국을 자극하고 있었다. 1978년 3월, 소련과 쿠바의 지원을 받은 에티오피아군은 소말리아군을 압도하기 시작하였으며, 동년 4월에는 아프가니스탄에서 친소련파 공산당에 의한 쿠데타가 일어나 보수파인 다우드(Mohammed Daoud, 1909~1978) 정권이 붕괴되고, 친소정권인 타라키(Nur M. Taraki, 1917~1979) 정권이 수립되었다. 또한 소련은 해군력 또한 강화시켜, 1976년에는 항모 키예프(Kiev)를 지중해에 처음 등장시켰으며, 1977년 초에는 제2항모 민스크(Minsk)를 완성하였다. 이러한 소련군의 증강과 중동,

따라 야기된 동남아의 불안상태로 인해 주한미군의 철수를 중단한 다고 밝혔다. 카터 대통령의 주한미군 철수정책 발표로 인해 한미 간의 현안 갈등은 수면 아래로 가라앉게 되었다. 아래는 기자회견 당시 브레진스키 미 국가안보보좌관과 기자들 간의 주요 문답이다.

질문) 북한 군사력 평가에 관한 작업은 언제 완료되었는가?

답변) 육군 정보기관은 금년 초에 완료되었으며, 기타 다른 군 정보기관 을 비롯한 종합적인 평가는 지난 수 주전에 완료되었다.

질문) 금일 철수문제에 관한 결정을 하게 된 근거는 무엇이며, 어떠한 과정을 거쳤는가?

답변) 금번 철수에 관한 결정은 첫째, 북한 군사력의 재평가, 둘째, 외교 적 측면에서의 연구, 셋째, 카터 대통령이 박정희 대통령과의 서 울회담 및 다른 아시아 지도자와의 협의, 넷째, 의회 지도자와의 협의 등의 과정을 거쳐 카터 대통령은 어제 이에 관한 최종결정 을 한 것이다.[325]

결론적으로 카터 대통령은 대통령 선거과정에서 공약으로 내세 운 주한미군 철수를 취임 직후부터 도덕외교와 더불어 의욕적으로 추진하였으나, 추진과정에서 정부 내부에서의 반대의견, 미 의회의 철수 반대 및 철수의 전제조건으로서 한국군에 대한 보상조치 승 인 거부, 결정적으로 1978년 5월에 갑자기 불거진 북한 군사력의

아프리카로의 진출은 미 군부에 강한 위기감을 주었다. 이에 카터 대통령은 미 군부의 요청을 받아 들여 닉슨독트린 이후 처음으로 아시아-태평양 지역을 중심으로 한 아시아 주둔 미군 병력을 강화하 기로 하였다. 이마가와 에이치(今川瑛一) 저, 이홍배 역, 『미국의 패권주의 이대로 갈 것인가』(서울: 이채, 2003), p.176.

325) "주한미군 철수중지 발표", 『주한미군 철수(감축) 1979, 전5권(V.4 7월)』, 729.23, pp.1~2, MF, 외교통상부 외교사료관.

재평가 논란으로 사면초가에 놓인 끝에 결국 주한미군 철수는 소수의 병력만을 철수한 채 종결되고 말았다. 이로써 한미동맹사에서 네 번째 주한미군 철수논란이 종지부를 찍게 되었다.

3) 핵개발 시도와 자주국방 노력

박정희 대통령은 포드 정부의 강압으로 인해 반강제적으로 프랑스제 재처리 플랜트와 차후에 캐나다산 신형 중수로 구입을 포기했지만 핵무기 확보에 대한 의지를 버리지는 않았다. 그는 핵무기 개발팀을 해산하기는커녕 한국핵연료개발공사라는 새로운 기구로 흡수시킨 뒤 발전용 원자로에서 사용할 핵 연료봉을 제조하라는 새로운 임무를 부여함으로써 비밀리에 연구를 재개하였다. 오원철 당시 청와대 경제 제2수석비서관의 증언에 의하면 박정희 대통령은 종합적이고 본격적인 원자력산업의 추진을 구상하고 있었으며, 이를 위해 원자력기술수준을 향상시키고 원자력 건설을 국산화한다는 목표를 세우고 있었다. 그리고 이때 모델이 된 나라가 바로 일본으로서 박정희 대통령은 원자력발전소를 자체 건설할 수 있는 일본과 마찬가지로 "마음만 먹으면 언제든지 핵무기를 개발할 수 있는 수준으로 실력을 갖추되 적어도 공개적으로는 핵무기를 보유하지 않는다"는 입장을 밝혔다고 한다. 다만 이러한 의도가 외부에 공개됨으로써 일어날 수 있는 문제의 소지를 차단하기 위하여 "원자력산업을 본격적으로 추진하되 떠들썩하게 하지 말라"는 주문을 덧붙였다고 한다.[326]

1976년 10월, 한국원자력기술주식회사가 발족되어 원자로의 국산화 임무를 담당하였으며, 원자력발전소 건설을 위한 초대형 프레스와 기계시설은 현대양행(현대중공업)에게 맡겨졌다. 이러한 점에서 오원철 당시 청와대 경제 제2수석비서관은 1976년이 우리나라의 원자력산업의 본격적인 출발점이라고 평가하고 있다. 적어도 외면상으로는 에너지의 확보를 위한 평화적 핵개발이라는 명분을 내세우고 있었지만, 언제라도 핵무기가 필요할 때 이를 짧은 시간 내에 개발할 수 있는 능력을 갖추겠다는 야심찬 의도가 깔려 있는 것이었다.

이러한 상황적 변화를 고려할 때 1970년대 후반 박정희 정부의 핵정책은 에너지원의 확보라는 평화적 목적과 유사시 단기간 내에 핵무기를 개발할 수 있는 능력의 확보라는 군사적 목적의 두 가지를 동시에 추구했던 이중적 핵정책이라 할 수 있다. 즉 완전한 핵포기도 아니고, 또 본격적인 핵무기 개발도 아닌 중간단계의 선택으로서 "평화적 핵기술의 확보를 통한 유사시 핵무기 개발능력의 배양"이라는 이중적 목표를 추구하고 있었던 것이다.[327]

박정희 정부가 1976년 1월, 공식적으로 핵개발 포기 의사를 포드 정부에 전달한 이후, 한미 간에 핵개발 의혹을 둘러싼 논란은 잠시 잠잠해졌다. 그러나 1977년 1월 20일, 카터 대통령은 그의 취임식에서 "나의 궁극적인 목적은 지구상에서 핵무기의 제거에 있다"라고 선언하며, 한국 내 미군 핵무기의 즉각적인 철수를 명하였다.[328] 이에 박정희 정부는 1978년 프랑스와 재처리 시설에 관한

---

326) 오원철, "박정희·카터 '혈투'와 핵개발 강행", 『신동아』 11월호 (1994), p.430.
327) 민병원, 앞의 글, p.134.

협의를 재개하였다. 그리고 1977년 5월, 국회 외무위원회에 출석한 김동조 외무부장관은 "비록 한국이 핵확산방지조약에 가입하면서 핵무기 개발 의도가 없음을 분명히 했지만, 국가와 국민의 안녕을 위한 길이라면 이 문제에 대해 주권국가로서 자율적 판단을 내리는 것은 가능하다"[329]며 유사시 핵무기 개발을 추진할 수 있음을 강력히 시사하였다. 박정희 정부가 또다시 핵개발을 추진하자, 이번에는 카터 대통령이 직접 데스탱(Valery G. d'Estaing, 1926~) 프랑스 총리와 담판을 지었다.

한편 핵개발과 병행하여 자주국방을 구축을 위한 노력도 계속되었다. 이에 따라 1974년부터 시작된 율곡사업 계획도 본격적으로 추진되었다. 박정희 정부는 1977년부터 1981년에 기본병기의 완전한 국산화 및 양산, 일부 고도정밀병기의 국산화 및 생산기반의 구축을 목표로 방위산업을 추진하였다. 이와 관련하여 국방부는 1977년 9월 12일, 방위산업국을 방산 1국, 방산 2국, 방산 3국으로 확대 개편함과 동시에 이를 관장할 차관보 직제를 신설하였다. 뿐만 아니라 박정희 정부는 1977년 11월 21일, 방위산업에 관한 특별조치법시행령을 제정·공포하였고, 그 결과 방위산업은 더욱 발전하게 되어 1978년 9월 26일에는 세계에서 7번째로 유도탄 개발[330]에 성

---

328) 김형곤, 앞의 글, p.206.

329) *Korea Times*, 1977년 5월 27일자.

330) 박정희 대통령은 1971년 12월 26일, 오원철 청와대 경제 제2수석비서관에게 유도탄 개발지시를 내렸고, 이에 따라 1972년 5월 1일, 심문택(沈汶澤, 1923~1998) 국방과학연구소장을 책임자로 하여 개발계획단이 편성되었다. 이후 1974년 5월, 박정희 대통령은 외국으로부터의 기술협력을 통해 점진적으로 유도탄의 국산화를 추진해간다는 내용을 골자로 한 '유도탄 개발에 관한 기본 방침'을 재가함으로써 유도탄 개발은 율곡계획 사업에 반영되어 본격적으로 추진되었다. 박정희 정부는 유도탄 개발을 정책적으로 본격적으로 추진한 이후 4년 만에 유도탄을 개발한 것이다. 김정렴, 『아, 박정희』(서울: 중앙M&B, 1997), pp.296~299; 박정희 정부의 유도탄 개발에 대해 미 밀리터리 리뷰(Military Review)지는 이 미사일들이 핵탄두의 포좌로 쓰일 수 있다는 점을 강조하여 보도하였는데,

공하는 수준에 이르렀다.[331]

포드에서 카터 정부에 이르기까지 박정희 정부에 대한 미국 정부의 핵개발 포기요구는 집요하였다. 하지만 박정희 정부는 에너지 자원 확보를 통한 경제적 실익과 핵무기 보유를 통한 대북억제력 확보를 통해 얻을 수 있는 안보적 실익 추구라는 이중적 핵정책을 추진하면서 미국의 지원을 최대한 확보하려 하였다. 그러나 역사적 사례에서 보듯이 자국의 필요에 의해서 주둔하고, 자국의 필요에 의해서 철수하는 과거 주한미군의 주둔정책 경험을 통해 미국 정부의 대한정책을 통찰한 박정희 대통령은 주한미군의 완전 철수는 시간문제라고 생각하였다. 비록 1979년 7월, 카터 대통령의 주한미군 철수중단 성명으로 제4차 주한미군 철수는 소규모 병력만 철수하는 것으로 중단되었지만, 박정희 대통령은 이 또한 또 다른 미국 대통령이 집권하게 되면 다시 안보현안으로 등장할 것이라 생각하였다. 20여 년간의 통치경험을 통해 박정희 대통령은 더 이상 미국을 진정한 동맹국으로서 신뢰하지 않았다.

박정희 대통령은 주한미군 없는 한국을 생각하며, 한국군 현대화와 자주국방에 박차를 가하였고, 자주국방의 최종목표로서 독자적인 핵능력을 확보하고자 하였다. 그는 한국이 핵무기를 보유하게 된다면 그 자체만으로도 북한에 대한 전쟁억제력을 확보할 수 있어, 미국 정부에 대한 일방적인 양보를 통해 유지돼온 미국과의 동맹이 가져다주는 이익보다 더 큰 실질적인 이익을 얻을 것으로 생

이는 북한이나 미국 정부에 효과적인 메시지였다. Peter J. Hayes 저, 고대승·고경은 역, 앞의 책, pp.289~290.

331) 국방부 군사편찬연구소, 『국방사 ④』(서울: 국방부 군사편찬연구소, 2002), pp.434~435.

각하였다. 그래서 박정희 대통령은 미국의 삼엄한 감시망 아래 은밀히 핵개발을 지속하였고, 핵개발을 자신의 최종 과업으로 선정하였던 것이다.

박정희 정부에서 진행되었던 핵개발 정책의 실체는 중요한 1차 자료는 여전히 비밀자료로서 30여 년이 지난 지금에도 여전히 공개되고 있지는 않다. 하지만 박정희 대통령의 공보비서관을 역임한 선우련(鮮于煉, 1931~1997) 의원이 1979년 1월 3일, 해운대에서 박정희 대통령과 나눈 대화의 증언록은 박정희 정부의 핵개발 계획의 실체를 시사하고 있다.

> 박정희) 내가 오늘 자네에게 꼭 할 말이 있어 불렀네. 내가 81년에는 그만둘 거야.

> 선우련) 아직 할 일이 많은데 어떻게 81년으로 못박으십니까

> 박정희) 이유가 있어. 81년 전반기에 핵폭탄이 완성된다고 국방과학연구소장한테 보고받았어. 핵폭탄이 생기면 김일성이도 감히 남침을 못할 것 아닌가. 북괴가 남침하더라도 우리가 핵을 던지면 북한도 날아갈 것 아닌가. 쳐내려오지 못하게 하는 것이지. 공격을 위해서가 아니라 방어용이야. 81년까지 완성되면 그해 국군의 날 여의도 행사를 부활시켜서 무기 사열할 때 원자탄을 세계에 공개하겠어. 그리고 그 자리에서 사퇴 성명을 내고 물러나는 거야. 임자는 내가 지금까지 한 정책 중에서 잘했다고 칭찬받을 것은 언급하지 말고 내가 국민들에게 잘못한 것만을 찾아서 국민들에게 미안하다는 내용의 치사를 써줘. 치사 내용에는 우리가 핵을 갖게 됐다. 누구도 넘보지 말라는 내용을 포함시키고. 대한민국의 안보는 우리 스스로 할 수 있다는 것을 선포하겠어. 그걸 공개하고 나면 사퇴 성명을 내고 나는 초야에 묻혀 충고나 하면서 농촌에서 살겠어.

선우련) 왜 저한테 말씀하십니까

박정희) 이건 우리 둘만의 비밀이야. 정식루트로 할 성질이 아니라서 자
네에게 맡기는 것이니 누구에게라도 입을 열지 말고 국회의원
행세 안 해도 좋으니 이 일에 전념해주기 바라네. 내 자네를 의
원으로만 둘 생각이 아니니 이 일 해 줬으면 좋겠어.332)

선우련 의원의 증언 이외에도 박정희 정부 시절 핵개발에 관여
했거나 권력의 핵심에 있었던 일부인사들의 증언333)은 박정희 정
부 시절 핵개발의 가능성을 높게 시사하고 있다.

박정희 대통령은 케네디 정부로부터 카터 정부에 이르기까지 20
여 년 동안 집권하면서 많은 미국 대통령들을 상대해왔다. 베트남
전쟁으로 대변되는 아시아에서의 냉전에서 미국의 동맹 파트너로
전쟁에 동참하던 시기에는 한미동맹이 밀월관계를 유지하였다. 그
러나 1969년 1월, 닉슨 정부 등장 이후 데탕트를 추구함으로써 한
미동맹에 균열이 발생하기 시작하였고, 카터 정부는 한미동맹에 있
어서 최악의 시기였다. 기본적으로 동맹관계란 상호 동맹 체결로
얻을 수 있는 실익이 더 많을 때 체결되는 것이나, 카터 정부시기
박정희 대통령은 한국 정부와는 한 마디의 상의 없이 주한미군의

---

332) 선우련, "박정희 육성증언上", 『월간조선』, 3월호 (1993), pp.135～136.

333) 강창성(姜昌成, 1927～2006) 前 보안사령관은 박정희 대통령이 1978년 9월, 자신에게 핵무기 개
발의 95%가 이미 완료되었으며 1981년 상반기부터는 핵무기를 생산할 수 있다는 말을 했다고 밝혔
다. Don Oberdorfer 저, 이종길 역, 앞의 책, p.121; 박근혜(朴槿惠, 1952～) 씨는 박정희 대통령
의 일기 원본을 공개하며, 박정희 대통령의 핵개발에 대해 다음과 같이 증언하였다. "우리는 핵을 가
져야 한다고 살 수 있다는 말씀을 자주 하셨어요. 닉슨독트린이 발표되면서 한반도에서 미군이 철수
할 가능성이 제기되었지요. 이런 불안감에서 아버님은 핵개발을 시작하기로 결심하신 것 같아요. 그
러다가 포드 대통령이 한국에 와서 아버님을 안심시킨 것 같아요. 대통령이 바뀌어도 한국에 대한 방
위공약은 변하지 않을 것이라고 말입니다. 그래서 핵개발을 포기하셨지요. 그런데 카터 대통령이 집
권하자 주한미군과 핵을 빼가겠다고 나왔어요. 아버님은 한 번 미군이 철수하면 재개입은 어렵다고
판단하시고 다시 핵개발에 착수하신 겁니다." 조갑제, "박대통령의 청와대 일기 원본", 『월간조선』,
4월호 (1984), pp.320～321.

전면 철수를 추진하는 카터 정부를 더 이상 신뢰할 수 없었다. 이에 박정희 정부는 신뢰할 수 없고 생존에 대한 보장 없이 간섭만 하는 동맹국보다는 독자적 핵개발을 통해 자국의 안보를 스스로 책임질 수 있는 진정한 의미의 자주국가를 만들고자 한 것이다. 박정희 대통령은 자주국방의 최종목표를 독자적인 핵개발에 두었던 것이다. 하지만 자주국가를 위한 염원에서 시작된 핵개발은 끝내 마무리되지 못하였고, 박정희 대통령의 급서로 한순간 한미 간의 동맹 갈등은 수면 아래로 가라앉게 되었다.

4. 동맹 갈등 봉합과 극복 노력

박정희 정부와 카터 정부 시기 한미동맹은 최악의 시기를 맞고 있었다. 북한에 대한 위협인식의 차이로 인해 카터 정부는 임기 내 주한 미 지상군 전체를 철수시키려는 계획을 추진하였고, 박정희 정부의 유신체제에 대한 국민들의 반발을 카터 정부는 인권차원에서 접근하며 개입하였다. 이에 따라 카터 대통령은 자신의 정치신념에 위배된다는 이유로 오랜 동맹국이었던 한국을 외면하고, 한반도 문제의 특수성을 전혀 고려하지 않았다. 심지어 1979년 6월, 한미정상회담을 추진하면서 박정희 정부에게 자신들이 요구한 정치범 석방을 포함한 획기적인 정치체제의 개선을 회담 전제조건으로 제시하기도 하였다. 박정희 정부 및 카터 정부시기의 주한 미 대사들은 본국의 훈령과 박정희 정부와의 조율을 위해 어느 시기보다도 힘든 시기를 보내고 있었고, 글라이스틴 주한 미 대사의 경우 본국의 요구를 때로는 무마시키기 위해 부단히 노력하였다. 이로 인해 외형상 나타난 한미동맹관계는 해체위기의 기로에 놓이기까지 하였다. 그러나 그러한 상황 속에서도 양국은 한미동맹을 유지해나가려는 노력을 병행하였고, 그 대표적인 것인 바로 유엔군사령부 해체 이후를 대비한 연합방위체제인 한미연합군사령부의 창설이다.

한미연합군사령부의 창설은 유엔군사령부가 데탕트의 도래로 제역할을 다하지 못함으로써 고려되기 시작하였다. 1971년 3월 27일, 닉슨 정부의 주한미군 철수정책에 의해 미 1군단 예하 미 7사단이 최종적으로 철수함으로써 미 1군단 예하에는 미 2사단만 남게 되었다. 그래서 미 1군단은 미 7사단의 철수에 따라 해체가 불가피하였으나, 박정희 정부는 북한의 군사적 위협이 증대되고 있는 상황에서 북한의 전쟁도발을 억제하는 데 중심적인 역할을 해왔던 미 1군단의 존속과 한국 주둔을 희망하였다. 당시 박정희 정부는 미 1군단에 주둔하고 있는 미군이 6백 명에 불과하였기 때문에 나머지 병력을 한국군으로 채워 1군단을 한미연합체로 존속시킨다는 복안을 갖고 미 측을 설득해나갔다. 그래서 한미 양국은 미 2사단의 전투능력을 높이고, 한미연합작전 수행능력을 강화하기 위해서 미 1군단을 한미 혼성군단으로 개편하는 방안을 설정하고 작업에 착수하여 1971년 7월 1일, 한미 1군단을 창설하였다. 그리고 한미 1군단의 창설과 이후의 부대운영경험은 한미연합군사령부의 출범과 새로운 연합작전체제를 논의하는 데 있어 기초가 되었다.

1972년 6월, 유엔군의 일원으로 주둔하던 태국군이 철수함으로써 마침내 유엔군사령부에는 미군만 남게 되었다. 그리고 1972년

제28차 유엔총회에서 중국이 정식 회원국으로 가입함과 동시에 대만을 대신하여 안보리 상임이사국의 지위를 확보함으로써 더 이상 유엔군사령부의 존립 명분이 불명확해졌다. 또한 유엔군사령부의 존립 명분이 약화되자 제3세계 국가들은 공산진영과 손을 잡고 유엔군사령부의 해체를 지속적으로 요구하였다.

공산진영의 유엔군사령부 해체 요구에 닉슨 정부가 신속히 대응한 것은 유엔군사령부가 가지는 중요성 때문이었다. 유엔군사령부는 한미 양국의 국익과도 밀접한 관련이 있고, 미국의 경우에도 중요한 의미를 가지고 있었다. 첫째, 유엔군사령부는 한국에 주둔 중인 미군의 지위와 중요한 연관성이 있었다. 기본적으로 미군이 한국에 주둔할 수 있는 법적 근거와 정당성은 한미상호방위조약으로 충분하지만 당시 유엔군사령부 구성원의 대부분이 주한미군과 중복되는 상황이었기 때문에 유엔군사령부의 해체는 주한미군의 지위변경에 영향을 미칠 수 있었다. 따라서 닉슨 정부는 유엔군사령부가 해체되는 것을 원치 않았고, 해체되더라도 이를 대체할 만한 조직이 필요하였다.

둘째, 유엔군사령부의 해체는 한국군에 대한 미군의 작전통제권 소멸을 의미하는 것이었다. 6·25전쟁 이후 미군은 한미합의의사록을 통해 한국군에 대한 작전통제권을 보유해왔다. 그러나 북한의 도발이 계속되는 가운데 한국군에 대한 작전통제권을 상실한다면, 박정희 정부의 우발적인 군사조치에 의해 또 다른 전쟁이 발발할 수도 있는 상황에서 베트남전쟁으로 오랜 기간 시달려온 미국 정부로서는 또 다른 전쟁 발발의 빌미를 제공하고 싶지 않았던 것이다.

1974년 4월 28일, 닉슨 정부는 유엔군사령부 해체요구에 대한 국제상황을 고려하여 유엔군사령부 해체 이후 미 측의 선임장교를 지휘관으로 두는 별도의 통합사령부를 설치하여 유엔군사령부가 보유하고 있던 한국군의 작전통제권을 새로운 사령부로 이양할 것을 제의하였다. 닉슨 정부가 이러한 제안을 하게 된 것은 첫째, 6·25전쟁 이후 점차적으로 유엔의 위상이 약화되고 이로 인해 유엔군사령부의 기능과 명분마저 퇴색하는 경향이 심해졌다는 점이다. 실제로 1960년대까지는 유엔이 미국 중심으로 운영되는 경향이 지배적이었으나, 당시 새롭게 등장한 제3세계 국가들이 비동맹동맹을 형성하며 유엔에서 미국에 반기를 들기 시작하였다. 이들은 한반도와 관련한 문제에 있어서도 이와 같은 노선을 견지하였고, 유엔군사령부의 해체 논의가 유엔총회에 상정된 것도 이러한 이유 때문이었다.

둘째, 미국은 아시아 동맹국들에 대한 일방적인 방위부담에서 벗어나 동맹국들과 방위책임을 분담해야 할 상황에 놓여 있었다. 미국 정부는 베트남전쟁 이후 급격히 증가한 안보비용으로 인해 재정적자가 점점 심해지고 있었으며, 이로 인해 국민들의 반대여론에 직면함으로써 부득이 정책을 변경할 수밖에 없었던 것이다. 닉슨 정부는 닉슨독트린을 통해 재정적 부분은 물론 군사적 부분에서도 한국 정부와 책임을 분담하고자 한 것이다. 이에 박정희 정부는 1974년 5월 1일, 기본입장을 통해 한미연합군사령부의 상부기구로서 군사위원회를 설치하고, 한미연합군사령관과 한미연합군사령부의 작전통제를 받는 한국과 미국 양국의 부대목록은 합의 하에 결정할 것을 제안하였다.[334]

---

334) 국방대학교 합동참모대학, 『연합작전』(서울: 국방대학교 합동참모대학, 2003), p.51.

1974년 12월, 제29차 유엔총회에서 공산진영이 제기한 유엔군사령부 해체결의안이 한국과 미국의 적극적인 외교노력으로 가까스로 부결되었다. 그러나 한미 양국은 1975년 제30차 유엔총회에서 다시 한 번 유엔군사령부 해체결의안이 제안된다면 더 이상 이를 저지할 자신이 없었다. 결국 양국이 택한 방법은 대외적으로는 유엔군사령부의 기능을 재편하는 등의 노력을 보여주는 동시에 유엔총회에서 공산진영의 주장을 부결시키는 외교적인 노력을 추진하는 것이었고, 대내적으로는 유엔군사령부의 해체가 가결되는 상황에 대비해 유엔군사령부의 기능과 한미 양국의 국익을 대변할 수 있는 새로운 연합사령부의 창설 준비를 함께 추진하는 것이었다.

김동조 외무부장관은 1975년 3월 28일, 키신저 미 국무부장관과 만나 다음과 같은 3가지 사항에 합의하였다. 첫째, 기본적으로 유엔군사령부의 기능을 축소시키는 것으로 양국이 합의를 했다는 점이다. 이미 유엔군사령부는 그 기능과 명분이 사라지면서 한반도 안보 유지에 한계점을 노출하고 있었고, 양국의 국익을 대변하기에도 무리였던 것이다. 둘째, 새로운 대안 마련에 관한 공식적인 협의가 시작되었다는 점이다. 만약, 유엔군사령부의 해체가 기정사실화된다면 이에 대한 대안이 시급하다는 것이 양국의 입장이었다. 따라서 유엔군사령부의 문제에 대비하여 유엔총회를 위한 대책을 마련하는 것과도 별도로 만일의 사태에 대비한 대책 마련에 박차를 가한 것이다. 셋째, 유엔군사령부와 관련한 한국과 미국의 입장이 분명히 나타났다는 점이다. 유엔군사령부의 해체가 결정되고 유엔총회에서 한미 양국의 불리한 결정이 내려진다고 하더라도 주한미군의 철수는 없을 것이라는 점을 분명히 하였다.

포드 정부는 1975년 5월 28일, 새로운 연합사령부 구성에 대한 기본입장을 다음과 같이 밝혔다. 첫째, 상당 수준의 미군이 주둔하는 한 한미연합군사령관은 미군 대장이 맡는다. 둘째, 유엔군사령부의 작전통제 하에 있는 한국군은 한미연합군사령관이 계속 작전통제한다. 셋째, 미국 정부는 한미상호방위조약에 따라 적의 무력공격 시 전투부대를 제공한다. 넷째, 한국 정부가 제의한 군사위원회는 일부 변경할 것을 고려하고 있다. 이와 같은 포드 정부의 제안은 한국군에 대한 작전통제권을 유엔군사령부에 이어 새로운 연합사령부 체제에서도 그대로 유지하겠다는 의도를 내포한 것이다.

박정희 정부도 이에 김동조 외무부장관 명의로 1975년 7월 21일, 스나이더 주한 미 대사에게 서신을 보내 한국 정부의 입장을 밝혔다. 그 내용은 첫째, 상당 수준의 미군을 현 수준 또는 양국이 합의한 미군이 주둔하는 한 한미연합군사령관은 미군 대장을 임명한다. 둘째, 한·미군을 직접 통제하는 것이 연합지휘체계의 기본개념에 합치되므로 부대목록은 양국 합의에 따라 결정한다. 셋째, 군사위원회의 구성, 형태, 기능은 쌍방의 합의로 한다.[335] 이를 통해 박정희 정부는 한국에 대한 미국의 안보공약이 더욱 확고하고 지속적으로 이어지기를 희망하였으며, 확고한 안보공약을 받는 것과 함께 보다 동등한 전략적 파트너로서 지위를 가지고자 하였다.

1975년 9월, 제30차 유엔총회에서 유엔군사령부 해체안이 다시 의제로 상정되었다. 그러나 이번에는 한미 양국의 외교적인 노력에도 불구하고, 유엔군사령부 해체결의안이 통과되고 말았다. 하지만 제30차 유엔총회에서는 이와 반대되는 안건도 통과되었는데, 그것

---

335) 국방부 군사편찬연구소, 앞의 책(2002), pp.595~596.

은 남북대화의 계속 촉구, 휴전협정 대안 및 항구적 평화 보장마련을 위한 협상 개시 등을 골자로 하는 결의안도 통과된 것이다. 이로 인해 한미 양국은 유엔군사령부를 대체할 새로운 연합사령부의 신설이 보다 절실해지게 되었다. 이에 박정희 대통령은 제30차 유엔총회가 끝난 직후인 1975년 11월 19일, 포드 대통령에게 친서를 보내 "휴전협정은 계속해서 준수되어야 하고, 휴전협정 보전을 위한 대안조치가 선행되지 않는 한 유엔군사령부의 해체는 있을 수 없다"고 밝혔다.

한미연합군사령부 창설에 대한 실질적인 논의는 1976년 5월 26일부터 이틀간 하와이(Hawaii)에서 개최된 제9차 SCM에서 이루어졌다. 이를 준비하는 과정에서 박정희 대통령은 소수의 주한미군을 보유한 미군 대장이 다수의 한국군을 일방적으로 통제하는 것은 과거의 경험에 비추어 보아도 문제가 있다. 따라서 새로운 연합작전지휘체계에서는 계획 작성 및 작전통제권 행사의 전 과정에 있어서 한국군의 적극적인 참여가 이루어질 수 있는 구조를 형성하도록 지침을 하달하였다.[336] 그리고 회의 결과 한미 양국정부는 한미연합군사령관은 현 수준 또는 상당 수준의 미군이 주둔하는 한 미군 장성으로 하며, 군사위원회는 NATO형으로 하고, 미군에 대한 작전통제문제는 미국 내 절차에 따른 유보사항이나 양해사항으로 하도록 합의하였다. 박정희 정부가 NATO 방식을 절실히 원했던 것은 NATO의 조직과 운용에서 모든 회원국들에게 동등한 자격과 책임의 원칙이 부여되고 있기 때문이었다. 부대의 차출에서부터 작전 실행까지 한 국가의 국력에 상관없이 오직 동등한 자격에

---

336) 국방부 군사편찬연구소, 앞의 책(2002), p.596.

서 절차적 합의를 통해 이루진다는 점은 이전까지 유엔군사령부 및 미국의 일방적 방식에 불만을 느껴온 한국 정부로서는 매력적인 구조였던 것이다.

한미연합군사령부 창설에 관한 공식적인 합의[337]는 1977년 7월 26일부터 이틀간 서울에서 열린 제10차 SCM에서 도출되었다. 제10차 SCM의 결정에 따라 1977년 9월 29일에는 한미연합군사령부 창설을 위한 한미 연구위원회가 발족되었고, 동년 12월 13일에는 한미연합군사령부 창설에 관한 한미 공동건의서가 작성되어 양국 국가통수기구에 보고되었다. 이에 대해 양국 정부의 공식적인 승인이 취해지자 1978년 1월 1일부터 한미연합군사령부 창설위원회가 구성되어 세부적인 사항을 조율하기 시작하였다.

1978년 7월 26일부터 27일까지 미국 샌디에이고(San Diego)에서 개최된 제11차 SCM에서 한미 양국은 조직 및 기능을 최종 합의하였으며, 동년 10월 17일 박동진 외무부장관과 글라이스틴 주한 미대사 간에 『한미연합군사령부 설치에 관한 교환각서』를 통해 재확인 절차를 거쳤다. 본 교환각서에는 "권한위임사항이 1953년에 서명된 대한민국과 미합중국 간의 상호방위조약 및 1954년에 서명되고 1955년과 1962년에 각각 개정된 바 있는 대한민국 정부와 미합중국 정부 간의 군사 및 경제원조에 관한 합의의사록 중 한 측 정책사항 제2항의 규정의 범위 내에서 정당하게 이루어진 약정이며,

---

337) 제10차 한미 안보연례협의회 공동성명 8항에 다음과 같이 한미연합군사령부 창설을 합의하였다. "서장관과 브라운장관은 한미 양국 간의 전통적인 우호관계 및 양국 간의 오랜 협력의 역사와 아울러 긴밀한 유대관계를 더욱 확대할 것을 소망하면서 미 지상 전투병력 제1진의 철수 완료 전에 한국 방위의 작전효율화를 위해 한미연합군사령부를 설치하기로 합의하였다. 서장관과 브라운장관은 이미 한미 양측 참모진에 의해 시작된 한미연합군사령부의 구성에 관한 계획과 연구는 계속하기로 합의하였다. 양 대표단은 한미연합군사령부 설치가 한반도의 평화와 안전을 유지하기 위한 한미공동공약을 상징하는 것이라는 점에 유의하였다." 국방부 군사편찬연구소, 앞의 책(2002), p.752.

동 약정은 한미연합군사령관이 미국 4성 장군으로서 국제연합군사령관 및 주한미군사령관을 겸임하는 동안 효력을 갖는 것으로 이해한다"고 명시되어 있다.

교환각서 교환에 따라 1978년 10월 23일, 한미 양국 합참의장으로 구성된 한미 군사위원회(MC: Military Committee)는 "1978년 11월 7일 00:01부로 한미연합군사령부를 대한민국 서울 용산에 창설한다"는 창설명령서에 서명함으로써 마침내 한미연합군사령부는 창설되었다. 이에 따라 초대 한미연합군사령관은 주한미군사령관이던 베시 대장이 계승하였고, 초대 부사령관에는 류병현 대장이 취임하였다.

카터 정부의 주한미군 철수와 도덕외교를 통한 대한정책에 박정희 정부는 과거의 역대 미국 정부와의 동맹관계에서 학습한 바와 같이 카터 정부를 절대적으로 신뢰하지는 않았다. 박정희 대통령의 대북 위협인식에 따른 주한미군 철수의 재고요청에 카터 대통령은 냉정히 거절하였다. 그리고 박정희 정부와의 상의 없이 일방적으로 주한미군 철수정책을 수립하여 발표하였다. 발표 이후 박정희 정부와 상의한 것은 오로지 철군 규모 및 시기의 부분적 조정 문제였다.

박정희 정부는 자국의 정치논리에 따라 동맹관계를 고려하지 않은 카터 정부의 독선적 외교행태를 신뢰하지 않았다. 하지만 그로서는 현실적 이유에서 주한미군은 필요한 존재였고, 카터 정부와도 지속적인 대화와 관계유지는 필요하였다. 그래서 상호 신뢰성이 존재하지 않음에도 불구하고 보다 안정적인 군사동맹관계를 제도화하고자 하였다. 그 과정에서 등장한 것이 바로 연합사령부의 조직이었다. 특히 연합사령부 편성에 한국군을 미군과 동등하게 편성함으로써, 한국군의 작전지휘능력을 배양하고, 또한 연합사령부가 양국의 국가통수기구의 지휘를 받게 함으로써 한미연합군사령부가 미국 정부 일방의 전투사령부로 전락하는 것을 제도적으로 보완하였다. 특히 한미 양국의 육·해·공군을 하나의 연합사령부 지휘체제로 편성함으로써, 실질적인 대북 위협에 대한 억지력을 발휘할 수 있는 실질적인 구심점이 되도록 하였다.

5. 동맹 갈등 평가

1977년 1월부터 1979년 10월까지 약 3년에 걸친 박정희 정부와 카터 정부 시기의 한미동맹은 최악의 시기였다. 박정희 정부는 장기집권에 따른 피로감에 권력 누수현상이 도처에서 발생하고 있었고, 내부적으로 경제성장에 따른 불평등 심화와 국민들의 정치의식 향상으로 심각한 반발에 직면하고 있었다. 반면 대외적으로는 카터 정부로부터는 데탕트 시기의 도래로 북한과의 대화를 강요받았고, 카터 대통령의 대선 공약이었던 인권외교의 시행으로 박정희 정부는 공공연한 내정간섭까지 받았다. 또한 한미동맹의 근간인 주한미 지상군을 전면 철수한다고 압박함으로써 박정희 정부는 한미관계의 거의 모든 영역에서 갈등관계를 형성할 수밖에 없었다.

동맹관계에 있어 상대적 약소국인 한국 정부는 비대칭동맹 하에서 미국 정부에 동맹유지의 주도권을 양보할 수밖에 없었고, 카터 대통령은 때때로 한국의 특수성을 고려하지 않은 이상주의적 외교정책을 강요함으로써 한미동맹은 점차 갈등의 정점에서 붕괴 직전까지 내몰리게 되었다. 따라서 박정희 시기와 카터 시기 한미관계는 서로가 공동의 위협에 대응하기 위한 동맹이라기보다는 경우에 따라서는 마치 서로가 위협인 양 대립하기도 하였다. 카터 대통령의 도덕적 이상 속에서 때때로 한국은 북한보다 더 비민주적이고, 권위주의적 국가로서 인식되기도 하였다. 실제로 카터 대통령은 박정희 대통령에게는 인권개선을 강요하였지만, 북한의 김일성에 대해서는 비교적 관대하였다.

박정희 정부와 카터 정부는 서로의 공동의 위협이었던 북한에 대해 인식을 달리하였다. 박정희 정부는 여전히 북한의 실체적 위협을 주목하고 있었고, 더군다나 1978년 5월 이후에는 북한군의 현저한 군사력 증강을 심각한 위협으로 인식하였다. 그러나 카터 정부는 북한군의 군사력 증강을 신뢰하지 않았고, 소련과 중국의 지원 없이 독자적인 북한의 도발은 불가능하다고 봄으로써 한미 간의 위협인식은 심각한 상황에 직면하였다.

한편 정치·사회적 가치의 차이로 인한 갈등도 심각해지고 있었다. 당시 카터 정부가 최우선 과제 중의 하나로 내세우던 인권외교는 박정희 정부로서는 수용하기 어려운 부분이었다. 카터 이전 미국 정부는 이 부분에 있어 한국 정부의 특수성을 감안, 이를 문제시 삼지 않았으나 카터 정부는 예외를 인정하지 않았다. 비록 한미정상회담을 전후로 하여 한미동맹관계는 일시적으로 해빙무드로 접어들었지만, 카터 정부의 인권외교는 한미관계에 있어 지속적으로 심각한 정치·사회적 가치의 갈등을 야기하였다. 결국 1979년 10월, 박정희 대통령의 급서로 한미동맹은 전혀 새로운 국면으로

접어들게 되었지만, 그 이전까지 양국의 정치·사회적 가치의 갈등
은 한미동맹의 근간을 뒤흔들 만큼 심각한 갈등을 야기하였다.

카터 정부가 취임 직후 주한미군 철수정책을 다시 추진하게 되
자, 박정희 정부는 1974년부터 시작된 율곡사업의 추진에 박차를
가하였다. 그리고 자주국방의 최종목표를 핵개발에 두고, 포드 정
부시기에 중단하였던 비밀 핵개발을 재개하였다. 이는 핵확산을 금
지하던 미국 정부의 정책노선과 상충되는 것으로 카터 정부는 이
를 한미동맹의 기본정신을 위배하는 행위로 인식하였다. 박정희 정
부가 카터 정부의 반발에도 불구하고 비밀 핵개발을 유지함으로써
한미동맹은 심각한 갈등에 직면하게 되었다.

박정희 정부와 카터 정부 시기 한미동맹은 심각한 갈등국면에
접어들었지만, 1970년대 말, 데탕트 기조가 퇴색하고, 냉전 대립이
부각되자, 카터 정부 내에서도 한미동맹을 우려하는 목소리가 커졌
다. 카터 정부의 주요 각료들과 미 의회의 지도자들도 한미동맹의
훼손에 우려를 표명하였고, 아시아에 대한 미국의 영향력 감소를
우려한 일본 등의 아시아 국가들의 요구로 인해 한미동맹은 양국
간의 심각한 갈등에도 불구하고 유지될 수 있었다. 또한 박정희 정
부도 카터 정부의 일방적 주한미군 철수에 불만을 가지고 있었지
만 더 이상의 동맹 갈등은 원하지 않았다.

박정희 정부와 카터 시기 동맹 갈등은 최악의 시기를 지나고 있
었지만, 양국은 한미 1군단의 부대운영 경험을 살려 유엔군사령부
의 해체를 대비한 새로운 연합지휘체제의 구성을 추진하였고, 그
과정에서 1978년 11월, 한미연합군사령부가 창설되었다. 박정희 정
부는 유엔군사령부와 한미연합군사령부를 통합함으로써 유엔군사

령부가 해체되더라도, 한미연합군사령부를 통해 유사시 미국의 군사적 지원을 받을 수 있었고, 한미연합군사령부 내에 한국군 장교들이 미군과 동등하게 구성되어 임무를 수행함으로써 한 측의 입장이 반영된 전쟁계획 수립 및 유사시 전쟁지휘가 가능하도록 하였다. 또한 유엔군사령부와 무관한 별도의 한미연합군사령부를 서울에 설치함으로써 대외적으로 한미동맹의 결속력을 과시할 수 있게 되었고, 북한의 오판을 방지할 수 있는 상징적인 존재로서의 역할도 수행하게 되었다.

카터 정부는 한미연합군사령부를 통해 유엔군사령부가 해체되어도 한반도 내 미군을 주둔시킬 수 있는 명분을 얻게 됨은 물론, 한국군 주요 부대에 대한 작전통제권을 미군 장성인 한미연합군사령관의 지휘 아래 둠으로써 박정희 정부의 우발적인 군사행동을 저지할 수 있는 합법적 권한을 계속 유지할 수 있게 되었다. 더군다나 비밀리에 핵을 개발하고 있던 박정희 정부를 위한 제동장치로서 한국군의 작전통제권을 보유한 한미연합군사령부는 카터 정부에게도 필요했던 것이다. 결국 한미연합군사령부는 한미 양국 모두에게 이익을 주는 연합지휘구조였던 것이다. 그리고 박정희 정부와 카터 정부 시기 동맹 갈등이 심각한 수준에 도달했을 때, 양국 정부의 갈등을 완화하는 데 한미연합군사령부는 상징적이지만 중요한 역할을 수행했고, 오늘날까지 한미동맹의 핵심적인 구심체로서 역할을 다하고 있는 것이다.

한미동맹은 박정희 정부와 카터 정부 시기 동맹 수립 이후 최악의 순간을 맞이하였으나, 양국은 자국의 이익을 위한 대립을 갈등 극복을 위한 노력을 병행함으로써 동맹을 지속할 수 있게 되었다.

물론 양국이 최악의 위기를 극복하게 된 것은 정치적 신념을 달리한 양국의 지도자가 양국 정부를 이끈 정치적 시기가 길지 않은 것도 하나의 요인이 될 수 있다. 박정희 대통령의 1979년 10월 26일, 뜻하지 않은 사망으로 한국 정부는 정치적 혼란으로 빠져 들었고, 그러한 혼란 속에서 카터 정부는 한국의 정치체제를 조기에 안정시키기 위해 이전과 같은 강력한 내정간섭과 정치적 요구를 자제하여, 더 이상의 심각한 동맹 갈등은 발생하지 않았다. 또한 카터 대통령마저 1980년 11월, 대통령 선거에서 공화당의 레이건 후보에게 패배함으로써 한미 양국의 동맹 갈등은 일단락되었다. 이후 전두환(全斗煥, 1931~) 정부와 레이건 정부는 상호 전략적 이익 차원에서 상호 협조함으로써 한미동맹 관계는 박정희 정부와 존슨 정부시기처럼 밀월관계를 회복하게 되었다.

제5장

맺음말

1945년 미군의 주둔으로 시작된 한미동맹은 6·25전쟁을 거치면서 혈맹으로 한 단계 발전되었다. 그리고 전후 동북아의 안정을 위해 한국과 미국은 상호방위조약을 체결함으로써 한미동맹은 제도화되었다. 이후 한미합의의사록, 한미주둔군지위협정 등 일련의 정치적 협정을 통해 동맹관계는 더욱 공고해졌다. 특히 1960년대 중반 이후 미국과 남베트남 정부의 요청에 의해 베트남전쟁에 참전함으로써 한미동맹은 역사상 그 어떤 동맹보다도 견고한 동맹으로 정착하였다.

하지만 1968년 들어 가시화된 북한의 군사도발에 대한 한미 간의 대응에서 한국과 미국 정부는 공동의 위협인 북한에 대해 인식을 달리하기 시작하였다. 특히 이는 1969년 7월, 닉슨 정부가 닉슨 독트린을 주창하면서 냉전시기 적대국이었던 소련 및 중국과 화해를 모색하면서 북한의 군사적 위협을 경시하자, 북한의 직접적 타격의 목표가 되었던 박정희 대통령은 이에 심한 불만과 불안감을 표시하였고, 한미동맹은 점차 냉각되기 시작하였다.

북한의 거듭된 위협에도 불구하고, 닉슨 정부가 이를 외면하자, 박정희 정부는 북한의 도발에 대응하기 위한 견고한 정치체제를 구축하기 위해 1969년 9월, 3선 개헌안을 통과시키고, 1972년 10월에는 유신체제를 수립함으로써 고도의 권위주의체제를 구축하였다. 박정희 정부의 권위주의 체제에 대해 한국 내부의 반발이 거세지고, 박정희 정부는 이를 무력으로 탄압하자, 점차 닉슨(포드) 정부도 이에 대해 개선을 권고하기 시작하였다. 그러나 어디까지나 닉슨(포드) 정부는 안보논리를 우선시했기에 한미 간에 심각한 갈등은 나타나지 않았다. 박정희 정부는 1974년 8월, 워터게이트 사건으로 닉슨 대통령이 사임하자, 미 의회의 영향력을 인지하고, 미 의회를 대상으로 한 로비를 추진하였다. 그러나 1976년 10월, 코리아게이트 사건이 미 언론에 폭로되면서 박정희 정부의 도덕성과 권위주의 체제에 대한 미국 정부 및 의회의 관심이 공론화되었고, 한국에 대한 미 국민의 여론이 부정적으로 돌아서자, 한미 간의 동맹 갈등은 점차 심화되기 시작하였다.

1970년대 전반기 박정희 정부와 닉슨(포드) 정부는 데탕트라는 국제조류 속에서 점차 동맹관계에 있어 마찰을 빚기 시작하였다. 특히 박정희 대통령은 현존하는 위협인 북한에 대한 닉슨(포드) 정부의 소극적 대응에 실망감을 느끼고 점진적인 자주국방을 모색하게 되었다. 특히 1970년 3월, 닉슨 정부가 갑자기 박정희 정부와의 협의도 없이 일방적으로 주한미군 1개 사단의 철수를 통보하고 1년 만에 철군을 단행하자, 박정희 정부는 한국군 현대화와 더불어 이중적 핵정책을 통한 핵개발을 추진하게 되었다. 하지만 1974년 5

월, 인도의 핵실험 이후 박정희 정부의 핵개발 추진이 미국의 정보 망에 인식되어 닉슨(포드) 정부로부터 다양한 압력에 직면하였고, 결국 한미동맹 관계의 재검토라는 포드 정부의 초강경 정책에 결국 박정희 정부는 핵개발을 포기한 채 재래식 한국군 현대화에만 만족해야만 했다.

박정희 정부와 닉슨(포드) 정부 시기 한미 양국은 심각한 동맹 갈등을 경험하였다. 하지만 한미동맹이 비동맹사례에 제시된 다른 동맹사례와는 달리 해체의 길로 가지 않은 것은 한미 양국 모두가 동맹 갈등을 겪으면서도 동맹의 해체만큼은 원치 않았고, 동맹 갈등 속에서도 한미동맹을 구조적으로 제도화하기 노력을 하였기 때문이었다. 한미 양국은 1971년 3월, 미 7사단이 한반도를 철수하면서 해체 기로에 놓인 미 1군단을 한미1군단이라는 연합군단사령부로 재편성하였다. 비록 한미 1군단에 속한 미군은 많지 않았지만, 한반도 내에 미군 중장이 지휘하는 연합군단사령부의 존재만으로도 북한의 도발을 억제하고, 연합방위능력을 과시하는 상징성을 가지고 있었다. 결국 한미 양국은 전략적 차원에서 동맹의 해체만큼은 원하지 않았고, 이로 인해 당사국 간의 수많은 대립과 갈등 속에서도 동맹은 그 생명력을 유지할 수 있었다.

1970년대 후반기 들어 카터 정부가 들어서면서 한미동맹은 보다 큰 시련을 맞게 되었다. 카터 정부는 데탕트의 기조 속에서 북한을 심각한 위협으로 인식하지 않았다. 심지어 카터 정부는 북한 정부보다는 한국 정부를 보다 대하기 어려운 존재로 인식하였다. 더군다나 1978년 5월, 미 정보당국에 의해 북한의 군사력이 급격히 증가한 것으로 보고되었음에도 불구하고, 카터 정부는 이를 신뢰하지 않았다. 카터 정부는 미 해군과 공군의 지원 아래 현대화된 한국군의 능력만으로도 충분한 대북 억제력을 확보할 수 있다고 판단하였고, 그러한 인식 아래 재임기간 중 주한 미 지상군의 전면 철수를 추진하였다. 이는 당연히 한미동맹의 근간을 흔드는 정책이라 한미 간의 심각한 갈등을 가져왔다.

한편 카터 대통령은 대통령 선거과정에 있어 인권을 중심으로 한 도덕외교를 제시함으로써 정치적 신인이라는 한계를 극복하고 대통령에 당선되었다. 이에 따라 카터 대통령은 취임 직후부터 고도의 권위주의체제를 유지하고 있는 박정희 정부에게 인권개선을 요구하였고, 이는 기존 미국 정부와는 차별되는 것으로 이를 내정 간섭으로 인식한 박정희 정부는 이를 완강하게 거부하였다. 이후 박정희 정부는 카터 정부의 지원 확보를 위해 부분적으로 상징적인 인권개선정책을 추진하기도 했으나, 박정희 정부는 근본적으로 카터 정부가 만족할 만큼의 획기적인 인권개선조치를 수용할 의도는 없었다. 인권을 둘러싼 한미 양국의 갈등은 박정희 대통령의 서거 직전까지 이어졌다.

대북위협인식에 대한 상호 인식차이에서 비롯된 주한미군 철수와 카터 정부의 인권개선 압박은 과거 그 어느 정부보다 강력한 압력이었고, 결국 박정희 정부는 주한미군 없는 한반도를 가정한 자주국방 속도를 가속화하였다. 그 과정에서 잠시 중단되었던 핵개발도 재개되었다. 박정희 정부는 핵개발을 자주국방의 최종목표로 상정하였고, 카터 정부의 강압과 박정희 정부의 대립 속에서 한미동맹의 최악의 갈등시기를 맞이하고 있었다. 그러나 한미갈등은 박정희 대통령의 급서와 카터 대통령의 재선 실패로 새로운 국면을 맞이하게 되었고, 한미관계에 있어서 동맹 갈등은 점차 약화되었다.

박정희 정부는 카터 정부와 심각한 갈등관계를 형성하고 있었지만, 한미 1군단의 운영경험을 살려 유엔군사령부 해체 이후에도 한반도 평화를 유지할 수 있는 연합방위체제를 구축하려 하였다. 그 결과 탄생한 것이 바로 한미연합군사령부이다. 한미연합군사령부는 동맹의 갈등이 정점에 달한 1978년 11월에 창설되어 이후 한미 갈등을 완화시키는 긍정적 역할을 하였다.

1970년대 한미관계는 심각한 동맹 갈등으로 폐기되기 직전의 위기상황까지 직면하였다. 북한의 위협에 대해 한국 정부와 미국 정부는 다른 시각을 가지고 있었고, 카터 대통령의 경우 때로는 북한보다 한국 정부를 더 부담스러워하였다. 그러나 남베트남 붕괴 이후에 공산진영을 봉쇄하는 전초기지로서의 한반도의 지정학적 가치는 더욱 높아졌다. 한미동맹의 붕괴는 단순이 미국이 한반도를 포기하는 것뿐만 아니라 아시아 전체를 포기한다는 잘못된 신호를 공산진영에게 줄 수도 있다고 생각하는 세력이 많아졌다. 일본을 위시한 아시아 지역의 기존 미국 동맹국들도 그러하였고, 심지어 미국 정부 내에서도 정부 정책과는 다른 목소리를 내는 인사들이 증가하였다. 특히 일본 정부는 한미 간의 동맹 갈등을 자국의 안보에 심각한 위해현상으로 인식하여 한국 정부를 대변하는 역할을 자처하기도 하였다. 이에 따라 한미동맹은 양국의 심각한 정치적 갈등에도 불구하고, 이해관계에 있는 주변국과 양국 정부 내에서도 동맹의 유지를 희망하는 인사들의 지원으로 붕괴라는 최악의 순간만은 면할 수 있었다. 1970년대 한미동맹은 단순히 한미 양국의 쌍방동맹이라기보다는 동북아 지역 전체의 균형을 유지하는 핵심체제였던 것이다. 이러한 지정학적 조건이 한미 양국의 심각한 갈등에도 불구하고, 동맹을 유지하는 데 중요한 역할을 하였다.

　2015년 12월, 한국군은 1950년 7월 이후 미 측에 위임한 전시작전통제권을 환수하게 된다. 이는 한미동맹의 성격을 변화시킬 수 있는 중요한 사건이 될 것이다. 하지만 동북아의 국제질서가 여전히 냉전시대의 구조 속에 놓여 있고, 북한 - 중국 - 러시아의 북방 삼국동맹과 한국 - 미국 - 일본으로 연결되는 남방 삼국동맹의 대립 구도가 존재하는 한 한미동맹은 남북 간의 갈등관계를 넘어서 동북아의 안보구도에 중요한 역할을 할 것이다. 따라서 우리는 70년대의 한미동맹 갈등사를 통해 21세기 대한민국의 생존과 번영을 뒷받침할 수 있는 역사의 냉엄한 교훈을 찾으려 노력해야 할 것이다. 그리고 그것은 이 책을 읽는 독자의 몫일 것이다.

참고문헌

1. 1차 자료

가. 국내자료

국방부 국방과학연구소, 『국방과학연구소 약사: 제1권』(서울: 국방부 국방과학연구소, 1989).

국방부 국방군사연구소, 『국방정책변천사(1945∼1994)』(서울: 국방부 국방군사연구소, 1995).

국방부, 『1998 국방백서』(서울: 국방부, 1998).

국방부, 『대한군원현황』(서울: 국방부, 1978).

국방부, 『율곡사업의 어제와 오늘 그리고 내일』(서울: 국방부, 1994).

국방부 군사편찬연구소, 『국방사 ④』(서울: 국방부 군사편찬연구소, 2002).

국방부 전사편찬위원회, 『국방조약집, 1945-1980』(서울: 국방부 전사편찬위원회, 1981).

김영삼, 『김영삼 회고록: 민주주의를 위한 나의 투쟁』(서울: 백산서당, 2000).

대통령비서실, 『박정희 대통령연설문집: 제5집』(서울: 청와대비서실, 1969).

대한민국국회도서관, 『주한미지상군철수에 관한 청문록』, 해외자료 제48호.

미 하원 국제관계위원회 국제기구 소위원회 저, 한·미관계위원회 역,

『프레이저 보고서』(서울: 실천문학사, 1986).
외교통상부 외교사료관, 정부외교문건 공개 마이크로로필름자료(1968~
　　　1979).
외무부, 『대한민국외교년표』(서울: 외무부, 1970).
육군본부, 『육군발전사: 제4집』(서울: 육군본부, 1984).
　　　　　, 『육군조직 발전사』(충남 계룡: 육군본부, 1997).
중앙선거관리위원회, 『역대국회의원선거현황』(서울: 중앙선거관리위
　　　원회, 1971).
한국방위산업진흥회, 『방진회사』(서울: 한국방위산업진흥회, 1988).
한국군사혁명사편찬위원회 편, 『한국군사혁명사 제1집 하』, (서울: 국
　　　가재건최고회의 한국군사혁명사편찬위원회, 1963).
합동통신사, 『합동연감』(서울: 합동통신사, 1976).

나. 영문

Carter, Jimmy, *Public Papers of the President, 1977~1982* (Washington D.C.: Government Printing Office).

Carter, Jimmy, *White House Diary* (New York: Farrar Straus Giroux, 2010).

Declassified Documents Reference System, Telegram from Secretary of State to Embassy Seoul.

Ford Library, Telegram From SECSTATE to American Embassy Seoul.

Johnson Library, Telegram From the Embassy in Korea to the Department of State(3935).

General Counting Office, *General of the United States: Factors Affecting the Withdrawal of U.S. Ground Combat Forces From the Republic of Korea*, (Washington D.C.: General Counting Office, 1979).

House Committee on Armed Service, *Report on Impact of Intelligence Reassessment on Withdrawl of U.S. Troops from South Korea by the Investigations Subcommittee* (Washington D.C.: U.S. Government Printing Office, 1979).

National Archives and Records Administration 자료.

NSC 자료.

U.S. Congress(Joint Economic Committee, Subcommittee on International Exchange and Payments), *The Balance of Payment Mess* (Washington D.C.: USGPO, 1971).

U.S. Department of State, *Department of State Bulletin, Vol. 76* (Washington D.C.: Government Printing Office, 1977).

______, FRUS 자료.

U.S. House of Representatives, *Investigation of Korean-American Relations* (Washington: U.S. Government Printing Office, 1978).

2. 2차 자료

가. 국문

1) 단행본

강준만, 『미국사 산책 10: 베트남전쟁과 워터게이트』(서울: 인물과사상사, 2010).

강원택·조흥식, 『하나의 유럽』(서울: 푸른길, 2009).

국립국어연구원, 『표준국어대사전』(서울: 두산동아, 1999).

국방대학교 합동참모대학, 『연합작전』(서울: 국방대학교 합동참모대학, 2003).

국방부 군사편찬연구소, 『국방편년사(1971~1975)』(서울: 국방부 군사편찬연구소, 2001).

______, 『한미 군사 관계사 1871~2002』(서울: 국방부 군사편찬연구소, 2002).

권오신, 『미국의 제국주의: 필리핀인들의 시련과 저항』(서울: 문학과지성사, 2000).

권용립, 『미국 대외정책사』(서울: 민음사, 1997).

김동조, 『냉전시대의 우리 외교』(서울: 문화일보사, 2000).

김우상, 『신한국책략: 동북아시아 국제관계』(서울: 나남출판, 1998).

김일영·조성렬, 『주한미군: 역사, 쟁점, 전망』(서울: 한울아카데미, 2003).

김재홍, 『군② 핵개발 극비작전』(서울: 동아일보사, 1994).

김정렴, 『아, 박정희』(서울: 중앙M&B, 1997).

김종신, 『박정희 대통령과 주변사람들』(서울: 한국논단, 1997).

류병현, 『한미동맹과 작전통제권』(서울: 대한민국재향군인회 안보복지대학, 2007).

문창극, 『한미 갈등의 해부』(서울: 나남, 1994).

박태균, 『우방과 제국, 한미관계의 두 신화: 8·15에서 5·18까지』(파주: 창비, 2006).

박현채 외, 『한국경제론』(서울: 까치, 1987).

서울신문사, 『주한미군 30년』(서울: 행림출판사, 1979).

심지연·김일영, 『한미동맹 50년』(서울: 백산서당, 2004).

심지연, 『한국정당정치사: 위기와 통합의 정치』(서울: 백산서당, 2004).

양승윤 외, 『필리핀』(서울: 한국외국어대학교 출판부, 2003).

오원철, 『박정희는 어떻게 경제강국 만들었나』(서울: 동서문화사, 2006).

______, 『한국형 경제건설 5』(서울: 기아경제연구소, 1996).

______, 『한국형 경제건설 7』(서울: 한국형경제연구소, 1999).

온창일, 『한민족전쟁사』(서울: 집문당, 2002).

외무부, 『한국외교 30년』(서울: 외무부, 1979).

유인선, 『새로 쓴 베트남의 역사』(서울: 이산, 2002).

유제현, 『월남전쟁』(서울: 한원, 1992).

육군사관학교 군사사학과, 『군사사상사』(서울: 황금알, 2006).

육군사관학교 전사학과, 『세계전쟁사』(서울: 황금알, 2004).

이상우, 『박정권 18년: 그 권력의 내막』(서울: 동아일보사, 1986).

이용필 외, 『위기관리론: 이론과 사례』(서울, 인간사랑, 1992).

정종길, 『필리핀 사회와 혁명』(서울: 공동체, 1987).

조이제·카터 에커트 편, 『한국 근대화, 기적의 과정』(서울: 조선일보사, 2005).

중앙일보 특별취재팀, 『실록 박정희』(서울: 중앙 M&B, 1998).

차상철,『한미동맹 50년』(서울: 생각의나무, 2004).

______,『해방 전후 미국의 한반도정책』(서울: 지식산업사, 1991).

최용호,『베트남전쟁과 한국군』(서울: 국방부 군사편찬연구소, 2004).

한국국방연구원,『베트남 평화협정과 월남공산화 과정의 연계성 분석』
    (서울: 한국국방연구원, 1994).

함택영,『국가안보의 정치경제학: 남북한의 경제력·국가역량·군사
    력』(서울: 법문사, 1998).

허만,『드골의 외교정책론』(서울: 집문당, 1997).

김형아 저, 신명주 역,『유신과 중화학공업, 박정희 양날의 선택』(서
    울: 일조각, 2005).

이마가와 에이치(今川瑛一) 저, 이홍배 역,『미국의 패권주의 이대로
    갈 것인가』(서울: 이채, 2003).

Amos A. Jordan, William J. Taylor, Jr. 저, 국방대학원 안보문제연구
    소 역,『미국의 안보정책 결정과정』(서울: 국방대학원, 1984).

Robert Boettcher 저, 임혜련 역,『전모! 박동선 게이트』(서울: 인폴리
    오, 1995).

Barry Buzan 저, 김태현 역,『세계화 시대의 국가안보』(서울: 나남, 1995).

Victor D. Cha 저, 김일영·문순보 역,『적대적 동맹: 한·미·일 삼
    각안보체제』(서울: 문학과지성사, 2003).

Mark W. Clark 저, 김형섭 역,『다뉴브강에서 압록강까지』(서울: 국
    제문화출판공사, 1982).

Peter J. Hayes 저, 고대승·고경은 역,『핵 딜레마: 한반도 핵정책의
    뿌리와 전개과정』(서울: 한울, 1993).

William H. Gleysteen Jr. 저, 황정일 역,『알려지지 않은 역사』(서울:
    중앙 M&B, 2000).

Michael Maclear 저, 유경찬 역,『베트남: 10,000일의 전쟁』(서울: 을유
    문화사, 2002).

Don Oberdorfer 저, 이종길 역,『두 개의 한국』(서울: 길산, 2002).

Paul Kennedy 저, 이왈수 외 역,『강대국의 흥망』(서울: 한국경제신문,
    2004).

Philippe Ratte 저, 윤미연 역, 『드골평전』(서울: 바움, 2002).
Richard W. Stevenson 저, 이우형·김준형 역, 『미-소 데땅트론』(서울: 창문각, 1988).

2) 논문

김계동, "한미동맹관계의 재조명: 동맹이론을 분석틀로", 『국제정치논총』, 제41집 2호 (2001).
김계순, 『미국의 필리핀 군사기지 설치와 반환』(경남대학교 대학원 박사학위논문, 2003).
김덕, "미소 데땅뜨의 추이와 남북한관계", 『한국외국어대학교 외국학종합연구센터 러시아연구소 연구총서』, 제10집(1984).
김동엽, "필리핀 민족주의와 미군기지 철수의 조명", 『동아연구』, 제45집(2003).
김봉중, "카터 인권외교에 대한 재조명", 『미국사연구』, 제10집(1999).
김수광, 『닉슨-포드 행정부의 대 한반도 안보정책 연구: 한국방위의 한국화 정책과 한미연합방위체제의 변화』(서울대학교 대학원 박사학위논문, 2008).
김용직, "인권분쟁과 한·미동맹의 위기, 1974~1979", 한국정치학회, 고려대학교 평화연 구소 주최, 『박정희 시대의 한국: 국가·시민사회·동맹체제』, 한국정치사 기획학술회의(2000. 4. 7.~8).
김지형, 『1970년대 초 남북대화와 7·4공동성명』(한양대학교 대학원 박사학위논문, 2006).
김형곤, "지미 카터 대통령의 지도력에 관한 소고", 『중앙사론』, 제18집(2003).
김홍길, 『탈냉전기 한미동맹의 변화: 동맹조정의 양면게임적 접근』(전남대학교 대학원 박사학위논문, 2004).
마상윤, "안보와 민주주의, 그리고 박정희의 길: 유신체제 수립원인 재고", 『국제정치논총』, 제43집 4호(2003).
문순보, 『박정희 시대의 한미갈등: 관념, 제도, 정책의 분석적 관점에서』(성균관대학교 일반대학원 박사학위논문, 2008).

문지영, "드골의 대미외교정책, 1958~1969", 『프랑스사 연구』, 제16
　　호(2007).

민병원, "1970년대 후반 한국의 안보위기와 핵개발: 이중적 핵정책에
　　관한 반사실적 분석", 『한국정치외교사논총』, 제26집 1호
　　(2005).

박광섭, "9.11테러사태 이후 필리핀과 미국 간의 관계강화", 『국가전
　　략』, 제10권 2호(2004).

박승호, 『박정희 정부의 대미 동맹전략: 비대칭동맹 속의 자주화』(서
　　울대학교 대학원 박사학위논문, 2009).

박원곤, 『카터 행정부의 대한정책 1977~1980: 도덕외교의 적용과 타
　　협』(서울대학교 대학원 박사학위논문, 2008).

　　　　, "카터 행정부의 대한정책: 10·26을 전후한 도덕외교의 적
　　용", 『한국정치학회보』, 제43집, 제2호(2009).

신욱희, "한미동맹의 연속성과 변화: 분석틀의 모색", 2000년도 한국
　　정치학회 연례학술회의 발표논문.

신욱희·김영호, "전환기의 동맹: 데탕트 시기의 한미안보관계", 한국
　　정치학회, 고려대학교 평화연구소 주최, 『박정희 시대의 한국:
　　국가·시민사회·동맹체제』, 한국 정치사 기획학술회의(2000.
　　4. 7.~8).

유인석, 『닉슨 행정부의 주한미군 철수정책: 안정자 역할과 부분감축』
　　(서울대학교 대학원 박사학위논문, 2006).

임혁백, "유신의 역사적 기원: 박정희의 마키아벨리적인 시간(상)", 『한
　　국정치연구』, 제13집 2호(2004).

전재성, "프랑스 드골 대통령의 자주외교 연구", 『한국정치외교사논
　　총』, 제30집 1호(2008).

정대화, "7·4공동성명의 태동과 유산: 10년 후에 본 7·4성명의 역
　　사적 재조명", 『사회과학논총』(1982).

조진구, "존슨정권 후반기의 한미관계: 북한의 대북도발에 대한 한미
　　간의 인식 차이를 중심으로", 『한국과 국제정치』, 제19권 3호
　　(2003).

조철호, 『박정희 핵외교와 한미관계 변화』(고려대학교 대학원 박사학위논문, 2001).

허세만, 『한·미 동맹의 변화요인에 관한 연구: 미국의 클린턴·부시행정부 시기를 중심으로』(중앙대학교 대학원 박사학위논문, 2006).

3) 기타

김세중, "유신헌법과 4공 통치기반의 동력", 『월간중앙』, 6월호(1991).

김영희, "미국의 제2인자 키신저", 『월간중앙』, 9월호(1971).

김원호, "10월유신 전야", 『신동아』, 7월호(1983).

선우련, "박정희 육성증언上", 『월간조선』, 3월호(1993).

______, "박정희 육성증언下", 『월간조선』, 4월호(1993).

오원철, "박정희·카터 '혈투'와 핵개발 강행", 『신동아』, 11월호(1994).

______, "율곡사업 출발, 박정희·김정일 오기싸움", 『신동아』, 6월호(1995).

월간조선 편집부, "베트남전쟁의 비극과 교훈", 『월간조선』, 5월호(1995).

이동복, "베시 사령관, 카터에 항명하고 박정희를 도와 주한미군철수계획을 좌절시키다", 『월간조선』, 7월호(2001).

이상우, "유정회와 유신정치", 『신동아』, 4월호(1986).

______, "70년대 한국의 민주화와 미국의 압력", 『신동아』, 4월호(1987).

______, "김종필은 입을 열었다", 『월간조선』, 1월호(1987).

______, "미군정보요원(주한 미 대사관 전 무관) 제임스 V 영의 격동기 한미 막후 비사 5: 1970년대 3대 사건의 막후 비화 최초 공개", 『월간조선』, 5월호(1994).

조갑제, "박대통령의 청와대 일기 원본", 『월간조선』, 4월호(1984).

나. 외국문헌

1) 단행본

Baylis, John, Ken Booth, John Garnett, and Phil Williams, *Contemporary Strategy: Theories and Political* (London: Croom Helm, 1975).

Blair, Clay, *The Forgotten War* (New York: Times Book, 1987).

Brinkley, Alan, David Dye, *The Reader's Companion to the American Presidency* (New York: Houghton Mifflin Company, 2000).

Carter, Jimmy, *Keeping Faith: Memories of a President* (New York: Bantam Books, 1982).

Etzold, Thomas H. John Lewis Gaddis, eds., *Containment: Documents on American Policy and Strategy 1945~1950* (New York: The Columbia University Press, 1978).

Garcia Ⅱ, Enrique Voltair, *The Faces of Power: Constancy and Change in United States Foreign Policy from Truman to Reagan* (New York: Columbia University Press, 1983).

Harding, Harry, *A Fragile Relationship: The United States and China Since 1972* (Washington D.C.: The Brookings Institution, 1992).

Holsti, Kalevi J., *International Politics: A Framework for Analyst* (Englewood Cliff, New Jersey: Prentice-Hall, 1977).

Holsti, Ole R., P. Terrence Hopmann and John D. Sullivan, *Unity and Disintegration in International Alliance: Comparative Studies* (New York: John and Sons, 1973).

Kinnard, Douglas, *The War Managers* (Maine: The University Press of New England, 1977).

Kim, Se-Jin, *Documents on Korean-American Relations 1943~1976* (Seoul: Research Center for Peace and Unification, 1976).

Kim, Sung Yong, *United States-Philippine Relations 1946~56* (Washington D.C.: Public Affairs Press, 1968).

Kirkpatrick, Jeane J., *Legitimacy and Force* (New Brunswick: Transaction

Books, 1988).

Lider, Julian, *Military Theory* (England: Gower Publish Company, 1983).

Liska, George, *Nations in Alliance: The Limitation of Interdependence* (Baltimore: The Jones Hopkins University Press, 1962).

Mesquita, Bruce Bueno de, *The War Trap* (New Haven: The Yale University Press, 1981).

Morgenthau, Hans J., *Politics Among Nations: The Struggle for Power and Peace* (New York: Alfred A. Knopf, 1973).

Morris, Kenneth E. *Jimmy Carter, American Moralist* (Athens: University of Georgia Press, 1996).

Nixon, Richard M., *The Memoirs of Richard Nixon* (New York: Grosset & Dunlap, 1978).

Osgood, Robert E., *Alliance and American Foreign Policy* (Baltimore: The Jones Hopkins University Press, 1968).

Romualdez, Eduardo Z., *American Welcomes President Garcia* (Manila: Manila Press, 1977).

Roussel, Eric, De Gaulle (Paris: Gallimard, 2002).

Snyder, Glenn, *Alliance Politics* (Ithaca: The Cornell University Press, 1997).

Walt, Stephen M., *The Origins of Alliance* (Ithaca: The Cornell University Press, 1987).

2) 논문

Harkavy, Robert E., "Pariah States and Nuclear Proliferation", *International Organization*, Vol. 35, No. 1 (1981).

Hoffmann, Stanley, "The Hell of Good Intentions", *Foreign Policy*, Vol. 29 (Winter 1977~78).

Leeds, Brett A., "Alliance Reliability in Times of War: Explaining State Decisions to Violate Treaties", *International Organization*, Vol. 57, No. 4 (November 2003).

Manning, Robert A., "The Philippines in Crisis", *Foreign Affairs*, Vol. 63, No. 2 (Winter 84/85).

Morrow, James D., "Arms Versus Allies: Trade-offs in the Search for Security", *International Organization* (1993).

Nixon, Richard M., "Asia After Vietnam", *Foreign Affairs*, Vol. 46, No. 1 (1967).

Snyder, Glenn H., "The Security Dilemma in Alliance Politics", *World Politics*, Vol. 36, No. 4 (1984).

Walt, Stephen M., "Why Alliance Endure or Collapse", *Survival*, Vol. 39, No. 1 (Spring 1997).

황수현 ————————————————————

강원도 삼척에서 태어나 청운의 꿈을 품고 1995년 육군사관학교를 졸업한 이후, 2004
년에는 국방대학교에서 군사전략 전공으로 석사학위를, 2010년에는 경남대학교에서 정
치학 박사학위를 취득하였다. 장교 임관 이후 전·후방 각지에서 주요 보직을 이수하
였으며, 2004년부터 3년간 육군사관학교 군사사학과에서 전쟁사와 군사사상을 강의하
기도 하였다. 현재는 이 책의 연구대상 중 하나이며, 한미동맹의 가시적 실체인 한미연
합사에서 근무 중이며, 저서로는 『군사사상사』(2006, 공저)가 있다.

한미동맹 갈등사

70년대를 중심으로

초판인쇄 | 2011년 7월 1일
초판발행 | 2011년 7월 1일

지 은 이 | 황수현
펴 낸 이 | 채종준
펴 낸 곳 | 한국학술정보㈜
주   소 | 경기도 파주시 교하읍 문발리 파주출판문화정보산업단지 513-5
전   화 | 031) 908-3181(대표)
팩   스 | 031) 908-3189
홈페이지 | http://ebook.kstudy.com
E-mail | 출판사업부 publish@kstudy.com
등   록 | 제일산-115호(2000. 6. 19)

ISBN   978-89-268-2360-6 93340 (Paper Book)
        978-89-268-2361-3 98340 (e-Book)

내일을여는지식 은 시대와 시대의 지식을 이어 갑니다.